Couverture inférieure manquante

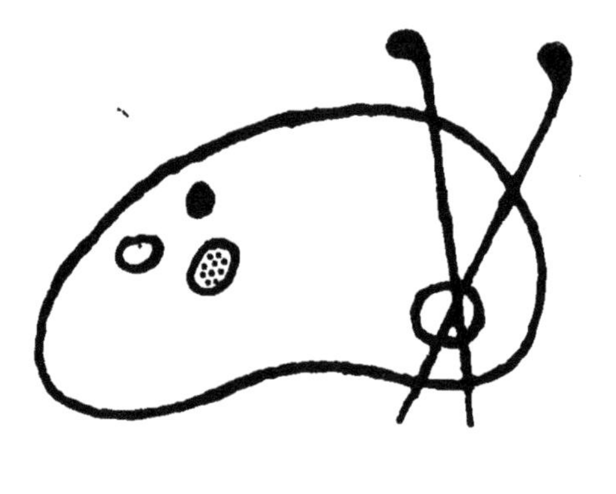

Début d'une série de documents
en couleur

BIBLIOTHÈQUE INTERNATIONALE DE DROIT PUBLIC

publiée sous la direction de

Max BOUCARD
Maître des Requêtes
au Conseil d'État

Gaston JÈZE
Professeur agrégé à la Faculté de droit
de l'Université de Lille

LE DROIT ADMINISTRATIF ALLEMAND

PAR

OTTO MAYER

Édition française par l'auteur

Avec une Préface de H. BERTHÉLEMY
Professeur de droit administratif à l'Université de Paris

TOME TROISIÈME

PARTIE SPÉCIALE

(LE DROIT PUBLIC DES CHOSES. EXPROPRIATION. DOMAINE PUBLIC, ETC.)

PARIS
V. GIARD & E. BRIÈRE
Libraires-Éditeurs
16, RUE SOUFFLOT ET 12, RUE TOULLIER
1905

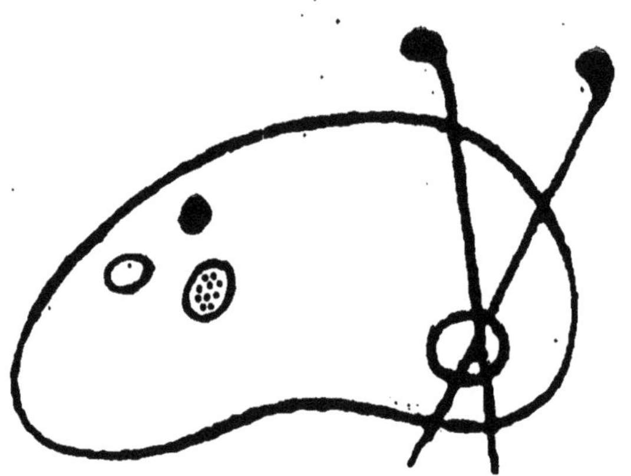

Fin d'une série de documents
en couleur

LE

DROIT ADMINISTRATIF ALLEMAND

BIBLIOTHÈQUE INTERNATIONALE DE DROIT PUBLIC
publiée sous la direction de

Max BOUCARD
Maître des Requêtes
au Conseil d'État

Gaston JÈZE
Professeur agrégé à la Faculté de droit
de l'Université de Lille

LE DROIT ADMINISTRATIF ALLEMAND

PAR

OTTO MAYER

Édition française par l'auteur

Avec une Préface de H. BERTHÉLEMY
Professeur de droit administratif à l'Université de Paris

TOME TROISIÈME

PARTIE SPÉCIALE

(LE DROIT PUBLIC DES CHOSES. EXPROPRIATION. DOMAINE PUBLIC, ETC.)

PARIS
V. GIARD & E. BRIÈRE
Libraires-Éditeurs
16, RUE SOUFFLOT ET 12, RUE TOULLIER

1906

PARTIE SPÉCIALE

LIVRE II

SECTION PREMIÈRE

Le droit public des choses

§ 33

L'expropriation pour cause d'utilité publique ; procédure

L'expropriation est *un acte de l'autorité, par lequel est enlevé ou restreint un droit de propriété du sujet, au profit d'une entreprise d'utilité publique.*

Sous la forme déterminée que nos lois ont donnée à cette institution, elle n'est dirigée que contre la propriété *immobilière*. Quand il s'agit de s'emparer de choses mobilières, il y a d'autres règles à suivre (1).

(1) *Seydel* dans Ztschft f. Reichs. u. Landes R. III, p. 232 : « La législation d'expropriation, ainsi appelée κατ'ἐξοχήν, ne s'occupe que

C'est donc un intérêt d'utilité qui permet de prendre, dans les biens du sujet, ce que semble exiger cet intérêt. L'entreprise publique est l'idée dominante. L'entreprise publique n'est autre chose qu'une portion d'administration publique. Le fait qu'elle se heurte contre un *besoin de l'administration publique* doit faire fléchir la propriété individuelle. Tel est le principe. En compensation, cette atteinte à la propriété fait naître au profit de celui qui l'éprouve un droit à indemnité.

Ainsi, dès le premier pas, nous nous trouvons en présence d'institutions profondément différentes de celles qui ont fait l'objet du Livre Premier de notre Partie spéciale. C'est un nouveau système de formes juridiques de l'administration. Ce qui est commun à toutes ces institutions ne reçoit, dans l'expropriation, que son expression la plus forte et la plus caractéristique.

Dans le pouvoir de police et dans le pouvoir de finance, l'Etat était placé, comme pure autorité, au-dessus des variétés et des vicissitudes de la vie de la société ; il les suivait et s'y attachait par ses mesures pour les régler et pour en tirer les moyens financiers qu'elles mettent à sa disposition. Ici, l'Etat entre lui-même dans la vie de cette société, au milieu des particuliers ; il gère des affaires comme eux, mais autrement qu'eux ; il forme et emploie des moyens extérieurs, réels et personnels, qui serviront à ses buts ; delà découlent toute sorte de relations avec les

de choses immobilières ». Dans le même sens, *Schelcher*, Rechtswirkungen der Enteignung, p. 3. — On parle, il est vrai, d'expropriation, toutes les fois que l'Etat enlève une valeur quelconque et paie une indemnité. Mais ce sont des ressemblances tout à fait extérieures. Il ne vaut pas la peine d'y insister. Pour des exemples, voyez *Klostermann*, Patentges. p. 154 ; *Prazak*, Enteignung Recht, p. 73 note 5. En ce qui concerne spécialement l'application abusive du terme expropriation à la réquisition de choses mobilières, comp. les notes 2 et 6 du § 47, t. IV, ci-dessous.

sujets ; ceux-ci, par les agissements de l'Etat, se trouvent tantôt favorisés, tantôt désavantagés dans leurs existences et dans leurs fortunes. L'Etat se manifeste ici comme le grand *entrepreneur* qui va mettre en œuvre ce qui peut servir aux intérêts communs, comme l'intendant général, selon l'expression heureuse d'un écrivain français.

Ainsi, le droit administratif renonce ici à cette exclusivité rigoureuse, par laquelle il ne faisait ressentir à l'individu que le commandement, la charge, la contrainte, tout ce qu'il semblait lui accorder n'étant, en réalité, qu'un relâchement partiel de la domination. Ici, l'on donne aussi bien que l'on prend ; il existe des compensations pécuniaires pour l'un comme pour l'autre ; et, en dernière analyse, apparaît même, dans les corps d'administration propre, une espèce de collaboration sur un pied d'égalité. Un droit souple et varié régit les relations des différentes entreprises publiques avec les individus, s'accommode à leurs besoins et à leurs buts, tout comme le droit civil pénètre la vie économique des particuliers. L'affinité, que le droit administratif présente ici avec le droit civil, se manifeste aussi dans le classement extérieur de nos matières : nous distinguons un droit public *des choses*, un droit public des *obligations spéciales* (spéciales en comparaison des obligations résultant du pouvoir de police et du pouvoir financier, dont nous avons traité), et un droit des *personnes* qui se restreint ici aux personnes morales dépendant du droit public. Désormais, nous allons constater aussi, — ainsi que nous l'avons déjà remarqué au tome I, p. 176, — que les termes techniques servant à désigner nos différentes institutions sont régulièrement empruntés aux expressions usitées dans le droit civil. C'est justement dans le droit public des choses, que nous en trouvons les principaux exemples.

Mais ce qui, toujours, donne à ces institutions leur caractère, c'est qu'une *entreprise publique* est intéressée, une entreprise qui se présente comme une portion de l'administration publique. Par suite, dans le doute, les relations existant avec les individus et qui ont pour point de départ cette entreprise, appartiennent, d'après les principes établis au tome I, p. 182, au droit public. Et la prédominance en droit de la puissance publique, qui, par conséquent, doit s'y manifester, reçoit sa forme déterminée par la nature même de l'entreprise mise en œuvre. La puissance publique peut agir *directement* avec la force absolue et irrésistible qui accompagne sa marche. Elle peut se *traduire* dans les formes propres à l'Etat régi par le droit : règle de droit et acte administratif. C'est toujours l'entreprise publique qui en forme le centre, qui donne à tout ce qui se fait la direction et la mesure.

Nous verrons cette idée dominer invariablement toute la série d'institutions dont successivement nous allons maintenant nous occuper en commençant par l'expropriation.

I. — L'évolution historique, par laquelle notre droit public s'est développé, a donné à l'expropriation une empreinte spéciale.

L'expropriation commence par former une partie de cette collection de droits spéciaux qui, dans la main des princes, devait plus tard se consolider pour constituer la souveraineté. Le pouvoir d'enlever la propriété privée, quand l'intérêt public l'exige, est reconnu comme *droit de supériorité*. D'abord, cela est compris dans la notion plus générale du *jus eminens*, qui, dans cette application, reçoit très logiquement la qualification de *dominium eminens* : le prince, en vertu de son droit supérieur général, peut supprimer, s'il le faut, ce *jus quaesitum* comme tous les autres (voir t. I, p. 36). Plus tard, une discussion s'élève ; on se demande si la puissance qui s'exerce ici n'a pas plutôt le caractère d'un *imperium* que celui d'un *dominium* ; cela manifeste la tendance à faire entrer l'expropriation dans la catégorie des droits de supériorité ordinaires : l'expropriation se dépouille de ce qu'elle avait d'insolite ; c'est déjà du simple *jus politiae* que de pouvoir s'emparer de la propriété privée, lorsque l'intérêt public l'exige. Du reste, l'exercice de ce droit continue à être soumis aux conditions qui sont communes à tous les droits de supériorité (voir t. I, p. 30 ss.) (2).

Le *régime de la police* fait disparaître, même pour cette atteinte si grave, toutes les barrières traditionnelles. La doctrine, il est vrai — la chose est très significative — s'est toujours refusée à reconnaître, justement en cette matière, l'absence de toute borne pour la puissance publique. En fait, il n'y en a pas (3). Mais pour ce qu'on appelle « les effets du droit civil », c'est-à-dire l'indemnité à payer à l'exproprié, on sait faire usage de la théorie du fisc. Ainsi l'expropriation devient encore un conglomérat juridique tout à fait conforme au caractère général des institutions du régime de la police (voir t. I, p. 60).

L'*Etat constitutionnel et régi par le droit*, — qui est l'Etat de l'époque actuelle, — soumet les rapports entre

(2) Pour les détails, *G. Meyer*, Recht der Expropriation, p. 115. Un exemple très curieux nous est fourni par l'hypothèse dont nous parlions au t. I, § 3, notes 10 et 20. — A côté des recherches consciencieuses de G. Meyer, ce que *L. v. Stein*, Verwaltungslehre VIII, p. 301 ss., nous donne comme « éléments de l'histoire du droit d'expropriation », est à peu près de pure fantaisie. Cependant, ce dernier auteur semble avoir deviné la vérité, quand il distingue trois époques : la régalité, le droit d'expropriation réglementaire, et le droit d'expropriation constitutionnelle.

(3) *Moser*, Landeshoh. in Ansehung der Unterthanen Pers. u. Vermög., chap. 20, § 3, se donne encore la peine d'énumérer les cas d'expropriation admis depuis l'ancien droit de supériorité ; il arrive ainsi à un terrain discuté et termine par la formule : « mais en pareil cas, difficilement on demandera ce qui serait de droit » C'est bien le régime de la police. Voyez un exemple d'expropriation dépourvue de toute forme au t. I, § 4, note 4 (C. C. H., 8 avril 1854).

la puissance publique et le sujet à des formes juridiques fixes et bien déterminées. Spécialement, pour l'expropriation et la procédure qu'elle doit suivre, il a fait valoir, d'une manière très frappante, les formes qui lui sont propres. On ne saurait les méconnaître. Mais il importe de ne pas perdre de vue la simple idée matérielle de l'expropriation que ces formes réalisent. Ce n'est que par cette idée que l'ensemble s'explique et que se déterminent dans tous les détails le sens et la portée de ce que l'on veut obtenir (4).

1) Nos Chartes constitutionnelles déclarent tantôt directement : l'expropriation n'a lieu qu'en vertu de la loi; tantôt, elles se bornent à déclarer que la propriété est garantie, assurée, protégée, — ce qui a le même effet. Même dans le cas où rien n'a été dit à cet égard, la réserve de la loi est sous-entendue partout (comp. t. I, p. 92 ss.).

Dès lors, l'expropriation, pour être faite conformément au droit, doit avoir un *fondement légal*. Pour respecter ce principe de droit constitutionnel, la loi peut prononcer directement elle-même l'expropriation; elle peut aussi autoriser le gouvernement ou une autorité quelconque. Mais les idées générales de l'Etat régi par le droit veulent que la loi ne se serve de son pouvoir, si possible, qu'en posant des règles générales déterminant ce qui doit être fait dans les cas individuels. Les autorités n'agiront alors que liées par ces

(4) Puisqu'il importe d'expliquer cette idée fondamentale, il est, même au point de vue du droit positif, d'une certaine utilité d'entrer dans des considérations plutôt philosophiques comme, par exemple, celle que développe *G. Meyer*, R. d. Expropr., p. 163, sous le titre : « Le principe de l'expropriation au point de vue du droit public ». De même, *V. Rohland*, Ent. R., p. 6, ainsi que *Grünhut*, Ent. R., p. 4, tous les deux sous le titre : « Justification du droit d'expropriation ». Cependant, il ne faut pas attendre trop de ce côté. Cela peut mener très loin, ainsi que *L. v. Stein*, dans Verw. lehre, VII, p. 295, en fournit la preuve, lorsqu'il croit devoir prouver par de semblables justifications comment l'expropriation voulue par la loi « pourrait être un droit ». Cela nous semble être une question bien oiseuse.

règles de droit; ainsi les formes de la juridiction civile auront encore servi de modèle (5).

Ici, il est vrai, la détermination par des règles de droit ne peut pas aller jusqu'à faire que, dans le cas spécial, il n'y aura qu'à appliquer le texte de la loi, comme cela a lieu par exemple dans la perception des impôts ou dans la confiscation à la suite d'une condamnation pénale. Il est de l'essence de l'expropriation de rester, dans une certaine mesure, libre et indépendante, afin de déterminer, dans le cas spécial, ce qui correspond à la réalité de l'entreprise publique. Dès lors, la loi ne délimitera que dans une mesure convenable la latitude qu'elle doit laisser à l'administration, en établissant des conditions et des bornes, et en fixant les formes de la procédure à suivre (6).

Ces autorisations données par la loi d'enlever la propriété d'autrui pourraient être données directement à l'entreprise publique, c'est-à-dire à l'entrepreneur, — par suite, selon les cas, à l'Etat lui-même ou à telle autre personne, qui, à la place de l'Etat, représente cette portion de l'administration publique qui est l'entreprise intéressée. Ainsi, lorsque les conditions légales sont remplies et que, par suite, existe pour lui la possibilité juridique d'agir sur la propriété, l'entrepreneur aurait acquis le *droit d'exproprier*, droit individuel au sens que nous avons développé au t. I,

(5) Il n'en sera pas autrement, si la loi générale qui règle l'expropriation réserve à un acte législatif spécial la mise en œuvre dans le cas spécial : Loi française du 3 mai 1841 art. 3 ; Hamb., L. du 14 juillet 1879 ; Brême, Ord. du 14 juillet 1843. C'est alors un acte administratif en forme de loi (t. I, p. 13 ci-dessus). Cette loi, il est vrai, pourra, à tout moment, changer de rôle et se rappeler son omnipotence. Ainsi, comme *v. Rohland*, Ent. R., p. 26, le fait observer, « la protection contre un abus du droit d'exproprier devient problématique » ; ou mieux : les formes du régime du droit ne sont pas assurées.

(6) L'expropriation reste ainsi toujours, comme le dit *Prazak*, R. Ent. « cette fonction de l'administration, par laquelle celle-ci, sur la base d'une libre appréciation, enlève un droit ou le restreint ».

p. 140 ss., droit de la même nature que celui qui appartient à l'Etat d'exiger des prestations en nature pour l'armée ou d'émettre un ordre de police.

Mais les choses n'en restent pas là. Il est facile de voir que les institutions que nous avons à examiner, ne se bornent pas à donner à l'idée d'expropriation cette expression simple et immédiate. Elles la compliquent par des formes positives dont on ne saurait faire abstraction, à moins de vouloir remplacer le droit administratif existant par une espèce de droit naturel (7).

2) La procédure suivant laquelle, en vertu de l'autorisation de la loi, s'effectue l'expropriation, présente comme caractère essentiel une *répartition assez significative des activités* qui doivent y concourir.

Le régime du droit, comme nous le savons, exige que les rapports entre l'administration publique et le sujet soient déterminés dans le cas spécial, non pas directement par l'action matérielle, mais par un acte d'autorité, déterminant au préalable, d'une manière obligatoire, ce qui doit être de droit. C'est la fonction de l'acte administratif (t. I, p. 77, p. 117). Or, cette idée se présente ici sous une forme plus accentuée : l'acte administratif est détaché de l'ensemble de la direction de l'entreprise publique à laquelle il sert ; il est réservé à des autorités spéciales, dites *autorités d'expropriation* (Enteignungsbehörden) (8). La répar-

(7) En ce sens, *Layer*, Principien des Enteignungsrechts, a récemment essayé de faire revivre de vieilles théories qu'on aurait cru abandonnées. Son point de départ est un droit préexistant de l'entreprise publique, droit qui se réalise directement et ne recourt à la « juridiction » de l'autorité d'expropriation que dans le cas où il rencontre une résistance. Ainsi, *Layer* croit démontrer que l'acte d'autorité, que la doctrine considère comme le centre de toute l'institution de l'expropriation, « n'a pas grand chose à faire » (p. 329).

(8) La législation française, — qui a servi de modèle à tout notre droit sur l'expropriation (*Grünhut*, Ent. R., p. 46 ; *Seydel*, Bayr. St. R., III, p. 624) — a donné à ces idées une expression plus accentuée. Depuis la note célèbre, datée de Schönbrunn le 29 sept. 1809, elle fait inter-

tition des rôles est ainsi faite : l'initiative de l'expropriation ainsi que le choix des biens à exproprier continuent à appartenir exclusivement à la branche d'administration dont dépend l'entreprise intéressée ; l'autorité d'expropriation n'exerce qu'un *contrôle* restreint. Ce contrôle n'embrasse pas seulement la question juridique de savoir si l'expropriation est légalement admissible ; elle renferme également une appréciation de l'intérêt public : cet intérêt est-il assez fort pour justifier l'atteinte que l'on projette contre le sujet (voir ci-dessous II n. 1, et III n. 2). Tout ce qui, en dehors de ceci, peut exercer une influence sur la décision de l'entrepreneur, — en particulier, la question des sacrifices financiers à faire, ainsi que des moyens disponibles ou des avantages plus ou moins accessoires, — toutes ces questions, en ce qui concerne le contrôle, n'entrent pas en ligne de compte. Ainsi l'autorité d'expropriation, en ce qui touche les *motifs*, ne se met pas tout à fait à la place de l'entrepreneur. Par contre, elle remplace complètement ce dernier pour l'*effet extérieur* ; ici, c'est uniquement son acte qui agit ; extérieurement, c'est exclusivement par cet acte que peut s'effectuer l'expropriation. La volonté de l'entrepreneur n'a pas de force à cet effet ; l'entrepre-

venir les tribunaux civils pour prononcer l'expropriation. Cette organisation est encore en vigueur en Alsace-Lorraine (il existe en ce moment un projet de loi pour la modifier) ; mais on s'est déjà demandé si elle est conforme à la législation de l'Empire. Celle-ci (loi d'introd. à la loi sur l'organisat. judiciaire, § 4) défend de charger les tribunaux civils de matières administratives, à moins qu'il ne s'agisse d'une « juridiction » (*Gerichtsbarkeit*). Il doit s'agir bien entendu d'une juridiction contentieuse. Or, à mon avis, le « jugement d'expropriation » rendu en Chambre du conseil pour confirmer l'arrêté de cessibilité du préfet, après avoir examiné quelques formalités extérieures, n'a nullement le caractère d'une juridiction contentieuse. Le tribunal, selon les intentions de Napoléon, n'a qu'à prêter son nom à une mesure impopulaire qui, au fond, reste un acte administratif accompli avec une large mesure de libre appréciation. Comp. *Otto Mayer*, Theorie des Franz. Verw., p. 241 note 14.

neur ne figure à cet égard que comme demandeur, comme partie poursuivante.

L'ensemble de l'opération présente donc une grande ressemblance avec une procédure en justice. Cette impression devient plus forte encore par le fait que l'entrepreneur pourra être une autre personne que l'Etat, tandis que l'autorité qui prononce l'expropriation le fait toujours au nom de l'Etat, comme un tribunal qui prononce sur la demande. Mais ce n'est qu'une ressemblance toute extérieure ; en réalité, il s'agit d'une collaboration d'un tout autre genre. Le tribunal est là pour prêter au demandeur la protection de la puissance publique au droit qu'il prétend avoir sur le défendeur. L'autorité d'expropriation, au contraire, est interposée pour faire valoir, à la place de l'entrepreneur, la puissance publique qui forme l'apanage de la nature juridique de son entreprise. De cette façon disparaît complètement ce qu'on pourrait appeler un droit direct de l'entrepreneur contre le propriétaire (n. 1 ci-dessus). L'entrepreneur n'a de rapport juridique qu'avec l'autorité ou avec l'Etat au nom duquel l'autorité prononce (II, n. 2 ci-dessous). Tout ce qui « compète » à l'entrepreneur vis-à-vis du propriétaire visé, c'est la possibilité d'avoir prise sur lui dans le cas où l'autorité s'associerait à ses vues. Il n'y a pas là un droit individuel public vis-à-vis de l'Etat, parce que l'effet dépend de l'appréciation de l'autorité qui représente l'Etat (t. I, p. 146) ; ce n'est pas, à plus forte raison, un « droit d'expropriation » vis-à-vis du propriétaire, contre lequel l'entrepreneur ne pourrait agir que par l'intermédiaire de cette autorité. Si l'on doit appeler « expropriant » celui qui enlève la propriété, c'est alors toujours l'Etat qui produit cet effet par l'organe de son autorité d'expropriation. Si l'on veut appeler « droit d'expropriation » la possibilité juridique d'agir ainsi, alors ce droit appartient toujours à l'Etat seul, quel que soit l'entrepreneur. Mais nous avons déjà constaté (t. I, p. 141) qu'il n'y a pas un grand intérêt à qualifier de droits subjectifs les différentes manifestations de la souveraineté (9).

3) L'acte d'autorité, qui forme le centre de la procédure d'expropriation, aura à examiner les propositions de l'entrepreneur poursuivant à deux points de vue : il s'agit d'abord de savoir, si l'on est en présence d'une entreprise pour laquelle l'expropriation doit avoir lieu ; ensuite, si la portion de la propriété privée, telle qu'elle est désignée par l'entrepreneur, est nécessaire à cette entreprise et doit être exigée.

La constatation de ces deux points pourra être attribuée à deux actes administratifs différents. La *constatation du cas de l'expropriation*, étant le point plus grave, à raison de ses conséquences, sera réservé à une compétence supérieure ; à cet effet, le prince lui-même ou un acte législatif individuel vont entrer dans la procédure d'expropriation. Ce n'est qu'en vertu de cet acte que l'autorité d'expropriation fait *la constatation de l'objet de l'expropriation*, tire les conséquences de cet acte pour les immeubles individuels et décrète l'expropriation (10). Même dans les législa-

(9) Les auteurs ne sont pas d'accord sur la terminologie : *Laband* dans Arch. f. civ. Pr., 52 p. 170 ; *Grünhut*, Ent. R., p. 78 ss. ; *le même* dans Conrads Handwörterb., III. p. 258 ; *Bornhak*, Preuss. St. R., III, p. 295 ; *Jellinek*, Subj. öff. Rechte, p. 241 ; G. *Meyer*, V. R., I, p. 284, note 9. — La terminologie que nous employons dans le texte ci-dessus nous semble être dictée par la logique de la forme juridique de l'institution. L'entreprise publique doit, dans l'expropriation, exercer son influence sur la propriété privée ; mais sa force se trouve traduite dans l'acte administratif qui seul produit l'effet extérieur. Cependant, on peut adopter une autre manière de voir, faire abstraction des formes juridiques et considérer, selon la tendance des sciences politiques, plutôt le fond matériel et les rapports économiques. En ce sens, on sera libre de donner le nom d'expropriant à l'entrepreneur. De la même manière, on pourra aussi parler de son droit d'exproprier. C'est une façon assez innocente de s'exprimer, pourvu qu'on ne veuille pas tirer des conséquences de ce mot *droit*.

(10) Exemples : Prusse, L. du 11 juin 1879, § 2 et 32 ; Saxe, L. du 24 juin 1902, § 2 et § 49.

tions qui préfèrent conserver l'unité extérieure de l'acte, l'importance spéciale du premier point peut se manifester par une approbation supérieure nécessaire pour cette partie de l'acte (11).

L'indemnité de l'exproprié n'est qu'une suite de l'expropriation ; ce n'est pas une partie de cette institution même. Toutefois, en tant que les effets de l'expropriation en dépendent, l'indemnité est, d'une manière très prononcée, mêlée à la procédure ; nous en parlerons au § 34, II n. 2 ci-dessous. Encore la marche de cette procédure se complique-t-elle par différentes formalités destinées à faire entendre tous les intérêts lésés, par des servitudes d'utilité publique destinées à faciliter les travaux préparatoires, par des défenses d'aliéner empêchant les propriétaires de disposer de leurs immeubles au point de vue du droit civil, etc. (12).

Ce qui est essentiel, ce sont les deux constatations qui se font par acte administratif et que nous allons maintenant examiner de plus près.

II. — La première partie de la procédure d'expropriation, c'est *la constatation du cas de l'expropriation* : c'est l'acte par lequel est reconnue à l'entreprise projetée la qualité de donner lieu à expropriation. Il faut que l'entreprise y soit propre tant par son *objet*, que par la personne qui la représente, l'*entrepreneur*. L'un et l'autre point sont constatés par l'acte, qui désigne le but de l'expropriation d'une part, et le sujet auquel elle doit profiter, de l'autre.

1) Il faut qu'il s'agisse d'une entreprise d'utilité publique dont la réalisation exige le sacrifice de la propriété privée.

On pourrait concevoir que les règles de la loi d'ex-

(11) Exemple : Bavière, L. du 17 nov. 1837, art. 14.

(12) *Neubauer*, Zusammenstellung d. in Deutschl. gelt. R. betr. versch. Rechtsmaterien, p. 1-47 en donne un tableau.

propriation désigneront les entreprises d'une manière si exacte que, dans le cas spécial, il n'y aurait qu'à appliquer la règle, et déclarer seulement ce qui est de droit. A toute entreprise qui présenterait les caractères voulus, la loi conférerait un droit à être admis à l'expropriation. Cela serait possible au point de vue de la théorie juridique ; mais cela ne répondrait pas au caractère de l'expropriation. En fait, les lois d'expropriation ne procèdent pas ainsi ; elles s'en remettent, dans une mesure plus ou moins large, à la libre appréciation de l'acte dont nous parlons, pour déterminer si l'on reconnaîtra ou non à l'entreprise une utilité publique suffisante (13).

Cela apparaît de la manière la plus claire dans le cas où la loi ne dit rien sur le genre spécial de l'entreprise à admettre, et se contente de déclarer en termes généraux : l'expropriation a lieu « dans un but d'intérêt commun », « pour des raisons de salut public », ou « pour l'utilité publique ». C'est la forme dans laquelle s'expriment la plupart de nos lois contenant une réglementation générale de l'expropriation (14).

(13) C'est ainsi que s'explique l'art. 41 de la Constitution de l'Empire, d'après lequel l'Empire est autorisé à construire partout des chemins de fer ou à constituer, à cet effet, des concessionnaires et « à leur attribuer le droit d'expropriation ». Les entreprises de l'Empire ou de ses concessionnaires ne sont pas seulement déclarées *capables* d'être admises à l'expropriation par les autorités ordinaires ; cela ne serait peut-être pas nécessaire. Mais l'Empire les admet directement par une loi spéciale, afin d'empêcher que les autorités d'un Etat récalcitrant ne les écartent en vertu de la libre appréciation qui leur compète même vis-à-vis d'une entreprise capable en principe. Dès lors, les détails de cette expropriation pourront être réglés par l'Empire par la voie administrative. Cette expropriation ne serait pas nécessairement soumise à la législation d'expropriation particulière ; d'un autre côté, l'Empire n'aurait pas besoin de se créer une loi d'expropriation pour régler la procédure. La loi spéciale qui autorise l'expropriation sera la base juridique suffisante pour tout ce qu'il y aura à faire. Sur cette question : *Seydel*, Komm. z. Reichsverf., p. 189 ; *Laband*, St. R., édit. all., I, p. 108 (éd. française, I, p. 311).

(14) Prusse, L. du 11 juin 1874, § 1 ; Saxe, L. du 24 juin 1902, § 1 ; Bade, L. du 28 août 1835, § 1 ; Hesse, L. du 27 mai 1821, art. 1.

Mais la loi peut également désigner les entreprises pouvant donner lieu à l'expropriation par leur objet, soit en faisant une énumération de ces objets dans une réglementation générale de l'expropriation, soit en déclarant incidemment l'admissibilité d'un objet en s'occupant de l'ensemble de la branche d'administration dont il dépend. Cela ne veut pas dire que l'expropriation est directement admise chaque fois que l'on sera en présence d'une entreprise du genre indiqué ; au contraire, pour constater le cas d'expropriation, il y aura, chaque fois, à examiner si vraiment, dans les circonstances données, cette immixtion dans la propriété privée est « exigée par l'utilité publique ». La désignation légale des objets équivaut donc à l'établissement d'une restriction nouvelle : pour les objets autres que ceux qui sont admis, on ne doit pas exproprier, bien que l'utilité publique soit démontrée (15).

Il existe, il est vrai, certaines limites, même dans le cas où l'autorisation d'exproprier est donnée par la loi de la manière la plus générale. Elles sont sous-entendues toutes les fois que la loi ne dit pas expressément le contraire. Elles dépendent de l'idée fonda-

(15) Bavière, L. du 17 nov. 1837 en fournit l'exemple le plus important, en donnant, dans son art. 1 A, une énumération des cas dans lesquels l'expropriation pourra avoir lieu. Il faut cependant que, en outre, « dans chaque cas spécial, on procède à un examen particulier de la nécessité et de l'utilité de l'entreprise » ; *Seydel*, Bayr. St. R., III, p. 630. On ne saurait désigner plus clairement le cas de la libre appréciation. D'après *Seydel*, l. c., p. 646, il n'y aurait quand même ici lieu qu'à une appréciation « judiciaire », c'est-à-dire liée à la simple déclaration de ce qui est de droit ; le décret de l'autorité d'expropriation devrait avoir la nature d'une *décision* au sens strict du mot : « il s'agit, en effet, ici d'une condition de l'existence d'un droit individuel », c'est-à-dire du droit de l'entrepreneur. Nous préférons argumenter dans le sens contraire : il y a ici un acte de libre appréciation, le prétendu droit de l'entrepreneur d'obtenir cet acte, son « droit d'exproprier », n'a pas le caractère d'un droit. *Seydel* désirerait réserver la possibilité de la justice administrative ; mais celle-ci peut parfaitement exister pour des actes de libre appréciation, comme nous l'avons démontré au t. I, p. 208 ss. *Seydel* se donne donc une peine inutile.

mentale de l'expropriation, à savoir l'entreprise publique s'emparant de la propriété privée pour s'en servir.

Lorsque la loi dit « exproprier », elle ne veut pas dire « enlever » parce que cela profite à l'Etat ou parce que cela répond à un intérêt public général vaguement défini. Elle doit vouloir dire que l'immeuble pourra être pris *pour servir l'intérêt public individualisé dans une entreprise déterminée* représentant une portion de l'administration publique (16). Sont donc exclus, en principe, tous les genres d'expropriation qui n'auraient pas pour objet d'employer en ce sens la propriété ainsi acquise.

Ce principe d'interprétation a de l'importance dans différentes directions.

Il a surtout pour conséquence d'empêcher l'expropriation dans un intérêt fiscal, quoique cet intérêt puisse représenter une entreprise de l'Etat. Pour les *administrations fiscales* proprement dites, cela va de soi (t. I, p. 182). Augmenter et arrondir le domaine patrimonial de l'Etat par exemple, cela ne peut pas se faire par l'expropriation. Dans ce cas, il ne s'agit pas du tout d'administration publique (17).

(16) *Neumann* dans Annalen, 1886, p. 357 ss., a déployé beaucoup de sagacité pour tirer directement de la notion de l'intérêt public un critérium suffisant. Il reconnaît lui-même que tout est relatif, et aboutit à une question de plus ou de moins (p. 407) : « de sorte qu'on pourrait être tenté de distinguer non pas entre choses d'intérêt public et choses qui n'en sont pas, mais entre intérêt public plus grand et intérêt public moins grand ». — Dans le sens du texte, *v. Rohland*, Ent. R., p. 22, ss. ; *Schelcher*, Rechtswirkungen d. Ent., p. 2. Ce dernier va jusqu'à affirmer : « L'expropriation, dans le sens strict de la doctrine, c'est exclusivement la privation d'une chose en vertu du droit public, privation qui est faite dans l'intérêt de l'exécution d'une entreprise publique ». Le point essentiel, dans cette formule, est très bien relevé ; seulement, si la loi admet l'expropriation pour une entreprise qui veut non pas se servir de l'immeuble pour l'accomplissement de ses buts, mais pour en disposer autrement, alors, à notre avis, ce sera toujours encore une expropriation, même dans le sens de la doctrine. Seulement, la doctrine y verrait une anomalie, une exception à ce qui se fait d'ordinaire et d'une manière régulière.

(17) *V. Rohland*, Ent. R., p. 15 : il résulte « du principe de l'orga-

Mais, dans le cas même où les intérêts de l'administration publique seraient en cause, on ne pourra pas user de l'expropriation pour acquérir des immeubles qui ne doivent pas servir à l'entreprise, mais dont l'aliénation devra procurer un bénéfice. En règle, tout au moins, l'expropriation ne peut pas servir à une pareille spéculation ; les lois l'admettent par exception (18).

De même, l'expropriation n'est pas possible quand il s'agit seulement de changer l'état de fortune des individus entre eux ; alors, l'immeuble n'est nullement réclamé pour une entreprise publique. Supposons un projet d'expropriation de grandes propriétés, en vue de les diviser en parcelles au profit de petits cultivateurs, ou encore un projet d'expropriation d'établissements industriels pour les attribuer à des syndicats ouvriers (19).

nisation de l'expropriation » qu'on ne peut pas exproprier « pour des intérêts privés de la commune », par exemple pour la construction d'un chemin d'exploitation d'une forêt communale De même, *Grünhut*, Ent. R., p. 79 : « ce droit... porte en lui-même ses limites » ; il ne peut pas être exercé « dans l'intérêt pécuniaire du Trésor ».

(18) Il faudra ranger dans cette catégorie les « expropriations par zone » ; *Neumann* dans Annalen, 1886, p. 405. Elles y rentrent au moins en tant qu'elles s'étendent sur un terrain plus grand qu'il n'est nécessaire pour le besoin de l'entreprise. *V. Rohland*, Ent. R., p. 22, note 3, n'hésite pas à appeler cela le côté « condamnable » de l'institution ; c'est pousser un peu loin le sentiment de ce qui doit se faire régulièrement.

(19) *Grünhut*, Ent. R., p. 3, donne à l'idée exacte une expression exagérée, quand il revendique pour l'expropriation, comme fonction essentielle, d'opérer « le transfert dans le bien public », c'est-à-dire suivant sa définition (l. c., p 76) : le domaine public. Cela nous paraît provenir d'une fausse interprétation des auteurs français ; ou plutôt, ces auteurs ont causé l'erreur par une manière inexacte de s'exprimer ; ils se servent quelquefois des mots : domaine public, là où il aurait fallu dire : domaine de l'Etat. Ainsi, par exemple, la phrase de *Grünhut* que nous venons de citer se trouve textuellement dans *de Lalleau*, Traité de l'expropriation, I, n. 164, et dans *Dufour*, Droit adm., VII, n. 551. Le domaine public est la forme la plus caractérisée dans laquelle un immeuble peut servir à une entreprise publique : ici l'immeuble est lui-même l'entreprise (comp. le § 35, II, ci-dessous). Mais il suffit que l'immeuble devienne la propriété de droit privé du

Les autorisations générales ne comprendraient pas non plus la privation de la propriété privée, qui n'aurait pour but que d'écarter les troubles que pourrait apporter à l'intérêt public l'usage qui en est fait actuellement : défigurations de l'aspect de la rue, préjudices à la salubrité, etc. Ici l'immeuble ne doit pas servir ; il doit seulement cesser de servir. De pareilles mesures sont destinées, d'après leur nature, à être opérées dans les formes propres au pouvoir de police ; l'expropriation n'en fait pas partie. Une loi expresse, il est vrai, pourrait rendre l'expropriation applicable : elle pourrait servir à régler, d'une manière équitable, les effets pécuniaires de la mesure exigée par l'intérêt de la police : celui qui en est frappé reçoit ainsi une indemnité ; l'administration, d'autre part, reçoit la possibilité de couvrir ses frais en disposant autrement de l'immeuble (20).

Les limites ainsi apportées à la libre appréciation par la loi ou simplement par la nature des choses ne concernent toujours que le *genre* et *la nature* de

sujet de l'administration publique pour servir comme telle à l'entreprise ; ce minimum, dont le domaine public représente le maximum correspondant, doit exister, il est vrai, pour que l'expropriation soit possible.

(20) En ce sens, Bavière, L. d'expropr., art. 1 et art. 13 ; *Hartmann*, Ges. über Zwangsabtretung, p. 28, note 11, cite comme exemple l'élargissement d'une rue. Mais cela serait une expropriation très régulière, puisqu'elle tend à faire servir l'immeuble à l'entreprise publique, c'est-à-dire à la rue élargie. Nous ne pourrions pas, malgré le texte de la loi art. 13 et 14, considérer non plus comme une « mesure de police » la création, par l'expropriation, d'une zone protectrice pour un musée d'art. L'immeuble ainsi exproprié servira à ce musée pour le mettre à l'abri d'un danger d'incendie. C'est conforme aux buts ordinaires de l'expropriation. C'est à bon droit qu'en Prusse on a estimé que de pareilles mesures étaient comprises dans l'autorisation générale d'exproprier pour des intérêts publics : *Bähr et Langerhans*, Ent. Ges. p. 10. Une véritable mesure de police ne pourrait pas intervenir à ce titre : eod., p. 3 et 4. — Comme exemple classique d'une extension de ce genre de l'institution de l'expropriation, on peut citer la loi Française du 13 avril 1850, sur les logements insalubres ; comp. *ma* Théorie d. Franz. Verw. R., p. 237.

l'entreprise à admettre. Par contre, il n'est pas possible de fixer des règles abstraites pour diriger le second point de la question, à savoir l'évaluation de la *force* avec laquelle l'intérêt représenté par l'entreprise publique tend à se réaliser, et si cette force est assez grande pour triompher de la propriété (21). Cela est une pure affaire d'impression. C'est justement pour cela qu'il importe beaucoup de savoir *qui* est l'entrepreneur, *qui* demande l'expropriation. Lorsque les degrés suprêmes de l'administration ont estimé une entreprise assez nécessaire pour la mettre en œuvre eux-mêmes, ou assez importante pour en faire l'objet d'une concession spéciale, alors l'acte de constatation que devra accomplir une autorité distincte devra toujours examiner encore si l'expropriation sera admissible eu égard à la nature de l'entreprise; car il y a là une limite de droit. Mais il serait contraire au bon sens de peser à nouveau l'intérêt public qui en exige l'exécution ; il y a, sur ce point, un témoignage plus que suffisant. Il en est tout autrement, lorsque c'est une commune qui demande l'expropriation pour ses projets, ou un concessionnaire qui, dans les limites de sa concession, désire élargir son rayon d'action. Dans ces hypothèses, avant d'admettre la demande, ce second côté de l'affaire devra aussi être examiné très sérieusement. Cela fait une différence considérable, différence de fait, quoique la loi ne distingue pas.

2) L'utilité d'une entreprise et son importance pour l'intérêt public ne suffisent pas. Il faut que cette entreprise soit une portion de l'administration publique ; or, elle ne pourra l'être que si elle appartient à un

(21) N'oublions pas que, de l'autre côté, peut se trouver non seulement l'intérêt de la propriété privée, mais également un intérêt public qui doit céder et dont il s'agira de peser la valeur relative ; comp. la note 31 ci-dessous.

sujet capable de représenter l'administration publique (22).

Par conséquent, la constatation du cas d'expropriation renferme, comme second élément, la déclaration que la condition relative à l'existence d'un entrepreneur capable est remplie. Cela n'importe pas seulement pour l'admissibilité de l'expropriation en vue de cette entreprise. Il y a, en dehors de l'Etat, d'autres sujets capables d'être entrepreneurs. L'entreprise qui, dans cette procédure, fait valoir sa puissance sur la propriété privée, fait ressentir l'effet de cette puissance au profit de son maître, au profit du sujet auquel elle appartient. C'est ce dernier qui sera désigné. De cette manière, la partie poursuivante est déterminée pour la procédure ultérieure ainsi que l'acquéreur futur (voir § 34, I, n. 3 ci-dessous).

L'examen qui précède cette constatation comprend la question de savoir si l'entrepreneur reste dans le cercle de l'administration publique qui lui appartient et s'il est dûment représenté afin que les droits et devoirs résultant de l'expropriation puissent produire leur effet à son égard. Sur l'un et l'autre point, l'acte de constatation peut recevoir, de l'autorité qui y

(22) On n'ignore pas, au moins dans la littérature sérieuse, que la position de l'entrepreneur doit avoir ici une qualification spéciale dépendant du droit public. *Seydel*, Bayr. St. R., III, p. 629, parle d'un « ingénieur » placé derrière lui ; *Jellinek*, Subj. öff. R., p. 241, note 1, dit aussi, à sa manière, qu'« un droit de supériorité est localisé dans sa sphère ». D'autres se contentent d'appeler l'entrepreneur le mandataire de l'Etat, son cessionnaire, etc.

Ce qui importerait surtout, ce serait de ne pas confondre par anticipation ce qui devient le caractère juridique de l'entrepreneur à la suite de la constatation du cas d'expropriation, une fois que par là il aura acquis le prétendu droit d'exproprier. Faute de distinguer, d'ordinaire, on s'en tient à des formules générales. Mais pour être admis à poursuivre l'expropriation, afin d'acquérir ce « droit », il faut que l'entrepreneur ait déjà une situation dans la sphère du droit public, situation qu'il a en dehors de cette procédure ; la procédure ne fait qu'en tirer des conséquences et traduire cette situation dans des effets juridiques déterminés.

procède, les compléments nécessaires, en vertu des compétences qui peuvent lui appartenir en dehors de sa fonction dans la procédure d'expropriation. Sous cette réserve, il faut dire que cet examen, à la différence de ce qui vient d'être appliqué au n° 1, a uniquement pour but de trouver et de reconnaître ce qui est de droit sans qu'il y ait ici libre appréciation.

Ce qu'il faut examiner et, au besoin, ajouter pour le complément de l'acte sera différent selon le caractère du sujet qui fonctionne comme entrepreneur, c'est-à dire selon le titre en vertu duquel il est appelé à la gestion de l'administration publique.

Trois cas peuvent se présenter.

Le premier cas est celui où l'*Etat lui-même* est l'entrepreneur. Sa capacité de gestion en matière d'administration publique est illimitée. La question de savoir s'il est dûment représenté dépend de l'examen de la compétence du fonctionnaire qui poursuit l'expropriation. Dans le cas où la constatation du cas d'expropriation est faite par l'administration supérieure, il pourra être joint à cet acte la création directe d'une compétence par délégation spéciale.

Entre l'Etat en tant qu'entrepreneur et l'Etat faisant décréter l'expropriation, il n'y a pas de rapport juridique. C'est, des deux côtés, le même sujet, représenté seulement par des compétences distinctes, à peu près comme, dans la justice criminelle, il l'est par le ministère public d'une part, et par le tribunal de l'autre. Si l'on veut distinguer, d'après cette analogie, différents droits qui seraient exercés pour l'Etat par ces compétences, il faudra alors dire qu'à son droit de punir correspond ici son droit d'exproprier, à son droit de poursuivre la condamnation et de la mettre à exécution correspond le « droit » de poursuivre l'expropriation et d'en profiter pour son entreprise (23).

Le second cas est celui où une personne morale du droit public, autre que l'Etat, un *corps d'administration propre*, veut exécuter l'entreprise comme son affaire propre (voir § 55 ci-dessous). Les affaires qui appartiennent aux corps d'administration propre sont des portions de l'administration publique qu'ils gèrent à la place de l'Etat. L'entrepreneur poursuit donc ici la procédure en vertu d'un droit d'administration propre. La question à examiner est celle de savoir si l'expropriation est demandée dans l'exercice légal de ce droit. Il se peut spécialement qu'une autorisation soit nécessaire pour agir ainsi, autorisation qui devra être accordée en vertu de la tutelle administrative. Alors cette autorisation, quand ces deux compétences coïncident, pourra encore se joindre directement à l'acte de constatation du cas d'expropriation.

(23) D'après *Eger*, Eisenbahn. R., I, p. 322, « l'Etat concède au Fisc également le droit d'exproprier ». C'est encore, dans toute sa naïveté, la formule de l'époque où le régime de la police était en vigueur (comp. t. I, p. 61). Dans son commentaire sur la loi d'expropr. Pruss., I, p. 3 (2e éd., parue en 1902), *Eyer* ne fait que répéter cette formule. Comp. aussi *v. Rohland*, Ent. R., p. 13 ; *Læbell*, Preuss. Ent. Ges., p. 15.

Il est facile à voir comment ces auteurs ont été amenés à cette construction par un besoin d'uniformité systématique. On part de l'idée que l'Etat investit l'entrepreneur privé du droit d'exproprier par la concession qui lui est faite. Maintenant, si l'Etat lui même est l'entrepreneur, il faut que les choses se passent de la même manière. Or, pour que cela puisse se faire, il n'y a pas d'autre moyen que de recourir à l' « heureuse fiction » du droit ancien et de scinder en deux la personnalité de l'Etat.

L'uniformité désirée s'établit plus simplement par la voie inverse : l'entrepreneur, par suite de la concession de l'entreprise à lui faite, a déjà sa place sur le terrain de l'administration publique ; quand il est admis, en cette qualité, à poursuivre l'expropriation, il ne reçoit pas de droit nouveau, pas plus que l'Etat qui, de cette manière, veut faire valoir le caractère public de son entreprise Le droit nouveau ne s'acquiert qu'à la fin de la procédure, par le transfert de propriété. Comp. la note 25 ci-dessous.

On parle ici d'un droit d'exproprier qui appartiendrait aux communes, aux arrondissements, etc. Il va sans dire que ce droit est d'une nature toute autre que le soi-disant droit d'exproprier qu'on attribue à l'Etat comme effet de l'autorisation de la loi et dont nous venons de parler ci-dessus. Il peut signifier deux choses.

D'un côté, cela se rapporte au droit, que la commune a, vis-à-vis de l'Etat, d'être admise à l'expropriation pour ses entreprises, toutes les fois qu'elles présentent des conditions dans lesquelles l'État admettrait l'expropriation pour ses propres entreprises, c'est-à-dire que la commune peut exiger que les entreprises auxquelles elle procède dans le système de son administration propre soient reconnues comme revêtues du caractère d'utilité publique aussi bien que celles de l'Etat. En effet, cela n'est qu'une manifestation et une conséquence de l'ensemble des droits d'administration propre dont la commune est dotée.

Mais, d'un autre côté, le droit d'expropriation qui appartient aux communes, etc., signifie, vis-à-vis des sujets, la possibilité juridique d'obtenir l'expropriation, et, ceci obtenu, le pouvoir de poursuivre l'expropriation contre les sujets, avec la conséquence que les effets de cette mesure se produiront au profit du corps d'administration propre. C'est le même droit que celui qui, dans la première hypothèse, appartient à l'Etat lui-même, et qu'il exerce par l'organe du fonctionnaire poursuivant, à côté du droit qu'il exerce par l'organe de l'autorité d'expropriation : c'est le droit de l'entrepreneur à côté du droit d'exproprier. Si l'on peut donner à ce premier pouvoir, le nom de droit d'exproprier, il faut alors dire aussi que l'Etat possède deux droits d'exproprier (24).

(24) *Grünhut*, Ent. R., p. 79 : « En ce qui concerne certaines affaires

Enfin l'entreprise pour laquelle intervient l'expropriation pourra dépendre d'un individu, d'une société ou d'une personne morale qui n'a pas, pour cela, le titre d'un droit d'administration propre. Pour qu'elle soit considérée comme une entreprise publique au sens de la loi d'expropriation, il ne suffit pas, ici non plus, d'invoquer l'utilité que, par son objet, elle promet à la communauté. Il faut que, tout en appartenant à un entrepreneur privé, elle reste liée à la puissance publique dont elle est censée être dérivée. C'est l'institution de la *concession d'entreprises publiques* (Verleihung öffentlicher Unternehmungen) qui fournit les formes juridiques (voir le

publiques... qui appartiennent à la sphère naturelle de l'administration propre, l'Etat, réservant son droit de surveillance, cède sa place à l'administration provinciale, régionale ou communale ; cette dernière peut donc, en ce qui concerne les affaires abandonnées à son administration propre, faire valoir le droit d'exproprier ». Nous tenons à bien retenir ce point, que l'Etat ne « cède » pas sa place en admettant l'entreprise de la commune à la procédure d'expropriation : il a déjà cédé sa place par la reconnaissance du corps d'administration propre, qui a été doté d'une certaine portion d'administration publique. Lorsque la commune, pour une entreprise qui en fait partie, demande la déclaration d'utilité publique, elle ne réclame pas la place de l'Etat ; elle reste entièrement à sa place. — *V. Rohland*, Ent. R., p. 13 : les communes peuvent « pour leurs buts, prétendre à l'exercice du droit d'exproprier » ; p. 14 : la commune « peut prétendre à l'exercice du droit d'exproprier par l'Etat ». L'Etat est donc obligé, vis-à-vis de la commune, d'exercer ce droit. Ce n'est pas une obligation très stricte, parce que l'Etat garde sa libre appréciation. Mais pourquoi, dans ces circonstances, *V. Rohland* appelle-t-il la commune l'expropriant ? C'est en contradiction avec ce qui précède : obtenir qu'un autre exproprie, ce n'est pas exproprier. — *G. Meyer*, R. d. Expropr., p. 260, revendique le droit d'exproprier pour l'Etat qui le possède originairement ; mais l'Etat peut en « doter » une commune. Dans le même sens, avec plus d'énergie encore, *Thiel*, Das Expropriationsrecht, p. 17, 20 : « l'Etat seul est à considérer comme l'expropriant ». Et la commune ? Elle n'a qu'un *mandatum ad agendum* ; elle est la cessionnaire de l'Etat, car le droit d'exproprier est « cessible ». C'est encore la confusion : le droit d'exproprier appartient à l'Etat, sans doute ; ce droit, il ne le cède pas ; il le conserve et l'exerce par ses autorités d'expropriation. Le « droit » de la commune, c'est son droit d'administration propre et, dans le cas spécial, c'est son droit d'entrepreneur public, lequel n'est pas dérivé du même droit de l'Etat, mais en est le correspondant.

§ 49, t. IV, ci-dessous). L'entreprise concessionnaire est encore une portion de l'administration publique. Le concessionnaire, par suite de l'acte de concession, est devenu capable de poursuivre l'expropriation dont l'entreprise aura besoin, tout comme la commune le fait en vertu de son droit d'administration propre.

On peut encore parler ici d'un droit d'exproprier de l'entrepreneur-concessionnaire, et distinguer dans ce droit deux droits, comme cela a lieu pour les entreprises des communes — et d'une manière tout aussi impropre. L'autorité appelée à constater le cas d'expropriation examine le titre du concessionnaire avant d'arriver à la question de l'admissibilité de l'entreprise en elle-même. Encore a-t-elle, en règle tout au moins, la possibilité de remplir directement cette condition juridique, en accordant simultanément la concession, de même qu'elle peut, dans le premier cas, créer en même temps la compétence du fonctionnaire poursuivant, dans le second cas accorder à la délibération communale l'autorisation de la tutelle administrative.

Et c'est justement dans ce troisième cas que la combinaison se rencontre le plus souvent. On s'est habitué à parler, *brevitatis causa* en quelque sorte, de la *concession du droit d'exproprier*. En fait, le droit d'exproprier, tel qu'il est exercé par l'autorité d'expropriation, n'est jamais l'objet d'une concession, pas plus que l'exercice de la justice. Le droit d'exproprier, d'un autre côté, entendu comme la capacité d'être partie poursuivante dans la procédure d'expropriation, n'est pas — au moins directement — l'objet de la concession ; c'est une conséquence que l'Etat tire du fait de la concession de l'entreprise publique accordée antérieurement ou simultanément.

Sur la demande qui a été faite, il est décrété : telle entreprise déterminée à exécuter par tel entrepreneur déterminé (construction d'un chemin de fer, d'une route, d'un canal, dessèchement d'un marais) est reconnue comme entreprise publique. Cela implique la concession avec tous les droits et devoirs qui résultent de cet acte juridique de droit public. Intervient alors la constatation du cas de l'expropriation au profit de cette entreprise et de cet entrepreneur; en elle-même, ce n'est pas plus une concession que la constatation qui est faite au profit de l'Etat ou au profit de la commune (25).

III. — Après la constatation du cas de l'expropriation, vient la seconde partie de la procédure d'expropriation : la *désignation des différents immeubles* qui sont nécessaires pour l'entreprise et qui doivent être frappés par l'expropriation. Ici est produit un effet

(25) *V. Rohland*, Ent. R., p. 12 écrit dans ce sens : « L'Etat ne concède pas le droit d'exproprier, lequel reste, au contraire, son droit de supériorité inaliénable et est exercé par lui seul au moyen de ses organes. L'Etat examine une entreprise, si elle poursuit un but d'utilité publique. Dans l'affirmative, l'Etat reconnaît que les conditions sont remplies pour qu'il soit fait usage du droit d'exproprier, et devient actif pour l'entrepreneur d'une double façon ». *Laband*, dans Arch. f. civil. R., § 2, p. 170, après avoir constaté que l'Etat seul est l'expropriant, caractérise comme suit la situation de la société par actions déclarée concessionnaire d'une entreprise de chemin de fer : « L'Etat l'*autorise*, afin de favoriser la grande communication, à employer, en tant que de besoin, les immeubles appartenant à des propriétaires privés, à la construction de la voie » En fait, cette « auto, risation » ne va pas aussi droit au but. — *Thiel*, Expropr. R., p. 20 avec son expédient d'une *cession* que l'Etat ferait de son droit d'exproprier, a visé spécialement le cas d'un entrepreneur concessionnaire (comp. la note 24 ci-dessus). — Dans les débats sur le projet de la loi d'expropriation Bavaroise, on a proposé que des entrepreneurs privés « ne se servent du droit d'exproprier que comme *mandataires* de l'Etat (*Seydel*, Bayr. St. R., III, p. 629, note 5 ; *Hartmann*, Ges. über die Zwangsabtretung, p. 34). — L'explication la plus claire nous paraît avoir été donnée par *Prazak*, R. der Enteignung, p. 67, note 9 : le droit d'exproprier est partout un droit de l'Etat ; quand un droit d'exproprier est concédé, cela s'entend « non pas du droit d'enlever la propriété privée en lui-même, mais seulement du droit d'adresser à cette fin une demande à l'autorité administrative ». Ce droit de demander l'expropriation n'est « qu'une émanation du droit acquis de l'Etat, par la concession, d'exécuter une entreprise jugée nécessaire dans l'intérêt économique ».

direct et extérieur que le premier acte n'avait fait que préparer.

Dans cette partie de la procédure, l'entrepreneur aura donc *son adversaire déterminé* dans la personne de celui qui doit être frappé, du propriétaire de l'immeuble visé. Il se peut que déjà, dans la première partie de la procédure, en vue de l'expropriation à constater, il y ait des formalités prescrites à l'effet de faire entendre les intéressés, en particulier ceux dont la propriété sera menacée (26). Maintenant, c'est une *condition essentielle* de la procédure réglée par la loi, qu'elle soit dirigée *contre le propriétaire.* C'est à ce dernier que seront communiquées les dispositions à prendre ; les dispositions prises lui seront notifiées ; il faut qu'il puisse faire ses objections avant et former ensuite son recours.

La validité juridique de l'expropriation dépend de l'accomplissement de ces conditions. Dès lors, l'entrepreneur poursuivant est obligé de trouver son contradicteur légitime et de le désigner à l'autorité d'expropriation dans la demande qu'il lui soumet. Au cas où il se serait trompé, il serait logique de le déclarer déchu de tout le bénéfice de la procédure et de considérer l'expropriation comme nulle. Mais il est évident qu'il ne peut pas en être ainsi. On ne peut pas laisser exposé aux hasards des méprises du poursuivant l'effet d'une procédure minutieuse et coûteuse et qui touche à un intérêt public solennellement déclaré.

Il est faux de vouloir se placer ici à un point de vue qui, en pareil cas, pourrait être celui du droit civil. On ne peut pas dire : si le demandeur s'est trompé,

(26) Des exemples dans *Thiel,* Expropr. R., p. 96. D'après le droit Bavarois, l'autorisation d'exproprier que donne le ministère (constatation du cas de l'expropriation) n'est d'abord qu'une « instruction » ; il y aura encore lieu de discuter ce point entre les parties intéressées : *Hartmann,* Ges. über die Zwangsabtretung, p. 66 ss.

tant pis pour lui. L'intérêt public que le demandeur représente ne doit pas souffrir. D'ailleurs, la méprise n'implique pas toujours une négligence de celui qui l'a commise. La réglementation de la propriété immobilière, telle qu'elle est organisée par le droit civil, ne suffit pas toujours pour protéger l'entrepreneur poursuivant le plus vigilant.

Cela apparaissait déjà dans notre ancien droit, avant la publication du Code civil allemand, d'une manière plus ou moins tangible. Dans la plupart des Etats, il existait des *livres fonciers*, destinés à donner à la propriété cette publicité que l'intérêt public exige. Mais l'organisation de ces livres fonciers était bien différente ; la garantie qu'ils promettaient à l'entrepreneur, de l'identité du propriétaire indiqué, était plus ou moins sérieuse. Il y avait même des pays, comme l'Alsace-Lorraine, dont les registres ne présentaient que des indications incohérentes, telles que les particuliers avaient bien voulu les faire inscrire. Ces registres ne pouvaient pas même servir de point de départ pour les opérations de la procédure d'expropriation. On soumettait à l'autorité une liste des noms des propriétaires à exproprier d'après un extrait du cadastre de la contribution foncière (27). Mais les systèmes même les plus perfectionnés de livre foncier présentaient encore des lacunes ; on prenait pour base l'extrait de ce livre ; mais il y avait toujours à craindre un changement de propriétaire au cours de la procédure, une erreur de copiste et l'imprévu de toute sorte.

Par suite, le législateur, en réglant l'expropriation, a dû avoir soin de rendre cette procédure indépendante de l'exactitude matérielle des données dans

(27) La procédure est valablement instruite contre le propriétaire apparent; l'expropriation ainsi obtenue lie le véritable propriétaire : *De Lalleau*, Traité de l'expropriation, I, n. 101.

lesquelles elle doit opérer. Il a dit comment la liste des propriétaires doit être établie, en règle, sur la base d'un extrait du registre foncier. L'autorité d'expropriation examine alors l'exactitude de ces indications et les fait rectifier au besoin. Avant de prononcer, elle doit soumettre le plan détaillé de l'entreprise à une enquête : le plan est déposé pendant un certain délai dans un bureau communal ou autre ; les intéressés sont sommés, par des mesures de publicité convenables, d'en prendre connaissance et de faire leurs observations et réclamations. Or, cette communication comprend les noms des propriétaires d'après la liste contrôlée et rectifiée. Si des réclamations sont faites touchant leur exactitude, l'autorité statue et, au besoin, opère une nouvelle rectification. Telle qu'elle sort enfin après l'accomplissement de toutes ces formalités, l'indication des propriétaires est définitive. L'expropriation poursuivie et opérée contre ces propriétaires est valable ; elle ne peut pas être attaquée pour erreur dans leur personne. La condition dont elle dépend, — à savoir d'être dirigée contre le propriétaire de l'immeuble à enlever au profit de l'entreprise, — est réputée être remplie. La réalité est remplacée par la forme ; la loi couvre les difficultés matérielles par un *droit formel* qui s'interpose (28).

(28) En ce sens, Prusse, L. du 11 juin 1874. Dans la discussion du projet de loi, on avait fait observer que, « dans un procès ordinaire, c'est au demandeur à trouver son contradicteur légitime » ; ici, au contraire, les documents, sur lesquels les indications de l'entrepreneur sont basées, doivent être soumis à l'examen de l'autorité d'expropriation ; car il s'agit d'une procédure « qui est destinée à transférer à la partie poursuivante l'objet en litige comme une propriété incontestable, et qui, par conséquent, doit même supprimer, au besoin, les droits de tiers ». *Bähr et Langerhaus*, Ges. über d. Enteignung, p. 81. — De même, Bavière, L. du 17 nov. 1837, art. 15 : les plans sont déposés, sommation publique est faite d'en prendre connaissance ; assignation par écrit est adressée aux intéressés pour débattre le projet ; si, par erreur, une personne intéressée n'a pas été appelée, l'expropriation prononcée ne peut pas être attaquée pour ce motif comme

La promulgation du Code civil allemand a créé partout un livre foncier uniforme. Le système adopté ne rend nullement superflues les précautions spéciales qui avaient été prises pour la procédure d'expropriation. Bien au contraire! La foi publique (*der öffentliche Glaube*), dont le livre foncier doit être revêtu, d'après le § 892 du Code, ne produit son effet qu'au profit de celui qui, se fiant au contenu du livre, acquiert des droits sur un immeuble par « acte juridique ».

Bien entendu, cet acte, au sens du § 892, est un acte juridique du droit civil. Donc, la foi publique du livre foncier ne profite pas à l'expropriation qui est un acte juridique du droit public. Les législations ont bien fait de conserver pour l'expropriation les règles particulières qui remplacent ce principe et dispensent l'expropriation d'y recourir.

Voilà en ce qui concerne la personne des propriétaires. Quant aux *immeubles* qui forment l'objet de l'expropriation, il y a deux points qui exigent des développements spéciaux.

1) Sont soumis à l'expropriation, en principe, tous les immeubles du territoire, quelle que soit leur qualité ou la manière dont on s'en sert, quel que soit aussi le propriétaire.

Spécialement, les immeubles de l'*Etat* n'en sont pas affranchis. On a cru pouvoir parler « d'absurdité » : comment l'Etat, qui cependant exproprie seul, peut-il se contraindre lui-même (29) ? Mais il ne s'agit pas ici d'un fait isolé ! L'Etat se condamne lui-même par

nulle. *Hartmann*, Ges. über d. Zwangsabtretung, p. 68, note 1. — Pour la législation de la Saxe, comp. *Schelcher*, Rechtswirkungen, p. 94 et *le même* : Comment. de la loi du 24 nov. 1902, p. 24, 26. *Schelcher* ne se borne pas, du reste, au droit de la Saxe ; il démontre que cet « effet absolu » de l'expropriation est fondé sur la nature même de l'institution et forme une maxime généralement reconnue.

(29) *Treichler* dans Zeitschft f. deutsch. R., XII, p. 140.

ses tribunaux, s'impose des charges publiques et, en général, apparaît dans toute une série d'institutions du droit administratif comme l'objet passif de l'activité de la puissance publique : le droit public réagit sur l'Etat aussi bien que le droit civil. C'est ici qu'apparaît l'importance pratique de la notion du fisc dont on abuse si souvent : cela signifie que l'Etat est dans une situation où il est devenu susceptible d'être touché par des faits juridiques du droit civil ou du droit public, comme un particulier (t. I. § 12 III, n. 2 ci-dessus). Le Fisc, c'est l'Etat en tant que sujet de droits pécuniaires, et par conséquent, spécialement. comme propriétaire de biens immeubles. S'il possède de la propriété immobilière comme un particulier, sa propriété est frappée par les règles du droit civil ; pourquoi ne le serait-elle pas aussi par les règles de la loi sur l'expropriation ?

On objecte que l'immeuble de l'Etat peut servir déjà, dans sa destination actuelle, à un intérêt public, peut-être même à un intérêt public supérieur. Mais, dans ce cas, l'autorité d'expropriation peut refuser l'expropriation, selon sa libre appréciation de l'intérêt public ; au besoin, son supérieur hiérarchique pourra l'y inviter. C'est une question qui, en règle, sera résolue dès la première étape de la procédure : l'entreprise à admettre se détermine, dès le début, pour le lieu qu'elle prétend occuper ; on verra tout de suite si des immeubles affectés à un service public de l'Etat sont intéressés, et l'on décidera s'il y a lieu ou non de faire le sacrifice.

Du reste, l'expropriation dirigée contre l'Etat ne doit, raisonnablement, intervenir que dans le cas où elle est poursuivie par un corps d'administration propre ou par un concessionnaire. Elle sert à ouvrir la procédure sur la fixation de l'indemnité que l'entrepreneur aura à payer à l'Etat selon les règles du droit convenu. C'est logique et convenable. Il ne peut être question de procéder de la même manière dans le cas où l'Etat lui-même est l'entrepreneur ; ce ne pourrait être que l'effet de la jalousie perverse des différents bureaux administratifs. Le bon sens veut que cette procédure soit rendue superflue par les autorités préposées à l'entreprise d'une part et à la propriété à céder de l'autre ; ces autorités s'entendront entre elles ; à leur défaut, la direction centrale interviendra (30).

Partout, il n'est pas question de l'impossibilité juridique d'une expropriation de l'Etat.

Mais tout cela ne s'entend que sous une condition que nous avons relevée : il faut que l'Etat propriétaire, contre lequel l'expropriation est dirigée, soit, en cette qualité, placé au rang d'un particulier ordinaire, que sa propriété soit une propriété privée, c'est-à-dire soumise à la réglementation du droit civil. Dans ce cas seulement, il est, vis-à-vis de l'expropriation, le Fisc, destiné à subir également l'effet de toutes les institutions organisées à l'intention des particuliers. Mais l'Etat peut aussi avoir des immeubles qu'il ne possède pas selon les règles du droit civil, non comme Fisc. C'est le cas du *domaine public*. La même chose peut avoir lieu pour les corps d'administration propre : communes, cercles, provinces. Ces corps ont aussi un domaine public. Nous nous expliquerons plus loin sur ce qu'est le domaine public (voir § 35 et 36 ci-dessous). Mais ce que nous pouvons dire tout de suite, c'est que, vis-à-vis du domaine public, les conditions

(30) *Lœbell*, Preuss. Enteignungsges., p. 25 : « Si l'Etat, c'est-à-dire le fisc, est en même temps l'entrepreneur, il ne peut pas être question d'une expropriation d terrains fiscaux ; le fisc est et reste le propriétaire des immeubles dont s'agit ; c'est une affaire de pure administration que d'en disposer autrement ». A mon avis, l'expropriation aussi est une affaire de pure administration ; l'auteur veut dire que c'est une affaire que les autorités administratives auront à arranger entre elles. Comp. aussi *Eger*, Ges. über die Enteignung, I, p. 14.

de la réaction de l'ensemble du droit civil et du droit public font défaut : ici, l'Etat ne se présente pas comme un propriétaire privé ; c'est la puissance publique qui apparaît à la fois dans le domaine public et dans l'acte qui prononce l'expropriation. La conclusion s'impose : l'institution de l'expropriation n'est pas applicable au domaine public (31).

(31) Comme cette proposition a sa raison d'être dans la nature juridique du domaine public, et que cette nature n'est pas connue, on n'a pas manqué de chercher des appuis artificiels. *Grünhut*, Ent. R., p. 76 ss., distingue très bien, pour l'admissibilité de l'expropriation contre l'Etat, entre le « bien public » (domaine public) et le « bien de l'Etat » (domaine privé de l'Etat). Le domaine privé est soumis à l'expropriation. Pour l'autre, dit-il, l'expropriation n'est pas possible Pourquoi ? Parce que le bien sert déjà à l'usage public et, par conséquent, ne saurait pas y être affecté par voie de contrainte *Grünhut* semble suivre ici les auteurs Français, et surtout *de Lalleau* qui, dans son Traité de l'expropr., I, n. 182, s'exprime à peu près dans les mêmes termes. Mais tout d'abord, il est inexact d'identifier le domaine public avec les immeubles qui servent à l'usage public (Gemeingebrauch) comp. § 35, III, ci-dessous. Ensuite, il ne faut pas oublier que les jurisconsultes français donnent, en partie au moins, au domaine public une extension qui dépasse de beaucoup ce que nous sommes habitués à considérer comme *res publici juris* ou *res extra commercium*. Pour nous, il serait faux de dire que l'expropriation tend toujours à faire de l'immeuble exproprié une portion du domaine public. On exproprie pour des maisons d'école, des palais de justice, des places d'armes, des chantiers de toute sorte, où il ne peut nullement être question d'appliquer les règles du domaine public. Ainsi il est, dans notre droit, impossible d'expliquer l'incessibilité par cette espèce de compensation de valeurs égales ; il faut forcément recourir à l'idée que le domaine public représente, en lui même, en ce qui concerne l'expropriation, une valeur juridique autre et supérieure. — *Eger*, Ges. über die Enteignung, I, p 15 ss., répète, dans la nouvelle édition de 1902, les idées qu'il avait déjà développées antérieurement et qui méconnaissent complètement la nature de l'obstacle dont il s'agit ici. Pour lui, la question est la suivante : « si des immeubles appartenant à une entreprise investie du droit d'exproprier et ayant été expropriés pour le compte de celle-ci, pourront aussi être expropriés pour le besoin d'une entreprise ultérieure investie également du droit d'exproprier ». Ainsi il croit qu'il s'agit ici d'un conflit entre deux « droits d'exproprier ». Pour maintenir cette fiction, il est obligé de supposer que l'immeuble attaqué et au sujet duquel il se demande s'il peut être soumis à l'expropriation, ait été toujours acquis par l'entreprise qui le possède actuellement, au moyen de l'expropriation. Si l'emplacement de la fortification, du cimetière, de la voie ferrée avait été *acheté* autrefois, il n'existerait, pour *Eger*, aucune difficulté. De plus, « être investi du droit d'exproprier », c'est, pour

Pour bien fixer le sens et la portée de cette proposition, il faut nous expliquer sur deux points.

D'abord, nous devons nous rappeler ce qui a été dit ci-dessus relativement à l'expropriation dirigée contre les immeubles de l'Etat déjà affectés à un service public sans avoir pour cela le caractère distinctif de dépendances du domaine public. Cette expropriation, disions-nous, est juridiquement possible ; seulement, l'autorité d'expropriation pourra, selon le cas, mettre cet immeuble à l'abri de l'expropriation ; grâce à sa libre appréciation de l'intérêt public, elle pourra refuser l'expropriation. Ici, au contraire, il s'agit d'une exclusion formelle ; peu importe que l'intérêt public soit plus ou moins grand ; l'expropriation n'existe pas pour transférer la propriété de cet immeuble au profit d'une entreprise quelconque. Cela fait une différence essentielle.

Ajoutons cependant ceci : que l'expropriation ne soit pas applicable aux immeubles dépendant du domaine public, cela s'entend comme une conséquence de la nature juridique du domaine public et de la logique immanente de nos institutions. Les lois d'expropriation qui, d'ordinaire, ne se prononcent pas sur ce point et l'abandonnent avec raison à la doctrine, seront forcément interprétées en ce sens ; elles sont censées n'avoir voulu rien de contraire. Mais il serait d'un doctrinarisme stérile de prétendre que la loi ne peut pas en décider autrement. La loi peut, par

Eger, une qualité permanente, qui ne se termine pas par l'expropriation même, — encore une idée obscure, à mon avis. Enfin, quelle solution donne-t-il pour ce conflit ? Il faudra, d'après lui, évaluer la force réciproque des différents droits d'exproprier. C'est celui qui a le plus d'intensité qui sera préféré ; pour mesurer cette intensité, *Eger* entre dans des détails. Les droits sont-ils de valeur égale, la maxime : *prior tempore, potior jure* décidera, à moins qu'il ne soit possible de les concilier par des concessions mutuelles. Ainsi, des règles abstraites d'un formalisme stérile remplaceraient le travail si simple de la libre appréciation du bon sens.

une décision expresse ou implicite, étendre cette procédure à des immeubles appartenant au domaine public. Cela serait illogique ; comme nous le verrons plus loin, ce serait une méconnaissance assez maladroite de l'idée si éminemment pratique du domaine public. Mais cela serait la loi ; et la validité de celle-ci n'est pas discutable (32).

En second lieu, nous aurons à répondre à une objection qui, à première vue, paraît avoir une base assez forte dans la réalité des faits. On tire argument de l'inconvénient qu'il y aurait à reconnaître aux immeubles du domaine public une intangibilité absolue ; les entreprises les plus nécessaires deviendraient ainsi, affirme-t-on, impossibles, ce qui ne doit pas être. Et, en effet, nous voyons très souvent des parcelles considérables du domaine public figurer dans les plans détaillés des entreprises pour lesquelles l'expropriation est poursuivie ; en fin de compte, ces immeubles, à la suite de la procédure, auront changé de destination et de propriétaire, comme les autres. L'exemple classique, c'est toujours la construction d'un chemin de fer qui ne s'arrête pas, il est vrai, devant les routes ou le domaine public fluvial, ni même, peut-être, devant le terrain des fortifications (33).

Le fait est certain ; mais essayons de nous entendre. En disant que l'expropriation ne s'applique pas au domaine public, nous ne prétendons nullement que ce dernier soit entièrement intangible. Au con-

(32) *Schelcher*, Enteignungsges., I p. 63, note 78, a cru devoir me faire une objection dans ce sens ; j'y souscris complètement.

(33) *V. Rohland*, Ent. R., p. 20, croit avoir suffisamment prouvé la possibilité d'une expropriation du domaine public par la réfutation des opinions excessives de *Grünhut*. *Prazak*, R. der Enteigung, p. 76, note 11, en s'associant à cette opinion, relève encore les inconvénients pratiques qui résulteraient d'une défense absolue d'exproprier. L'opinion que nous exposons au texte doit être à l'abri de tous ces reproches.

traire, on peut en disposer de différentes manières, appropriées à son caractère spécial. Il y a surtout, pour favoriser la construction des chemins de fer, un pouvoir spécial de supprimer et de déplacer les routes, institution très intéressante et que nous retrouverons. Mais ce n'est pas là l'expropriation dont nous traitons maintenant ; c'est une institution qui la remplace très utilement ; néanmoins, ce n'est pas, pour la doctrine juridique tout au moins, une chose identique (34). En dehors de ce cas spécial et d'une manière générale, il y a toujours un moyen très simple d'arriver au but, quand l'entreprise se heurte à l'inaliénabilité du domaine public : c'est le *déclassement*. Le déclassement (voir § 36 III ci-dessous) est l'acte par lequel un immeuble appartenant au domaine public est dépouillé de son caractère juridique exceptionnel, pour rentrer dans la sphère de la propriété privée ordinaire. Le déclassement une fois opéré, l'immeuble peut être cédé dans les formes ordinaires du droit civil, il peut également faire l'objet d'une expropriation. Ce déclassement ne repose pas sur une appréciation de la valeur relative de l'entreprise pour laquelle l'expropriation est demandée ; cette appréciation n'intervient que comme motif de la décision prise par le maître de la chose publique de se passer d'elle et de son utilité. Si cette chose appartient à un corps d'administration propre, le déclassement peut, au

(34) Comme on n'a pas encore pris l'habitude de distinguer les institutions du droit administratif avec la même précision que pour celles du droit civil, on aime aussi à réunir toutes ces choses sous une notion très large de l'expropriation : *Eger*, Ges. über d. Enteignung, p. 17 ss., traite le sujet d'une seule haleine : de même, *F. Seydel*, Ges. über d. Enteignung, p. 7, note d. — V. G. H., 4 mai 1876 (Samml., VII, p. 231) paraît également admettre une véritable expropriation, au cas où il s'agit d'incorporer les rails d'un chemin de fer dans une route d'arrondissement. — J'ai parlé de ce droit de déplacement des routes — qui s'exerce à l'occasion de la construction d'un chemin de fer, — dans Arch. f. öff. R., XV, p. 511 ss. : Comp. aussi le § 36, II, n. 2 ci-dessous.

besoin, être déclaré par la voie de tutelle administrative, suivant l'étendue des pouvoirs qu'implique cette tutelle. D'une manière ou de l'autre, le déclassement peut former un incident de la procédure d'expropriation. Si, à la suite de cette procédure, un immeuble, qui antérieurement dépendait du domaine public, se trouve exproprié, on peut être certain qu'un déclassement est intervenu. Sans cela l'expropriation serait nulle (35). Il est donc inexact de dire que le domaine

(35) *De Lalleau*, Traité de l'expropr., I, n. 182, décrit comme suit l'obstacle qui s'oppose ici à l'expropriation et qu'il s'agit d'écarter : « Il faut donc reconnaître que... la loi... ne peut pas s'entendre de l'aliénation du domaine public proprement dit ; cela serait trop contraire aux principes et aux art. 538 et 2226 du C. civ. qui consacrent l'inaliénabilité et l'imprescriptibilité du « domaine public ». Les objets qui le composent ne deviennent aliénables que lorsqu'ils ont été détachés par changement de nature et de destination et qu'ils ont été remis aux corps administratifs pour faire partie des biens ordinaires et patrimoniaux ». L'acte par lequel cela est fait, c'est le déclassement (*Aufgabe* ou *Auflassung*). — Nos auteurs constatent bien qu'il se passe ici quelque chose qui n'est pas naturellement compris dans la procédure d'expropriation, quoiqu'elle puisse y être jointe comme incident. Pour *Eger*, — nous l'avons vu à la note 31 ci-dessus, — la question se présente sous la forme d'un conflit entre deux droits d'exproprier ; la solution de ce conflit se fait, en règle, en dehors de la procédure de l'expropriation, par les ministères représentant les différents intérêts en cause (Ges. über d. Enteignung, I, p. 16 ss.). De même, *Bähr et Langerhaus*, Ges. über d. Enteignung, p. 12, note 2, déclarent qu'une pareille question ne peut pas être résolue au cours de la procédure d'expropriation ; s'il s'élève une difficulté, il faut recourir à une ordonnance royale. *Dalcke*, Ges. über die Enteignung, p. 36, est d'avis que l'Etat, avant d'accorder le droit d'expropriation, devra examiner si sa propriété sera touchée, et refuser ce droit, s'il ne veut pas la céder : ce droit une fois accordé, la propriété de l'Etat sera traitée dans la procédure d'expropriation sur le même pied que la propriété privée. Cette présomption de déclassement général nous semble aller un peu loin. Comp. aussi *Loebell*, Preuss. Enteignungsges., p. 102. La différence essentielle entre la propriété ordinaire de l'Etat et le domaine public se manifeste justement en ce point qui, chez *Dalcke*, s'efface : c'est que le domaine public ne devient jamais l'objet de l'expropriation *tacitement* et *implicitement* ; il y a, chaque fois, une résolution à prendre à cet effet. Il se peut, comme nous l'avons dit, qu'une décision semblable ait également lieu, quand il s'agit d'une propriété affectée à un service public, sans appartenir pour cela au domaine public, et que, matériellement, l'intérêt public qui y est attaché semble être assez important pour mériter un examen spécial. Il est alors procédé à cet examen par l'au-

public est exproprié ; le domaine public peut cesser d'être tel ; la propriété privée qui en résulte peut alors être expropriée. La proposition que nous avons placée en tête de ces explications reste donc intacte.

2) Dans quelle mesure la propriété privée doit-elle être incorporée à l'entreprise publique? Cela dépend

torité d'expropriation : on entendra, sans doute, l'autorité préposée au service auquel l'immeuble est attaché ; mais son avis n'est pas décisif ; la décision sera prise par l'autorité d'expropriation ; c'est elle qui pèsera la valeur relative des deux intérêts publics en contradiction. Au contraire, l'examen, indispensable pour le cas où il s'agit du domaine public, se place, en première ligne, exclusivement du côté du domaine public, pour savoir si l'on peut s'en passer ou non. Par conséquent, c'est à l'autorité préposée à ce service, qu'il appartient d'émettre un vote décisif ; que son consentement puisse être remplacé par celui de l'autorité supérieure ou par une autre que la loi aura désignée spécialement, cela va sans dire. L'essentiel est que ce déclassement se fait toujours au *nom* du domaine public, tandis que, pour une propriété ordinaire de l'Etat, l'expropriation se fait directement *contre elles*. — Comme le déclassement n'est pas nécessairement un acte solennel, il peut très bien se combiner avec la procédure d'expropriation. La loi d'expropriation pour le royaume de Saxe du 24 juin 1902, § 7 al. 4, en offre un excellent exemple : le domaine public n'est soumis à l'expropriation « qu'autant que, selon la décision de l'autorité surveillante, on pourra se passer de ce domaine pour l'intérêt spécial auquel il sert, ou que cet intérêt spécial pourra s'accorder avec la nouvelle affectation, ou que l'entrepreneur offre un remplacement suffisant ». Dans les motifs du projet de cette loi, il y a une erreur, si, par cette prescription, on croit être en contradiction avec les opinions émises par moi dans cet ouvrage. Bien au contraire, tout cela rentre parfaitement dans ma manière de voir. — R. G. 13 juin 1882 Samml., VI, p. 160 ss.) statue sur le cas suivant : Pour la construction d'un chemin de fer, on avait exproprié une partie d'un chemin public appartenant à une association syndicale. Un intéressé demande des dommages-intérêts. La cour d'appel de Braunschweig avait décidé que, d'après la législation du Braunschweig, le déclassement d'un chemin public de la nature de celui en question ne peut se faire que moyennant le consentement de la représentation du corps d'administration propre auquel ce chemin appartient ; donc, le ministre n'était pas compétent pour en ordonner l'expropriation comme il l'avait fait. Le Tribunal de l'Empire n'entre pas dans le fond de la question, en jugeant que les tribunaux sont incompétents pour critiquer l'acte du ministre.

On comprendra facilement que l'indépendance de l'acte de déclassement, comme nous l'avons défini, sera surtout d'une importance capitale dans les rapports entre les Etats et l'Empire. C'est ainsi seulement que l'Empire trouvera une garantie suffisante pour ses terrains de fortification et autres genres de domaine public qu'il peut posséder sur le territoire des Etats.

uniquement de l'intérêt et des besoins de celle-ci. C'est une question d'utilité et, par conséquent, une question de libre appréciation. Cette appréciation reste libre, tout en étant soumise à l'obligation d'être dirigée par la raison et l'équité ; elle n'a de limite qu'au point où elle dégénère en abus flagrant (36).

L'expropriation ne doit pas embrasser plus que, d'après cette appréciation, cela pourra paraître nécessaire. Cette règle ne tranche pas seulement la question de savoir si tel ou tel immeuble doit être exproprié, mais aussi celle de la mesure dans laquelle cela doit avoir lieu : de chaque immeuble on ne doit pas exproprier plus que le but ne l'exige.

Toutefois, la loi peut, par des prescriptions expresses, admettre des exceptions ; en sorte que l'autorité pourra être obligée de décréter l'expropriation d'immeubles ou de portions d'immeubles qui, selon son appréciation, ne seraient *pas nécessaires* pour l'entreprise même. Cette extension de l'expropriation au delà des limites tracées par son but propre est toujours dictée par le désir de ménager spécialement les *intérêts pécuniaires* de l'une ou de l'autre des deux parties en cause. Par conséquent, elle n'a lieu qu'en vertu d'une déclaration expresse de celui qui doit en profiter.

Il faut ranger ici les prescriptions exceptionnelles qui permettent à l'entrepreneur de s'emparer des immeubles contigus qui, par suite de son entreprise, augmentent de valeur ; il pourra les faire comprendre dans l'expropriation. C'est ce qui a lieu surtout dans ce qu'on appelle « l'expropriation par zones » (voir la note 18 ci-dessus).

Mais, dans toutes les lois générales sur l'expropria-

(36) *Seydel*, Bayr. St. R., III, p. 646, note 2, voudrait revendiquer ce point spécialement pour l' « appréciation judiciaire » et, par conséquent, pour la justice administrative ; comp. la note 15 ci-dessus.

tion, on voit figurer une extension permise pour faciliter une solution convenable de la question de l'indemnité.

L'exproprié peut exiger que l'entrepreneur acquière une partie plus grande de l'immeuble attaqué qu'il ne lui est nécessaire, ou même cet immeuble en entier, dans le cas, tout au moins, où l'expropriation, s'effectuant dans ses limites naturelles, ne lui laisserait qu'une parcelle de terrain impropre à l'usage qu'il en faisait. Cela trouve son application surtout quand l'expropriation frappe des terrains bâtis ou qu'elle entraîne un morcellement excessif. La moins-value de l'excédent devrait, dans tous les cas, être compensée par une indemnité. L'obligation d'acquisition totale ne fait que simplifier le règlement de cette difficulté. La contrainte a lieu par l'intermédiaire de l'autorité d'expropriation : sur la demande légalement formée par l'exproprié, cette autorité doit refuser à l'entrepreneur toute autre expropriation que l'expropriation totale, et considérer sa demande en expropriation partielle, à moins qu'il ne la retire, comme portant de plein droit sur la totalité (37).

(37) *G. Meyer,* Expropr. R., p. 283, rapporte toute une série de dispositions législatives de cette nature. A ajouter surtout : Prusse, L. du 11 juin 1874, § 9 ; Saxe, L. du 24 juin 1902, § 13, al. 1. — La contrainte, pour l'entrepreneur poursuivant, consiste seulement dans la nécessité où il se trouve, par suite de la déclaration de la partie expropriée, de prendre la totalité ou rien du tout. S'il persiste dans sa demande, il est censé en avoir étendu l'objet. C'est donc encore sa volonté que l'Etat réalise, en faisant prononcer l'expropriation, comme cela se fait ordinairement. Par conséquent, il est faux de dire avec *Seydel,* Bayr. St. R., III, p. 634 : « Ce qu'on peut, en vertu de la loi d'expropriation, exiger de l'expropriant (c'est-à-dire de l'entrepreneur poursuivant) en fait de cession (acceptation) de l'immeuble, correspond juridiquement à ce que l'expropriant peut exiger ». Nous aurions donc, à côté de l'*expropriation forcée,* une *appropriation forcée.* C'était aussi l'opinion de *Schelcher,* Rechtswirk. d. Enteignung, p. 65 : De même que l'exproprié doit se laisser prendre la chose, de même l'expropriant doit se la laisser octroyer ; ce sont deux actes « d'une différence intérieure et qualitative ». Dans son commentaire de la loi d'expr. Sax., p. 92 ss., *Schelcher* ne semble plus insister sur cette

A l'inverse, quelques lois, — c'est la minorité, — permettent à la partie poursuivante de simplifier l'obligation d'indemniser qui lui incombe, en demandant spontanément l'expropriation totale, malgré le propriétaire exproprié (38).

Le droit constitué sur l'immeuble en vertu de l'expropriation peut non seulement être limité dans son étendue extérieure, mais encore dans son contenu. Il est possible que, pour les besoins de l'entrepreneur, il suffise que la propriété, au lieu d'être complètement enlevée, soit seulement restreinte. Dans ce cas, l'expropriation, en principe, ne devrait pas aller plus loin. Mais, en fait, une expropriation ainsi limitée n'est pas dans nos usages. En règle, il est impossible de prévoir, à l'avance, en quelle mesure ce qui reste du droit de propriété, après la restriction, pourra devenir incommode pour l'entreprise qui se développe. On préférera donc procéder à l'expropriation complète.

Juridiquement, une telle restriction pourrait se faire de différentes manières. Mais il faut qu'il s'agisse toujours d'une restriction compatible, d'après sa nature, avec la propriété privée. C'est le droit civil qui décide ce qui est admissible à cet égard.

Ainsi, dans le droit actuel, l'expropriation ne pourrait pas constituer, au profit de l'entrepreneur, une propriété partielle comprenant le dessous d'un immeuble ou l'étage d'une maison. Le Code civil allemand,

manière de voir ; il approuve à ce sujet plutôt (l. c., p. 100) les idées développées par *Layer*, Principien der Ent. R., p. 432 ; or, ces idées, — comme ce dernier, à l'endroit indiqué, ne manque pas de le faire observer, — sont conformes aux maximes formulées au texte ci-dessus.

(38) Bade, L. du 15 juin 1835, § 32 ; Saxe, Loi du 24 juin 1902, § 13 al. 2 (pour le cas où la portion restante est diminuée de plus de la moitié de sa valeur). Le projet de loi Pruss. du 11 juin 1874 contenait une disposition semblable ; elle fut rejetée par la Chambre des députés ; *Bähr et Langerhans*, Ges. über d. Enteignung, p. 41.

en effet, a rejeté l'idée d'une propriété partagée en ce sens (39).

Il ne peut être question que de droits sur la chose d'autrui reconnus dans le Code civil : droit de superficie (*Erbaurecht*), servitudes réelles, servitudes personnelles. Des servitudes qui, d'après leur contenu, seraient impossibles au point de vue du droit civil, ne pourront pas être constituées par la voie de l'expropriation (40).

Une expropriation ainsi limitée pourra encore donner lieu, au profit de la partie expropriée, à un droit d'en demander l'extension à la propriété totale (41).

(39) *Grünhut*, Ent. R., p. 74, traite spécialement de ces questions. D'après lui, le cas principal d'une propriété partagée serait celui où il s'agirait de percer un tunnel de chemin de fer au-dessous des terrains d'autrui. Mais la constitution d'un « *Erbaurecht* » par la voie d'expropriation permettra d'atteindre le même but.

(40) La nécessité logique de ces propositions résultera clairement des développements que nous allons présenter sur les effets de l'expropriation : comp. § 34, I, n. 4.

(41) La loi d'expropr. Bav., art. I, accorde ce droit à la partie expropriée. La nature et les effets de ce droit sont ceux que nous venons de développer à la note 35 ci-dessus ; *Seydel*, Bayr. St. R., III, p. 631 ; *Hartmann*, Ges. über d. Zwangsenteignung, p. 24. — Comp. aussi la loi d'expropr. Sax., § 13, al. 3.

§ 34

Suite ; les effets de l'expropriation.

L'*effet principal* de l'expropriation est celui qui répond à sa nature : le transfert de propriété.

Les charges et restrictions qui, dans le cours de la procédure, pourront avoir été imposées à la propriété immobilière prennent fin ; par contre, il y a des *conséquences* qui s'y attachent : le droit de prendre possession et l'obligation de payer l'indemnité.

Il se peut aussi que, dans le cours de la procédure ou postérieurement, des *incidents* se produisent, anticipent sur tels ou tels de ces effets, les modifiant ou bien les annulant.

I. — La propriété de l'immeuble est enlevée au sujet au profit d'une entreprise publique ; telle est la substance même de l'institution. Il s'agit de déterminer d'une manière plus précise cet effet.

1) Dans les anciennes doctrines, on ne pouvait pas encore se faire à l'idée qu'une transmission de propriété peut s'expliquer autrement que par les formes du droit civil, c'est-à-dire par les formes auxquelles on était habitué. Par conséquent, autrefois, dans l'opinion dominante, l'expropriation n'était qu'une *vente forcée* (1).

(1) *V. Rohland*, Ent. R., p. 29, réunit les partisans de cette doctrine sous la rubrique : « Les théories basées sur le droit privé ». Chez nos praticiens, cette idée, quelque fausse qu'elle soit, reparaît encore. Surtout, chez les commentateurs de la loi d'expropriation Prussienne ; *G. Meyer*, dans son V. R., I, p. 285, note 11, en cite des exemples. Ainsi, nous lisons chez *Loebell*, das Preuss. Ent. ges., p. 23 : « Dans la loi

Quand on en vint à reconnaître que les règles du contrat de vente n'étaient pas applicables, on chercha d'abord à lui substituer une obligation de droit civil, qui ne serait pas celle d'un contrat déterminé, mais une obligation *sui generis*, présentant une certaine analogie avec l'obligation du vendeur. Cette obligation serait créée par l'expropriation. L'acquisition de la propriété s'effectuerait alors par l'exécution de cette obligation moyennant la tradition de l'objet (2).

Renonçant à l'appui du droit civil et à toute sorte de rapports intermédiaires, la doctrine actuelle ensei-

actuelle encore, l'acte d'expropriation est cette convention, par laquelle le propriétaire d'un immeuble s'engage, soit volontairement soit à la suite d'une contrainte exercée par l'Etat, à céder sa propriété ». Mais la cession volontaire n'est pas une expropriation ; et quand il y a expropriation, on aura de la peine à trouver quelque chose qui ressemble à un « engagement » pris par le propriétaire. Récemment encore, *Eger*, Ges. über d. Ent., p. 27 ss., s'efforce de maintenir la vieille théorie par les motifs assez futiles que, d'une part, l'ancien Code général de la Prusse (Allgem. Landrecht.) partageait évidemment autrefois cette manière de voir, et que, d'autre part, on aurait quand même besoin de recourir au droit civil pour expliquer la nature de l'expropriation, puisque la propriété qu'elle procure à l'entrepreneur est du droit civil ! — Le Tribunal de l'Emp. se déclare tantôt pour la théorie de la vente forcée, tantôt contre elle : contre, 2 déc. 1884 (Samml., XII, p. 406), pour, 20 mars 1887 (Samml., XVIII, p. 345). Le Min. de l'Int. Sax. semble vouloir prendre une route intermédiaire en appelant (Sächs. Ztschft. f. Pr., I, p. 81) l'expropriation « une vente forcée, il est vrai, du côté du possesseur d'immeuble, mais volontaire du côté de l'entrepreneur » (Comp. cependant maintenant *Schelcher*, Ent. Ges., p. 13). Une combinaison non moins ingénieuse est celle de *Gruchot*, dans Beitr., IX, p. 82, qui déclare l'expropriation une *lex specialis*, et l'indemnité qui en résulte, un prix de vente !

(2) C'est surtout la théorie que *G. Meyer* avait présentée dans son Recht d. Expropr., p. 184 ss. Dans son V. R., I, p. 286, il la restreint au cas où la loi ordonne que, par l'acte qui fixe l'objet de l'expropriation, l'exproprié sera obligé d'en faire la délivrance ; alors sa situation doit être « analogue à celle d'un vendeur ». Dans la 1re éd., p. 269, note 13, *G. Meyer* ne pouvait invoquer, outre la loi de son Lippe-Detmold du 3 février 1869, que la loi de la Hesse du 27 mai 1821, laquelle, quand on y regarde de près, ne prétend pas sérieusement établir une telle obligation à la charge de l'exproprié. Dans la 2e éd., nous voyons maintenant figurer le Lippe-Detmold seul, la Hesse ayant, dans l'intervalle, par la loi du 26 juin 1884, adopté les formules des autres législations récentes. Ce pauvre reste de la théorie originaire pourra disparaître sans inconvénient.

gne que l'effet de l'expropriation découle immédiatement d'un acte de la puissance publique qui, par sa nature même, appartient essentiellement au droit public (3).

Tout d'abord naturellement, pour qualifier cet acte, on a tâtonné d'une manière assez incertaine et maladroite. C'était chose trop nouvelle, que l'administration, par ses actes, pût produire des effets juridiques si sensibles dans la sphère du droit civil, et devant être respectés par les tribunaux. On ne croyait pouvoir légitimer ce fait qu'en parlant d'une acquisition *en vertu de la loi*, ou bien en appelant l'acte même une *lex specialis* (4). Ou bien encore, on cherchait un appui

(3) En ce sens *H. A. Zachariae*, St. R., II, p. 116, 128 (malheureusement l'ancien *jus eminens* se mêle toujours à ses explications) ; le même dans Gött. Gel. Anz., 1861, I, p. 113 ss. Avec un succès décisif, *Laband* dans Arch. f. civ. Pr., 52, p. 169 ; la valeur de cet article réside principalement dans la réfutation critique des théories basées sur le droit privé. Depuis, ces théories ont été peu à peu abandonnées par toute la doctrine. Ce qui formait un empêchement assez considérable à ce développement, c'était l'habitude qu'on avait prise, de traiter de l'expropriation dans les systèmes du droit privé allemand (Deutsches Privatrecht), ce malheureux amalgame de tout ce qui n'entrait pas dans le système des Pandectes du droit romain. Un système du droit administratif n'existant pas, on ne savait pas placer autrement cette institution. Aujourd'hui encore, on fait, dans nos universités, des cours de *droit civil particulier*, où l'on s'efforce de compléter les quelques lambeaux que le droit civil de l'Empire a laissés, en y joignant l'expropriation.

(4) *Zachariae*, dans Gött. Gel. Anz., 1861, I, p 119 : « La *lex specialis* est la cause efficiente des rapports *in concreto* ». L'expropriation est « un dommage pécuniaire provoqué par la *lex specialis* ». De même, *Grachot* dans Beitr. z. Erl. d. Preuss. R., IX, p. 83 : « L'expropriation s'effectue par l'acte de droit public, appelé *Enteignung*, donc par l'exécution effective de la *lex specialis* émise ». Par ce langage peu clair, il est vrai, on voulait désigner un acte administratif. La *lex specialis* a figuré pendant quelque temps, dans notre littérature, comme terme technique pour le remplacer. N'a-t-on pas donné le même nom de *lex specialis* à l'acte administratif qui fait entrer le fonctionnaire au service de l'Etat ! Comp. *H. A. Zachariae*, S R., II, p. 28, note 10 ; *Schmitthenner*, Grundlinien, p. 498 ss. — *Laband*, dans Arch. f. civ. Pr., 52, p. 178, fait la remarque suivante : « l'acquisition de la propriété s'effectue plutôt par une loi » ; *Grünhut*, Ent. R., p. 183, dit encore plus explicitement : « c'est une acquisition par la loi (*Legal-Erwerb*), une acquisition qui se fait *ipso jure*, directement par le droit objectif ». *G. Meyer*, V. R., I, p. 285 note 11, leur reproche, avec

direct dans la justice civile ; on supposait un droit d'exproprier préexistant, droit que l'autorité d'expropriation n'aurait eu qu'à reconnaître par un acte de *juridiction* (5). Il a fallu que l'idée de l'*acte administratif* se développât et entrât dans notre manière de penser, pour que tout cela reçût une explication simple et naturelle. Si nous appelons acte administratif le prononcé de l'expropriation, nous lui attribuons une valeur juridique spéciale et déterminée. Au moins dans le sens que nous avons toujours tenu à réserver à cette expression, l'expropriation ne veut pas simplement dire, — ce qui suffit à tant d'auteurs, — qu'il s'agit d'une chose appartenant à la sphère de l'administration, d'une mesure administrative, etc. Un acte administratif, pour nous, est la détermination obligatoire de ce qui, dans le cas particulier, doit être de droit pour le sujet (comp. t. I, § 8, II, n. 1 et 2). L'acte administratif, — de même qu'il crée des devoirs d'obéir ou de payer une somme d'argent, de même qu'il accorde aux sujets des droits de jouissance sur

une apparence de raison, de faire une confusion : la loi, dit-il, ne donne que des prescriptions pour régler l'expropriation ; pour opérer celle-ci, il faut une activité spéciale soit des parties, soit de l'autorité. Mais à mon avis, *Laband* et *Grünhut* veulent bien parler d'un acte d'autorité spécial. *Laband* compare l'expropriation à la confiscation, et *Grünhut* l'appelle une mesure d'administration. Si ces auteurs invoquent la force souveraine de la loi, c'est pour rejeter énergiquement l'idée d'un contrat. Il est vrai qu'ils auraient pu s'exprimer d'une manière plus précise.

(5) *Burkhard* dans Ztschft f. Civ. R. u. Pr., N. F., 6 (1849) p. 230 : l'entrepreneur exige l'expropriation en vertu d'un droit qu'il a sur le propriétaire à raison de son entreprise ; le prononcé de l'expropriation n'est qu'un jugement qui reconnaît ce droit et adjuge la propriété. *Layer*, Principien d. Ent. R., p. 329, a fait revivre cette idée : l'entrepreneur, d'après lui, est investi d'un droit subjectif ayant sa base dans le droit public, et l'autorité fait un acte de juridiction pour le reconnaître ; cet acte supprime les droits existants sur l'immeuble et constitue originairement le droit réel de l'entrepreneur (p. 356). C'est bien là, en effet, ce que cet acte veut dire ; mais le droit préexistant, ainsi que la qualification d'acte de juridiction, nous semblent être des décorations inutiles. Nous verrons, du reste, les théories de *Layer* prendre encore une tournure toute autre ; comp. la note 23 ci-dessous.

les choses publiques ou des créances sur l'Etat, — peut aussi enlever la propriété ; et quand il fait cela au profit d'une entreprise publique, il forme l'élément efficient dans l'expropriation (6).

C'est ainsi que l'expropriation se met en complète harmonie avec l'ensemble de nos institutions du droit administratif.

2) L'effet de l'expropriation, par lequel est enlevé la propriété, pourra en lui-même être conçu de deux manières différentes. Ou bien on l'entend comme dirigé contre le propriétaire qu'il dépouille de sa propriété ; cette propriété est, par la force de l'acte d'expropriation, transmise de ce dernier à l'entrepreneur. Le droit à l'expropriation, comme on dit, a alors un caractère *personnel* (7). Ou bien l'on se représente la puissance publique comme s'emparant directement de la chose pour l'affecter à l'entreprise ; le fait que celui qui en était jusqu'alors propriétaire perd sa propriété n'en est que la conséquence : l'expropriation a un caractère *réel* (8).

(6) *G. Meyer*, V. R., I, p. 286, appelle le décret par lequel l'autorité dispose, un « acte administratif créant des droits » ; cela signifie pour lui une catégorie d'actes administratifs ayant des effets juridiques. Pour nous, un acte administratif, d'après sa nature, devra toujours avoir ces effets ; c'est seulement le contenu de l'acte qui détermine comment il agira. La qualification spéciale est superflue. D'autres auteurs s'expriment d'une manière moins précise. Ainsi, *Grünhut*, Ent. R., p. 183 : « mesure d'administration » ; *Prazak*, R. d. Ent., p. 48 : « acte de l'Etat » ; *V. Rohland*, Ent. R., p. 37 « une mesure d'administration, une disposition » ; *Schelcher*, Rechtswirkungen, p. 16 : « un acte de droit public ». Ce dernier, dans son Commentaire de la loi d'expr. de la Saxe, p. 21 ss. a maintenant adopté le terme d'acte administratif purement et simplement. Notre terminologie commence à se fixer.

(7) *Seydel*, Bayr. St. R., III, p. 628 : « le droit d'exproprier est personnel, non pas réel ».

(8) *Grünhut*, Ent. R., p. 180 : « La transmission de la propriété se fait par l'expropriation d'une manière absolue » ; p. 181 : « L'expropriant ne vise que l'immeuble ». Dans un sens analogue, *v. Rohland*, Ent. R., p. 32 ; *Laband*, dans Arch. f. civ. Pr., 52, p. 174 ; *Prazak* R. d. Ent., p. 48 ; *Schelcher*, Rechtswirkungen, p. 70 ss. *Layer*, Principien, p. 605, accepte également « ce qu'on appelle l'effet réel de l'expropriation ».

La différence de ces manières de concevoir les choses n'a pas trouvé une expression adéquate dans les mots « personnel » et « réel ». En effet, la première théorie ne reconnaît pas la création d'une obligation personnelle de l'exproprié, laquelle ne transférerait la propriété que par son exécution ; selon cette théorie même, l'effet est réel. Mais l'effet n'est réel que pour soustraire la propriété à cette personne déterminée ; dans cette manière de voir, c'est la note personnelle. L'autre conception, au contraire, fait saisir la chose par la puissance publique d'une manière absolue, écartant le propriétaire quel qu'il soit. Donc, en réalité, la différence porte sur le point de savoir si l'acquisition qui a lieu au profit de l'entreprise se produit à titre de successeur, *d'une manière dérivée*, ou indépendamment du droit d'un certain auteur, d'une manière *originaire* (9).

Cette différence d'opinion a des conséquences pratiques assez importantes.

Dans le premier cas, l'expropriation ne fait que remplacer l'aliénation volontaire du propriétaire attaqué ; dès lors, pour que l'acquisition de la propriété au profit de l'entreprise ait son plein effet, la

(9) *Prazak*, l. c. parle de l'expropriation directement comme d'une « manière d'acquérir originaire ». Mieux encore *Schelcher*, Rechtswirkungen, p. 71 : « Il s'ensuit que l'acquisition, de la part de l'entrepreneur, est de nature, non pas dérivée, mais originaire. L'entrepreneur n'acquiert pas son droit par un acte de volonté de l'exproprié, mais uniquement par un décret de la puissance publique ». Cette argumentation, il est vrai, n'est pas concluante : l'acte administratif pourrait aussi ne transférer que la propriété qui appartient à l'exproprié, à l'adversaire attaqué : alors l'acquisition serait « dérivée ». C'est ce que *Seydel* veut dire. L'expropriation, d'après lui, produit son effet, sans qu'il soit question de la volonté de l'exproprié (l. c., p. 627) et sans que les formes d'une cession volontaire doivent être observées (p. 635) : « L'expropriation accomplie opère la transmission de la propriété, mais « seulement, quand l'exproprié possédait effectivement ce droit » (p. 635 note s.). Dès lors, il n'est pas question ici d'une obligation imposée au propriétaire dans le sens de la théorie ancienne ; l'expropriation, d'après *Seydel*, a un effet réel, mais dérivé et non pas originaire — *Layer*, Principien, p. 605.

condition indispensable est qu'on soit tombé sur le véritable propriétaire, dont la propriété doit être acquise à l'entrepreneur.

Dans le second cas, au contraire, il ne sera question ni de la volonté ni de la capacité d'un auteur en vue de procurer le droit. Il est bon, — c'est même prescrit par la loi, — qu'on mette le propriétaire actuel en cause et que l'on dirige la procédure contre la personne de celui-ci. Mais cette condition de la validité formelle de l'acte pourra très bien être remplie par des équivalents plus faciles, que la loi trouvera suffisants pour ménager au propriétaire actuel les égards qui lui sont dûs : publications à faire, mise en cause d'un propriétaire apparent, etc. Ces formalités remplies, la propriété sera acquise à l'entrepreneur à l'égard de tous, spécialement à l'égard du véritable propriétaire si on ne l'a pas touché.

Or nous avons vu que c'est bien de cette dernière manière que, selon les lois, il est procédé dans l'expropriation (comp. § 33, III ci-dessus). Il est donc évident que dans l'expropriation, telle qu'elle est conçue par ces lois, l'acte administratif saisit la propriété de la chose *directement* et *avec une force originaire* ; il ne s'agit pas d'une succession dans le droit d'un auteur (10).

(10) Que la prescription qui fait figurer dans le procès la partie intéressée ne constitue qu'une question de forme et non la volonté de faire dériver de cette personne le droit de l'expropriant, c'est ce que *Prazak*, R. d. Ent., p. 48, a très bien remarqué : l'expropriation, dit-il, est une manière d'acquérir originaire ; « donc, la question de savoir si l'exproprié était vraiment le propriétaire de l'objet enlevé n'a d'importance qu'en un sens : sans cela, en règle, les formes prescrites pour l'exercice du droit d'exproprier devront être considérées comme n'ayant pas été observées ». Comp. aussi *de Lalleau*, Traité de l'expropr., I, n. 270. O. L. G. Dresden, 20 mai 1880 (Arch. f. civ. rechtl. Entsch., 1882, p. 569) : « L'exproprié acquiert la propriété de la chose expropriée même dans le cas où celui contre lequel la procédure a été dirigée n'était pas le véritable propriétaire. Par conséquent, le droit de propriété de l'exproprié est juridiquement une chose tout à fait indifférente pour l'expropriant et pour l'acquisition de la pro-

3) L'entrepreneur, celui à qui appartient l'entreprise pour laquelle l'expropriation a lieu, *acquiert* par là la propriété de l'immeuble.

La manière dont s'effectue cette acquisition est partout la même, quel que soit l'entrepreneur, que ce soit l'Etat, la commune ou un particulier concessionnaire. Elle s'effectue toujours en vertu du décret d'expropriation, lequel est toujours rendu au nom de l'Etat, le véritable expropriant. Mais quant à la façon dont, par suite de cet acte, la propriété parvient à l'entrepreneur poursuivant, on conçoit deux solutions différentes adaptées à la nature différente des personnes qui pourront se présenter dans cette fonction. On

priété ». Il n'en est pas autrement d'après la loi d'exprop. Bav.; comp. § 33 note 36 ci-dessus. *Seydel* paraît avoir été amené à l'opinion contraire, surtout par le fait que la loi appelle la personne qui, dans la procédure, est l'adversaire de l'entrepreneur, l' « obligé de céder »; mais il remarque lui-même (l. c., p. 647 note 4) quelle faible valeur il convient d'attacher à une telle manière de s'exprimer. Au fond, il n'appuie son opinion que sur un seul motif (Bayr. St. R., III, p. 628 note 1): « En principe, un droit direct sur la chose, droit qui appartiendrait à l'expropriant, ne serait pas inconcevable. Mais le droit existant ne connaît qu'un droit personnel qui vise le propriétaire. Cela résulte de ce que ce droit dépend du paiement de l'indemnité ». Mais l'obligation de payer une indemnité ne prouve, par elle-même, rien du tout en ce qui concerne la nature personnelle de l'atteinte; sans cela, les dégâts causés par les manœuvres militaires devraient aussi être considérées comme étant produits par l'exercice d'un droit sur la personne. Il faudrait donc dire que le droit reçoit ici ce caractère, parce que son effet dépend du paiement de l'indemnité comme de sa condition. Mais, d'une part, nous savons que la procédure ne donne nullement la certitude que l'indemnité parviendra à la personne du véritable propriétaire; et cependant la condition sera remplie (*Bähr et Langerhaus*, Preuss. Enteignungsges., p. 80 ss.). D'un autre côté, ce ne sont pas toutes les lois d'expropriation qui font dépendre la transmission de la propriété d'une condition pareille; cela n'est pas le cas, par exemple, de la loi Française, qui est devenue si importante pour nos propres législations et qui est encore en vigueur en Alsace-Lorraine. Comp. aussi la loi d'expr. Sax., § 49 ss. Est-ce que, dans ces cas, le droit de l'expropriant aurait, par exception, un caractère réel? Peut-on faire ces distinctions? — La force originaire de l'expropriation se manifeste encore spécialement dans l'extinction de tous les droits de jouissance ou de servitude, etc., que des tiers pourront prétendre sur l'immeuble: *Bähr et Langerhaus*, Preuss. Ent. Ges., p. 84; loi d'expr. Sax., § 72 al. 1.

peut arriver à l'homogénéité de l'expropriation en ce point, soit en faisant descendre l'Etat entrepreneur au niveau d'un simple particulier, soit en élevant le rôle du concessionnaire et de la commune au niveau de l'Etat expropriant.

Pour opérer dans le premier sens, on cencontre tout ce qui donne à l'expropriation son caractère de droit public, dans l'action de l'autorité d'expropriation : c'est cette autorité qui représente seule la puissance publique contre l'entrepreneur d'une part, et le propriétaire à exproprier de l'autre. Elle sert d'intermédiaire entre ces parties opposées pour procurer à l'une la propriété de l'autre, qu'elle enlève et attribue, ou qu'elle adjuge, si l'on veut, à la façon d'un tribunal statuant sur une demande en partage. L'entrepreneur est, comme l'exproprié, le sujet sur lequel se produit cette action de la puissance publique. Si l'Etat lui-même est l'entrepreneur, il est naturellement une toute autre personne que celle au nom de laquelle prononce l'autorité d'expropriation. Il est le Fisc, le simple particulier auquel l'Etat, par ses magistrats, fait donner ou adjuger l'immeuble qu'il enlève à un autre particulier. Il l'est au même titre que dans le cas où l'expropriation est dirigée contre lui pour l'entreprise d'une commune ou d'un concessionnaire. On utilise donc encore la personnalité double de l'Etat pour rendre compte de la structure de notre institution, tout à fait dans l'esprit et selon la recette de notre ancienne doctrine de l'époque de l'Etat sous le régime de la police (11).

(11) C'est ainsi que les choses sont présentées, par exemple, dans *Loebell*, Preuss. Enteignungsges., p. 15 : « Une personne quelconque (!), homme privé, commune, ou le fisc, veut exécuter une entreprise pour laquelle il lui faut acquérir des droits appartenant à autrui. Cette personne obtient le droit d'exproprier et le fait valoir en invoquant l'entremise de l'Etat, la contrainte de l'Etat ». *Eger*, Comment. I, p. 4 : « le droit d'exproprier concédé par l'Etat au fisc » (!). Comp. aussi *Stobbe*, D. Pr. R., II, p. 17 s.

Il est plus conforme aux idées dominantes du droit actuel de laisser l'Etat dans sa sphère naturelle, même quand il se présente comme gérant les grandes entreprises publiques. Dans cette fonction, il n'est pas le fisc, le « simple particulier ». Il fait de l'administration publique sous une autre forme, mais avec le même caractère général que quand il fait accomplir, dans ce but, des actes d'autorité. Il n'y a donc pas deux personnes différentes qui agissent ici ; il n'y en a qu'une seule, l'Etat, restant dans la sphère du droit public, représenté seulement de deux manières, — comme c'est le cas dans la justice criminelle, par le juge et par le ministère public. L'autorité qui dirige l'entreprise publique formule, en première ligne, la volonté de l'Etat ; pour donner plus de garanties au sujet, cette volonté est soumise à une espèce de contrôle ; l'autorité d'expropriation lui donne, au nom de ce même Etat, sa forme définitive, et, parce que cela doit être un contrôle seul efficace pour le sujet. Le résultat de cette action combinée est tout simplement la propriété de l'Etat qui agit et prend. Le fait que la propriété ainsi acquise est désormais à la disposition des autorités dirigeant l'entreprise et non pas de l'autorité d'expropriation, provient de la distinction intérieure des compétences ; mais cela ne justifie pas l'idée que l'Etat, par l'entremise de son autorité d'expropriation, procure ou donne ou adjuge l'immeuble à un Etat qui, d'après ces expressions, ne lui serait pas entièrement identique.

Les choses sont essentiellement les mêmes, quand il s'agit d'une entreprise d'une commune ou d'un concessionnaire. Ici encore, l'expropriation représente une action combinée de l'administration publique. Seulement, par suite de la reconnaissance du corps d'administration propre et de la concession accordée, la portion d'administration publique dont dépend l'entreprise est déléguée à une personne distincte de l'Etat. Elle entre dans la procédure non pas comme son fonctionnaire, mais en vertu d'un droit propre ; par conséquent, les effets de l'expropriation se produisent pour elle et contre elle. Le transfert de propriété se produit encore par le décret final qui prononce l'expropriation au nom de l'Etat ; la commune et le concessionnaire recueillent cette propriété au nom de la portion de l'administration publique qui leur appartient et en vertu de laquelle ils ont exercé, dans la procédure, la collaboration qui lui est due. L'Etat ne leur donne pas l'immeuble ; il ne le leur adjuge pas ; il leur a donné antérieurement la capacité d'avoir leur portion d'administration publique ; il en tire seulement cette conséquence, que l'expropriation, moyennant les mêmes contrôles, aura, pour leur entreprise, le même effet direct que pour ses entreprises propres.

4) Il est une autre question intimement liée à ce que nous venons d'exposer.

La propriété acquise à l'entrepreneur est, en règle, sans doute, une propriété de droit civil ; elle peut, après coup, par la construction de la route, etc., être transformée en domaine public (comp. § 36, I, ci-dessous) ; mais c'est là une autre question. De là cette proposition : *L'expropriation est une institution du droit public dont les effets appartiennent au droit civil* (12).

Cela ne semble offrir aucune difficulté, quand il s'agit d'un entrepreneur autre que l'Etat. Mais quand

(12) R. G. 2 déc. 1884 (Samml., 12, p. 406) : « le droit d'exproprier et l'obligation de le subir reposent sur le droit public, mais les effets de l'exercice du droit d'exproprier, la transmission de la propriété à l'expropriant appartiennent au droit privé ». Le Tribunal a formulé ici l'opinion qui doit être considérée comme universellement admise. Comp. O. Tr. Stuttgart, 21 févr. 1872 (Seuff. Arch., 28, n. 247) ; *v. Rohland,* Ent. R., p. 33 ; *Laband* dans Arch. f. civ. Pr., p. 182 ; *Eger,* Comment., p. 26 ss.

c'est l'Etat lui-même qui à la fois prononce l'expropriation et acquiert la propriété, l'institution présente une certaine contradiction qui lui serait inhérente. L'Etat y apparaît comme puissance publique ; il agit selon le droit public ; l'effet de son action ne forme qu'une partie intégrante de cette action Comment se peut-il que, tout à coup, dans cette action, il soit quelque chose autre que la puissance publique, à savoir justement tout le contraire de la puissance publique, une personne comme les simples sujets, soumise au droit civil et au principe de ce droit : l'égalité générale ?

Seule, la doctrine qui considère le Fisc comme une personne morale distincte, intervenant dans l'expropriation à côté de l'Etat, peut se tirer de ce dilemme : l'Etat exproprie et reste ainsi sur le terrain du droit public jusqu'au bout ; mais la propriété est donnée par lui au fisc qui, de son côté, acquiert comme personne privée la propriété de droit civil, tout comme la commune ou l'entrepreneur concessionnaire. Nous n'admettons pas que, pour sauver les apparences, on nous dise : par le mot de fisc, nous n'avons en vue qu' « un côté » de la personnalité unique de l'Etat. En fait, en se servant ainsi du fisc, on le traite en personne distincte collaborant avec l'Etat dans l'expropriation. En effet, c'est ainsi seulement qu'on parvient à expliquer comment une institution du droit public peut avoir des effets appartenant au droit civil (13). Cette idée du fisc une fois admise, la

(13) La doctrine y ajoute immédiatement l'autre « effet de droit civil », l'obligation d'indemniser. La formule est constante : l'Etat enlève la propriété au profit du fisc ou de l'entrepreneur qui pourra être à sa place ; il la leur donne, et impose en même temps au fisc, etc., une obligation de payer l'indemnité à l'exproprié, — obligation de droit civil, bien entendu. Ainsi *Laband* dans Archiv. f. civ. Pr. 52, p. 182 note 47 : « L'Etat se permet, dans l'intérêt public, une atteinte à la propriété, mais oblige le fisc ou la personne à laquelle il permet

porte est ouverte pour introduire, dans la théorie de l'expropriation, toute sorte d'éléments propres au droit civil, et qui, dans notre doctrine, ne font que la dénaturer.

En réalité, nous n'avons rien à faire avec le fisc. Partout, c'est l'Etat qui agit, représenté dans la procédure par des compétences distinctes. La question relative à l'effet de l'institution doit être résolue d'une autre manière.

L'expropriation a un caractère de droit public; l'Etat, dans tout ce qu'il y fait par ses différents représentants, ne sort pas du terrain du droit public; cela s'applique à l'expropriation entière jusqu'au dernier moment de la procédure, y compris son résultat immédiat : l'Etat s'emparant de la chose pour son entreprise. L'Etat a anéanti les droits existant sur la chose et qui s'y opposent; il en a acquis la domination universelle et souveraine; par là s'achève l'expropriation. Aussi, jusqu'à ce point, il n'est pas question de droit civil. Tout a été du droit public.

Mais arrêtons-nous là. Parvenu à cette situation, l'Etat pourra entrer dans des relations juridiques nouvelles. Comment celles-ci doivent-elles être appréciées ? Ceci n'est pas une question relative à la nature de l'expropriation ; c'est une question relative à la nature de cette situation. La domination universelle d'une chose corporelle, selon sa nature, devra être considérée, en règle, comme tombant dans la sphère de l'économie privée ; par conséquent, les relations nouvelles s'y attachant pour la personne qui en est revêtue, seront susceptibles d'être soumises au droit civil. Nous y reviendrons en traitant du domaine public (voir § 35 ci-dessous). Que cette domination

cette atteinte, d'indemniser complètement le propriétaire légitime ». C'est l'opinion générale ; seulement, tous ne savent pas l'exprimer aussi clairement.

ait été le résultat d'un achat (droit civil) ou d'une expropriation (droit public), cela n'entraîne aucune différence.

Il faut donc dire : quand l'expropriation est arrivée à son terme, une nouvelle période commence, qui, considérée en elle-même, pourra faire apparaître l'Etat comme propriétaire selon le droit civil ; en règle, il en sera ainsi. Mais ce n'est pas l'expropriation qui aura produit des effets selon le droit civil ; la situation qu'elle a créée est telle que le droit civil sera applicable aux relations ultérieures qui pourront en découler (14).

Il n'en sera pas autrement, quand la commune ou un entrepreneur concessionnaire doivent profiter des effets de l'expropriation. Représentant à la place de l'Etat leur entreprise publique dans l'expropriation,

(14) Comp. ce que nous avons exposé en général sur les prétendues institutions mixtes au t. I, § 11, IV. — De cette manière, nous arrivons aussi à la solution d'une question souvent discutée, celle de savoir si l'effet de l'expropriation dépend d'une inscription sur le livre foncier. Comp. surtout *Schelcher*, Rechtswirkungen. D'après nous, il faut distinguer. L'effet de l'expropriation est indépendant d'un changement qui pourra intervenir, au cours de la procédure, dans les indications du livre foncier quant à la personne du propriétaire : l'expropriation n'a qu'à suivre les formes légales et cela doit suffire. Le prononcé de l'expropriation supprime tous les droits sur l'immeuble, même si le contradicteur n'était pas le véritable propriétaire. Par l'expropriation, la propriété est tranférée à l'entrepreneur. Mais cette propriété sera soumise désormais aux règles du droit civil ; or, si le droit civil déclare que, pour faire valoir la propriété en justice, pour en disposer par contrat, et surtout pour la mettre à l'abri des aliénations que le propriétaire précédent pourrait faire, l'inscription est nécessaire, la propriété acquise par l'expropriation se trouve soumise aux mêmes règles. C'est à la législation à prévoir les inconvénients pouvant résulter notamment d'un retard dans l'inscription de l'acquisition opérée par expropriation, et de prescrire à cet effet des mesures spéciales. Le meilleur moyen, c'est une communication faite d'office à l'autorité qui tient le livre foncier, dès que le plan parcellaire est établi, et l'inscription sur ce registre d'une mention annonçant l'expropriation qui se prépare ; puis, la procédure d'expropriation achevée, les changements intervenus seront inscrits également d'office à la diligence de l'autorité d'expropriation. Comme modèle, nous citerons les dispositions de la loi Sax. pour l'exécution du code civil, du 18 juin 1898, § 18 et 19, et la loi d'expropr. Sax. du 24 juin 1902, § 42 et 65.

ils accomplissent une fonction qui appartient au droit public ; ils obtiennent pour eux l'effet — qui est également de droit public, — de s'emparer de la chose. Cette situation juridique une fois obtenue pourra entraîner pour eux des relations juridiques nouvelles ; ce sont elles qui dorénavant devront être jugées d'après le droit civil, à moins qu'il n'y ait des raisons spéciales ; auquel cas, la situation, penchant par sa nature vers le droit civil, devra s'élever au-dessus de cette sphère.

Ainsi, nous n'avons pas besoin de transiger, d'une façon quelconque, avec les manières de voir usitées autrefois et qui s'inspiraient plus ou moins du droit civil. L'expropriation appartient au droit public jusqu'au bout, y compris ses effets ; ceux-ci ne forment qu'une partie intégrante de l'expropriation (15).

5) Le *moment* où se produit cet effet est déterminé par la nature de l'expropriation. Il s'agit de l'effet d'un acte d'autorité, d'un acte administratif ; c'est donc

(15) Nos auteurs ne semblent même pas avoir le sentiment qu'il y a ici une question grave et difficile à résoudre. C'est que, d'une part, on est encore trop sous l'influence de la vieille doctrine du Fisc, plus puissante encore qu'on ne devrait croire, doctrine qui cache les difficultés ; d'autre part, la conscience de la différence fondamentale entre le droit civil et le droit public n'est pas encore très vive. Il n'y a que *Gleim*, dans Arch. F. Eisenbahnwesen, VIII, p. 43, qui présente une exception très remarquable. — Notons cependant qu'il existe encore une autre opinion, soutenue par quelques auteurs, et qui, tout en se séparant de la nôtre, tend à maintenir l'homogénéité de l'expropriation et à lui conserver jusqu'au bout son caractère de droit public. C'est la thèse établie d'abord par *Grünhut*, Ent. R., p. 3, et à laquelle s'associe maintenant *Layer*, Principien, p. 654 ss. L'expropriation, d'après ces auteurs, aurait pour effet de créer directement du domaine public. *Layer* (l. c. note 1) ne peut pas admettre que ma manière d'établir la nature de droit public des effets de l'expropriation soit suffisante ; c'est pour cela qu'il va plus loin. Il faut dire que cette nature se manifesterait sans doute, avec une force supérieure, si l'immeuble exproprié était toujours revêtu, par l'effet de l'expropriation même, du caractère du domaine public. Malheureusement, les choses ne se passent pas aussi simplement ; il n'est pas vrai que tout immeuble exproprié devienne immédiatement dépendance du domaine public ; on ne peut affirmer le contraire que si l'on n'est pas encore arrivé à se former une idée claire et précise de ce qu'est le domaine public. Comp. aussi § 36 note 6 ci-dessous.

à l'accomplissement de cet acte que l'effet s'attache. Quand la procédure s'avance progressivement par des actes successifs, l'acte essentiel est celui qui décrète que la propriété des immeubles spécialement déterminés est enlevée au profit de l'entreprise déterminée.

Comme tous les actes administratifs, cet acte ne produit son effet qu'au moment de sa notification. Celle-ci peut consister dans une communication spéciale, dans une signification faite à l'adversaire dans la procédure d'expropriation, à l'exproprié véritable ou présumé. Conformément à la tendance de cette procédure d'accorder à la poursuite des facilités, il se peut qu'on reconnaisse comme suffisantes certaines publications, ou le dépôt de l'acte dans un bureau administratif avec sommation aux intéressés d'en prendre connaissance.

La notification de l'acte ordonnant le transfert de propriété contient, par la nature même de cet acte, l'accomplissement (la perfection) de l'expropriation ; en d'autres termes, l'effet qui lui est propre, à savoir d'enlever la propriété, se produit à ce moment même (16).

(16) En ce sens très justement, *Stobbe*, D. Pr. R., II, p. 175 : de même, R. G., 24 janv. 1881 (dans *Rocholl*, Rechtsfälle, I, p. 2 ss) : « L'expropriation, malgré le paiement préalable de la somme taxée, n'est parfaite qu'au moment et qu'autant que la société a obtenu la propriété de l'immeuble à exproprier ». — La doctrine de la vente forcée doit naturellement fixer autrement le moment de l'accomplissement : la vente, en tant que rapport d'obligations, est parfaite, dès que l'objet de la vente et le prix sont fixés entre les parties. Dès lors, cette doctrine, d'une part, exige moins que nous : il n'est pas nécessaire que le transfert de propriété ait été déjà décrété ; il suffit que les immeubles à exproprier soient déterminés. D'un autre côté, elle exige plus : il faut que l'indemnité, le prix de vente, soit fixé également. On pourra encore discuter alors s'il faut que cette somme soit déjà fixée définitivement (*Häberlin* dans Arch. f. civil. Pr., 39, p. 300), ou si, pour répondre à la notion de vente, il suffit qu'elle soit devenue « déterminable » (*Gruchot* dans Beitr. Z. Erl. d. Preuss. R., IX, p. 85). — Il est tout à fait conforme aux idées de la théorie de la vente forcée de chercher le moment de la perfection de l'expropriation dans l'instant où, au cours de la procédure, se forme, pour

Il se peut que des prescriptions spéciales opèrent un *déplacement* de ce moment décisif. Le décret qui

la première fois, « un rapport d'obligations bilatéral » entre l'entrepreneur et le propriétaire actuel. En ce sens, voyez surtout *Loebell* Preuss. Enteignunsges., p. 186 : par la fixation définitive du plan de l'expropriation, l'entrepreneur acquiert le droit de poursuivre la fixation, par la voie administrative, de l'indemnité et d'obtenir ensuite le prononcé de l'expropriation. Ainsi apparaissent, d'après *Loebell* « les premiers effets de droit civil » -- pour lui, il va sans dire que tous les effets, ayant un caractère juridique, ne peuvent être que de droit civil. Mais ces effets, tout d'abord, continue-t-il, ne signifient qu'une obligation unilatérale du propriétaire de les subir. C'est seulement par la fixation de l'indemnité, que l'entrepreneur sera lié : le propriétaire obtient alors contre lui le droit à l'indemnité. A ce moment donc, en effet, un rapport d'obligations bilatéral s'est formé » (p. 189). Nous renonçons à faire la critique de ces deux prétendues obligations qu'on obtient si péniblement ; nous nous bornerons à demander simplement si vraiment ce rapport d'obligations bilatéral est une expropriation. Sans doute, cela est toujours quelque chose de « parfait » ; mais pour être devenu parfait dans le cours de la procédure d'expropriation, ce n'est pas nécessairement l'expropriation parfaite elle-même ! Le Tribunal de l'Empire a adopté, de son côté, les vues de *Loebell* : R. G., 17 mars 1891 (Samml., 27, p. 265) : « un rapport d'obligations fixe » qui se produit par la fixation de l'indemnité, voilà ce qui fait la perfection de l'expropriation. *Gleim* lui-même, qui pourtant combat par de bonnes raisons l'opinion de *Loebell*, ne peut pas se soustraire à son influence sur ce point (Arch. f. Eisenbahnwesen, VIII, p. 45). N'oublions pas que, d'après la loi d'expr. Pruss. dont il s'agit ici, la fixation de l'indemnité, — donc, la perfection de l'expropriation — précède le décret qui la prononce ; on reconnaît que la propriété n'est transmise que par ce décret : mais, dans cette singulière théorie de l'expropriation, cela n'a qu'une importance secondaire. — *G. Meyer*, V. R., I, p. 287, se sépare de cette doctrine en ce que, fidèle, en principe, à sa théorie primitive, malgré les concessions qu'il a dû faire et qui lui enlèvent toute importance pratique, il n'exige pas de contrat de vente, mais seulement une obligation *sui generis* de céder l'immeuble ; il n'est pas nécessaire qu'un prix soit fixé. De là sa thèse « L'expropriation est parfaite par la détermination des objets de l'expropriation » — sans transmission de la propriété, bien entendu. Mais comment cette perfection se manifeste-t-elle ? « A ce moment, les deux parties sont liées, de sorte qu'un désistement unilatéral de l'expropriant ne peut plus avoir lieu, et les risques de la chose sont dorénavant à sa charge ». Il ajoute, il est vrai : « les lois d'expropriation, ont en partie, des prescriptions contraires ». Cela a lieu dans une large mesure ; et encore devrait-on contester sérieusement les effets qu'il veut attribuer à son prétendu point de perfection. Mais qu'ils s'y attachent, que les parties soient liées, que des obligations réciproques soient nées — est-ce qu'avec cela l'expropriation est parfaite ? Qu'est-elle donc ? D'après *G. Meyer*, V. R., I, p. 280, « cet acte administratif, par lequel l'État enlève la propriété ». Peut-elle être parfaite avant que la propriété ne soit enlevée ? Evidemment, la définition

prononce l'expropriation pourra aussi être susceptible d'être attaqué par *les voies de recours*. Dans ce dernier cas, l'efficacité de l'acte et l'accomplissement de l'expropriation seront peut-être remis à l'époque où le moyen de recours sera vidé ou le délai pour se pourvoir sera expiré. La règle est ici, comme partout en matière administrative, que ni la possibilité d'un recours, ni le recours formé n'ont d'effet suspensif. Le cas échéant, l'effet juridique produit sera révoqué avec effet rétroactif (17).

Il se peut également que, en considération de certains intérêts, l'expropriation soit provisoirement *restreinte* à un effet incomplet ou soumise à des *conditions* encore à remplir. A l'inverse, certains effets juridiques ayant un caractère préparatoire peuvent s'attacher tout de suite à des degrés précédents de la procédure, de sorte que l'une ou l'autre des parties

qu'il donne conformément à la doctrine récente, et la fixation du point de perfection qu'il maintient conformément à son ancienne doctrine, sont en contradiction.

Les « rapports d'obligations » qui, dans toutes ces théories, jouent un rôle si désastreux, ne sont en réalité que des effets secondaires, se produisant dans le cours de la procédure : des défenses de disposer imposées au propriétaire à exproprier, des droits de poursuivre la procédure qui lui sont accordés, des droits à une indemnité pour le cas d'un désistement. Nous en parlerons ci-dessous, III, n. 2.

(17) *Hartmann*, Ges. über die Zwangsabtretung, p. 81 note : D'après la loi d'expropr. Bavaroise, le propriétaire peut former un recours contre le décret qui prononce l'expropriation (dans la terminologie de la loi Bav. : l'envoi en possession) ; mais « étant donné le but de la loi qu'il serait facile d'éluder sans cela, on ne devra pas attribuer à ce moyen un effet suspensif ». De même, d'après la loi française, encore en vigueur en Alsace-Lorraine, le recours en cassation contre le jugement d'expropriation n'a pas d'effet suspensif ; *de Lalleau*, Traité de l'expropr. I, n. 248, 267. — La loi d'expropr. Saxonne, § 36, autorise l'autorité d'expropriation à refuser cet effet au recours. Comp. loi d'expropr. Prussienne, § 44 : « Par la signification du décret d'expropriation, faite au propriétaire et à l'entrepreneur, la propriété de l'immeuble est transmise à l'entrepreneur ». — C'est donc inexactement que *Grünhut*, Ent. R., p. 187. essaie d'établir, comme principe général, que « comme moment de la perfection il faut considérer celui où l'exproprié a épuisé les moyens de droit qu'il pouvait faire valoir contre le prononcé de l'expropriation ».

soit déjà liée ou obligée dans une certaine mesure. Nous rencontrerons plusieurs cas de ce genre. La notification de l'acte administratif reste toujours le point fixe autour duquel tournent toutes ces variations.

II. — A l'expropriation accomplie s'attachent des *suites juridiques ultérieures*, effets de ses effets, effets secondaires qui ne perdent pas cette nature, même quand, étant donné le temps où ils se produisent, on les fait précéder l'accomplissement de l'expropriation.

Ces effets de second rang sont surtout de deux espèces : le droit de prendre possession et l'obligation d'indemniser.

1) L'expropriation n'enlève directement que la propriété. La *possession* reste, même après l'expropriation, à l'exproprié, de sorte qu'on peut songer à la possibilité d'un retour de la propriété par voie de prescription acquisitive (18).

Mais l'entreprise, au profit de laquelle l'expropriation a été prononcée, est une portion de l'administration publique, — que l'Etat lui-même se présente comme entrepreneur ou une commune ou un entrepreneur concessionnaire. L'administration publique maintient par elle-même ses droits qui ont été mis hors de contestation, en établissant un état de choses conforme à ces droits et en le défendant contre les sujets par les moyens de la puissance publique. Elle y procède partout de sa propre autorité. En ce sens, les lois déclarent que l'expropriation accomplie a l'effet d'un envoi en possession. Elle aura cet effet même sans une déclaration expresse. Mais la loi peut exiger

(18) Le Code civil all. § 900 n'admet la prescription d'immeubles qu'à la condition que celui, au profit duquel elle doit intervenir, soit en même temps inscrit comme propriétaire au livre foncier. Il se pourrait que cette condition fût remplie, l'administration ayant omis de provoquer la rectification de ce registre, qui doit se faire à la suite de l'expropriation.

un acte spécial par lequel une autorité désignée décrète *l'envoi en possession*; cet effet de l'expropriation dépend alors de l'accomplissement de cette formalité (19). D'un autre côté, cet effet de l'expropriation pourra être anticipé par un *envoi en possession provisoire* (comp. n. 2 ci-dessus) ; le pouvoir d'obtenir la chose existe alors par lui seul avant l'expropriation accomplie et sans transfert de propriété.

Le pouvoir s'exerce par la prise de possession effective de l'objet de l'expropriation. Contre cette mesure il n'y a pas d'action possessoire, au profit de l'exproprié ou même d'un tiers prétendant avoir sur la chose des droits qui n'auraient pas été compris dans l'expropriation : l'expropriation, de même que l'envoi en possession prononcé séparément, ont à cet égard encore un effet général, originaire et qui agit contre tout le monde (20).

(19) Loi d'expropr. Pruss. § 32 al. 2 : « Le prononcé de l'expropriation, à moins qu'il n'en dispose autrement, implique l'envoi en possession ». La loi d'exécution de la C. P. O. Bav., art. 51 comprend, par l'expression « envoi en possession », en même temps l'expropriation d'où elle résulte : *Hartmann*, Ges. über d. Zwangsabtretung, p. 80 note 4. La loi française du 3 mai 1841 art. 41 autorise le juge commissaire qui dirige la procédure de la fixation de l'indemnité, à déclarer finalement l'*envoi en possession*, ce qui permet à l'entrepreneur de prendre possession. Loi d'expropr. Sax. § 49 : l'autorité d'expropriation, après avoir déclaré les immeubles expropriés, doit les « assigner » immédiatement à l'entrepreneur. — *G. Meyer*, R. der Expropr., p. 240, appelle cela « une application analogue de la *missio in bona* », qui, d'après lui, serait contre les principes ; en effet, même dans le cas où l'Etat lui-même serait l'entrepreneur, il faudrait suivre ici la règle « que l'Etat, dans ses rapports pécuniaires, est traité comme une personne privée ». Mais c'est méconnaître la situation de l'entrepreneur poursuivant ; l'entreprise publique n'est pas purement et simplement un « rapport pécuniaire ». L'envoi en possession dont il s'agit ici ne pourrait nullement être assimilé à ce qu'on appelle, dans le droit civil, des *privilegia fisci*.

(20) Loi d'expropr. Sax., § 74 : « Par l'assignation (envoi en possession), l'entrepreneur obtient le droit de se mettre en possession de l'objet exproprié ». — O. Tr., 20 janv. 1865 (Str. 58 p. 102) admet contre l'entrepreneur une action pour troubles dans la possession, par le motif qu'au moment de sa prise en possession les conditions dont dépendait l'effet de l'expropriation n'étaient pas encore remplies. Par

S'opposer à la prise de possession par des voies de fait constitue un acte illégal ; les attaques dirigées contre les employés qui en sont chargés seront repoussées par la légitime défense. Les mesures de contrainte qui pourront devenir nécessaires contre des personnes ou des choses pour obtenir et pour défendre la possession, auront lieu dans les formes de la *contrainte de police* : refuser à l'entreprise publique un immeuble qui lui est nécessaire et qui lui a été attribué légalement, c'est apporter un trouble à l'activité propre de l'administration publique (t. II, § 24, I, n. 1) (21). L'autorité ordinaire de police prête les moyens de contrainte. Dans tous les cas, il n'y a pas lieu à une demande judiciaire pour être mis en possession ; elle est superflue.

2) La seconde suite de l'expropriation, c'est l'*obligation d'indemniser*. L'individu auquel, par l'expropriation, a été imposé le sacrifice de sa propriété ou d'un autre droit sur la chose, acquiert, par cela même, un droit à une compensation en argent. Ce droit existe contre celui au profit duquel le sacrifice lui a été imposé, contre l'entrepreneur qui a poursuivi

suite, dans le cas contraire, il aurait pu réaliser son droit lui-même. Comp. aussi O. Tr., 23 mai 1873 (Str. 90, p. 197).

(21) *F. Seydel*, Preuss. Enteignungsges., p. 107 ; l'autorité de police générale qui est appelée à exercer la contrainte de police se confond ici avec l'autorité d'expropriation ; ces fonctions peuvent aussi être séparées. — Loi d'expropr. Sax. § 74 : Si celui qui est en possession de l'immeuble refuse de le céder, ou y met du retard, l'autorité d'expropriation, sur la demande de l'entrepreneur, amènera son déguerpissement par des mesures de contrainte.

Les mesures de contrainte sont celles que nous avons expliquées au t. II, § 23. Il faudra donc toujours commencer par enjoindre au propriétaire de déguerpir par un ordre formel. En effet, l'exécution par contrainte de la police suppose un ordre régulier à mettre à exécution. Le prononcé de l'expropriation ne contient pas un ordre ; il opère un transfert de propriété, ce qui est tout autre chose. Nous insistons sur ce point, si souvent négligé, parce que l'existence du droit administratif dépend d'une analyse minutieuse de ses institutions — aussi consciencieuse que celle qu'on a l'habitude d'appliquer aux institutions du droit civil.

l'expropriation ; par conséquent, selon les cas : l'Etat lui-même, la commune, ou le concessionnaire.

Ce droit à indemnité n'est pas une particularité de l'expropriation. Ce n'est qu'une application spéciale d'une institution générale ; en traitant de cette institution (comp. t. IV, § 53 et 54 ci-dessous), nous exposerons la nature juridique de ce droit, ainsi que son étendue et la manière de le faire valoir. Ce qui est spécial à l'expropriation, c'est la manière dont, en vertu de prescriptions expresses de la loi, la solution de la question de l'indemnité est combinée avec le côté opposé des effets de l'expropriation, avec ceux qui profitent à l'entrepreneur. On en a fait dépendre ces derniers, comme d'une condition à remplir ; et, d'un autre côté, on a prévu des mesures destinées à parer aux inconvénients qui pourraient résulter de ces retards.

C'est de ces deux sortes de complications de la procédure d'expropriation, que nous devons maintenant nous occuper.

La prestation de l'indemnité, d'après la nature des choses, devrait *suivre* l'expropriation ; car ce n'est qu'avec l'accomplissement et l'exécution de l'expropriation, qu'est achevé le sacrifice qu'elle doit compenser (22). Mais les lois ont exigé, presque unanimement, une indemnité préalable. Elles entendent donner par là à l'intéressé une certaine garantie contre les retards que l'administration, une fois qu'elle aurait obtenu satisfaction, pourrait apporter. Pour rendre cette exigence efficace, on fait dépendre, *à partir d'une certaine époque,* la légalité de la procédure ultérieure dirigée contre le propriétaire attaqué, de la

(22) *Laband* dans Arch. f. civ. Pr., 52, p. 182 : « Logiquement l'expropriation est la première, l'obligation de payer l'indemnité n'en est que la conséquence ».

solution de la question d'indemnité (23). Cette époque peut être choisie de différentes manières, et la conformation juridique des choses varie en conséquence. Il faut donc faire des distinctions.

L'époque la plus avancée que la loi puisse choisir est celle où, dans le progrès de la procédure d'expropriation, les choses sont arrivées à ce point que les différents immeubles et parcelles d'immeubles, réclamés par l'administration pour son entreprise, sont fixés, et qu'il manque simplement à prononcer le dernier mot auquel s'attache l'effet de l'enlèvement de la propriété : l'acte administratif formel qui décrète l'expropriation est imminent. La loi peut exiger qu'on surseoie et que l'on règle d'abord la question de l'indemnité (24). Ici donc, ce point s'insère dans

(23) *Layer*, Principien, p. 599, désirant écarter l'acte administratif du centre de notre institution, a imaginé à cet effet une exagération assez singulière de cette importance juridique de l'indemnité. « Le droit d'expropriation, affirme-t-il p. 603, est et reste le droit de supprimer et de créer des droits moyennant le paiement de l'indemnité et par ce paiement ». Le paiement d'indemnité serait-il donc une nouvelle espèce d'acte d'acquisition ? Non pas. Il s'agit seulement d'une analogie avec une institution bien connue du droit civil : c'est un droit d'*occupation* spécialement organisé pour le droit public. C'est donc par voie d'occupation que l'immeuble est acquis à l'entrepreneur ; et cette occupation reçoit son exécution d'une façon assez surprenante, il faut le dire, par le paiement de l'indemnité. « Quand l'indemnité est payée conformément à ces conditions, l'occupation s'accomplit par cela-même » (p. 604). Cette doctrine qui suppose, dans nos notions juridiques, une souplesse extraordinaire ne nous semble pas répondre à la réalité des choses.

(24) En ce sens : loi d'expropr. Pruss., § 32 ; loi d'exécution de la C. Pr. O. Bav., art. 51 ; *Seydel*, Bayr. St. R., III, t. 635 ; ancienne loi d'expropr. Sax. du 15 août 1855, § 75, 77 ; *Schelcher*, Rechtswirkungen, p. 32, 46. Cette organisation de la procédure a donné lieu à différents malentendus concernant la perfection de l'expropriation. Le procédé le plus naturel serait d'évaluer l'indemnité sur la base de la valeur qu'aura la chose au moment du transfert de la propriété, c'est-à-dire de la perfection de l'expropriation. Mais avec le principe de l'indemnité préalable, cela ne peut pas se faire : le moment du transfert de la propriété est encore inconnu ; il dépend du paiement que doit faire l'entrepreneur, et du temps que prendra la procédure ultérieure. Donc, pour estimer cette valeur, on se placera simplement au moment où a lieu la fixation de l'indemnité. Cela n'est injuste ni à l'égard de l'entrepreneur, ni à

le centre même de la procédure de l'expropriation ; la prestation préalable de l'indemnité devient *une condition de la validité du prononcé de l'expropriation.* Le prononcé ne doit pas avoir lieu antérieurement ; s'il intervient quand même, c'est alors une question d'organisation de la protection du droit, que de savoir par quel moyen on en obtiendra la révocation (25).

l'égard du propriétaire, parce qu'ils ont, l'un et l'autre, les moyens de mener sans retard la chose à bonne fin (comp. III, n. 2 ci-dessous). On n'a donc pas besoin de justifier cette manière de procéder en déplaçant la perfection de l'expropriation, et en la reportant au moment de la fixation de l'indemnité. C'est ce qu'a fait le Tribunal de l'Empire dans son arrêt du 17 mars 1891 (Samml., 27, p. 265). L'équité pourra même exiger qu'on prenne pour point de départ une époque antérieure à ce moment. Dans le cours de la procédure, des défenses de disposer peuvent avoir été adressées au propriétaire, qui l'ont empêché de faire fructifier la valeur supérieure que sa chose peut-être avait alors présentée. Des défenses de cette espèce s'attachent déjà à la désignation de l'objet de l'expropriation, ou même à la publication du plan d'expropriation provisoire ; on pourra donc choisir ces moments pour y trouver la base de la valeur à estimer. Mais on n'a pas besoin de dire que l'expropriation est déjà devenue parfaite à cette époque, ce qui ne serait pas vrai. Un exemple dans R. G., 21 sept. 1882 (Samml., 7, p. 258) ; en ce sens aussi, *Schelcher*, Rechtswirkungen, p. 273. *Gleim*, dans Arch. f. Eisenbahnwesen, V, p. 64, argumente en sens contraire : il déclare cette manière de calculer l'indemnité inadmissible, parce que, « par la fixation du plan, une obligation de droit civil n'est créée ni pour l'un, ni pour l'autre ». Mais il ne s'agit pas d'obligations ; l'équité peut très bien faire choisir le point de départ de l'estimation en dehors du centre juridique de la procédure, c'est-à-dire en dehors de la perfection de l'expropriation. Pour *Layer*, Principien, p. 327, dans l'hypothèse dont nous parlons ici, le prononcé de l'expropriation n'est que la constatation (*Beurkundung*) que l'expropriation a eu lieu par suite du paiement de l'indemnité ; il reconnait cependant que la transmission de la propriété ne s'opère effectivement que par cette constatation (p. 328). Il nous sera donc permis de croire que c'est plus qu'une constatation.

(25) En ce sens *Gleim*, dans Arch. f. Eisenbahnwesen, VIII, p. 48 (en ce qui concerne le droit Prussien) : « Quand l'autorité d'expropriation procède à l'expropriation, sans que le propriétaire ait été indemnisé antérieurement selon la loi, le droit en question est quand même enlevé au propriétaire et transmis à l'entrepreneur ». Voilà donc le véritable caractère de cet acte, qui, d'après *Layer*, ne serait qu'un simple certificat de l'expropriation effectuée antérieurement par « occupation ». Mais c'est tout à fait conforme à ce qui se passe ordinairement en fait d'actes administratifs. Ces actes ont leurs effets juridiques, même quand les conditions de leur validité ne sont pas remplies ;

Le second système fait un pas de plus. La loi permet que l'expropriation soit prononcée avant le règlement de l'indemnité. Mais l'effet juridique de cet acte dépend de la prestation de l'indemnité ; celle-ci joue le rôle d'une condition suspensive. En conséquence, l'expropriation *n'est pas accomplie avant ce moment*, sa perfection est retardée, elle ne se produit qu'avec l'accomplissement de cette condition. La pression exercée sur l'entrepreneur, afin de l'amener à régler la question de l'indemnité, est la même que dans le premier cas ; seulement l'expropriation a toujours besoin ici d'un certificat spécial de son efficacité ; elle n'est pas certifiée directement par l'acte d'expropriation même. C'est peut-être un inconvénient (26).

Mais la pression qui doit s'exercer sur l'entrepreneur sera peut-être considérée comme étant suffisante quand on lui refuse la possibilité de se mettre en *possession* de l'immeuble exproprié avant le règlement de l'indemnité. Cela nous amène au troisième système : le prononcé de l'expropriation se fait valablement et définitivement avant l'indemnité ; l'expropriation elle-même est accomplie par ce prononcé ; mais la prise de possession qui, en vertu du

ce défaut constitue seulement un motif de les faire révoquer ; c'est à l'organisation de la protection des droits de déterminer par quelles voies on obtiendra cette révocation. Comp. t. I, § 8, note 7 ci-dessus.

(26) En ce sens, l'ancienne loi d'expropr. Bad. du 28 août 1835, § 1 et § 83. Il y avait dans la législation de la Saxe, avant la loi d'exprop. du 24 juin 1902, certains cas exceptionnels, prévus par la loi du 15 août 1855, dans lesquels l'expropriation devait se faire non pas après le règlement de l'indemnité, mais antérieurement, à la condition de ne produire son effet qu'au moment où l'indemnisation aurait eu lieu ; *Schelcher*, Rechtswirkungen, p. 41, 47. — Les inconvénients dont nous parlions au texte ont conduit à remplacer ce système dans la législation récente Badoise et Saxonne ; en Bade, on a adopté, par la loi du 26 juin 1899, le système de la Prusse, tel que nous venons de l'expliquer aux notes 24 et 25 ci-dessus ; *Layer*, Principien, p. 326, p. 600, invoquant à cet égard l'autorité de *Weiss*, prétend que ce système est celui de la majorité des législations. Pour l'Allemagne, il est évident que c'est le contraire qui est vrai.

transfert de propriété, devait se faire, est soumise à la condition de l'indemnité préalable (27). Dès lors, le pouvoir de l'administration publique de réaliser son droit elle-même est provisoirement suspendu ; la prise de possession par la voie de contrainte est illégale, la résistance n'est pas un délit (sauf les prérogatives des fonctionnaires exécutifs de la police : t. II, § 25, I) ; contre une prise de possession qui serait intervenue quand même, l'action possessoire a lieu.

Ces mesures protectrices qui doivent garantir le droit à indemnité donnent, en outre, naissance à une institution complémentaire.

En faveur de l'entrepreneur, il se crée *une procédure d'urgence*, en vue de lui permettre de s'emparer provisoirement des objets de l'expropriation, sans être exposé aux retards que pourrait entraîner la solution complète de la question d'indemnité (28).

(27) C'est surtout la forme adoptée par la législation française, en vigueur en Alsace-Lorraine, loi du 3 mai 1841, art. 53 ; *de Lalleau* Traité de l'expropriation, I, n. 272. — *G. Meyer*, dans Wörterb, I, p. 359 art Enteignung § 7, expose très bien comment, d'après cette loi, l'expropriant, une fois l'indemnité payée ou consignée, est autorisé à se mettre en possession ; mais c'est à tort qu'il ajoute : « avec cette prise de possession la transmission de la propriété s'opère également ». La transmission de la propriété a déjà eu lieu auparavant en vertu du décret (jugement) d'expropriation. — La loi d'expropr. Sax. du 24 juin 1902 a adopté ce système avec cette différence qu'elle fait, au moins, fixer l'indemnite définitivement avant le prononcé de l'expropriation. Mais la propriété se transmet, comme en France, en vertu de ce dernier acte, sans qu'il soit besoin que l'indemnité ait été payée ou consignée préalablement. Le règlement de l'indemnité n'est qu'une condition préalable à l'envoi en possession ; encore la loi établit-elle des exceptions très importantes dans lesquelles l'entrepreneur en est dispensé. Comp. les § 40, 50, 71 de la loi citée.

C'est le système qui offre le plus de difficultés pour une conciliation avec la doctrine de *Layer*. Cet auteur s'en tire en déclarant, d'une part, que le système Français constitue « une anomalie » (l. c., p. 603, note 1) ; d'autre part, il y a, d'après lui, avec le jugement ou acte administratif qui prononce l'expropriation, des accommodements : « Si l'on veut, dit-il, on peut appeler cela également une occupation », occupation, qui s'opère seulement « dans des formes différentes de celles qui sont en usage dans d'autres législations ».

(28) Comp. sur la procédure d'urgence en général : *Grünhut*, Ent. R., p. 264 ss.

Quand l'indemnité est fixée et que seul le paiement ne peut pas se faire, soit que l'exproprié refuse de le recevoir, soit que des tiers réclament l'indemnité comme leur appartenant, les règles sur *les offres de paiement et la consignation* pourront peut-être suffire pour sortir d'embarras. Du moins, l'opinion commune sera assez disposée à appliquer cette institution du droit civil à l'indemnité d'expropriation, qu'elle ne distingue guère d'une créance dépendant du droit civil. A mon avis, cette application ne s'entend pas d'elle-même. Mais quand on l'admet, la consignation dûment faite de la somme fixée remplacera utilement le paiement de l'indemnité en vue de rendre efficace le décret d'expropriation.

La procédure d'urgence, telle qu'elle est prévue par les lois, intervient, lorsque la procédure ordinaire de consignation ne peut pas servir parce que la somme à payer à titre d'indemnité n'est pas encore fixée.

Elle suppose une déclaration d'urgence au profit de l'entreprise, prononcée sur la demande de l'entrepreneur par l'autorité compétente. Dans ce cas, l'indemnisation préalable du propriétaire peut être remplacée par une somme d'argent, fixée par une estimation provisoire et consignée à son profit, ou même, s'il l'exige, effectivement payée.

Ainsi est levé l'obstacle que la loi, pour obéir au principe de l'indemnité préalable, avait opposé au progrès de la procédure. C'est la forme donnée à cet obstacle qui détermine le point où cette procédure d'urgence devient nécessaire, ainsi que l'effet qu'elle aura à produire : elle permettra de prononcer immédiatement l'expropriation (29), en amènera la perfection qui avait été suspendue (30), ou rendra

(29) Loi d'expropr. Pruss., § 34.
(30) Loi d'expropr. Bad. de 1835, § 83.

l'expropriation accomplie exécutoire par la prise de possession moyennant un ordre d'autorisation de l'autorité (31).

Dans tous les cas, le but essentiel de la procédure d'urgence est de dégager le pouvoir propre de l'entreprise, à l'effet de se saisir effectivement de l'immeuble qui lui est destiné.

III. — La marche ordinaire de l'expropriation pourra être compliquée par des *incidents* provoqués par des actes spéciaux des intéressés, tendant à en avancer les effets, ou à les écarter, ou même à les révoquer. Ce sont tantôt des conventions qui interviennent entre les intéressés, tantôt des déclarations unilatérales émanant de l'une ou de l'autre partie.

1) L'entrepreneur et son adversaire pourront, à tout moment de la procédure, en arrêter le progrès ou la simplifier, en s'entendant sur les points à régler par les décrets de l'autorité, en statuant sur l'expropriation elle-même ou sur l'indemnité. Un pareil accord a la nature d'une *convention*, et d'une convention du droit civil. On sort de la procédure d'expropriation ; il s'établit entre parties égales un accord sur la propriété d'une chose et sur ce qui doit être payé en compensation. La procédure d'expropriation n'en est touchée qu'indirectement, en ce qu'elle est devenue sans objet pour les points qui ont été réglés par la convention. Cette convention n'est pas nécessairement un contrat de vente. Il faut envisager son contenu spécial ainsi que la partie spéciale de l'ensemble de l'expropriation et de ses accessoires qui doit être amenée ainsi à son terme (32).

La convention peut avoir pour but de faire *céder*

(31) Loi d'expropr Sax., § 57.

(32) G. *Meyer*, R. der Expropr., p. 212, fait une énumération des différentes conventions possibles. Quant à l'appréciation de leur contenu en ces différents cas, nous ne sommes pas d'accord.

provisoirement la possession, afin que les travaux puissent commencer. La prise de possession qui s'ensuit, ainsi que la défense de la possession ainsi acquise rentreront alors immédiatement dans la sphère de l'entreprise publique pour revêtir les formes propres à l'administration publique (comp. II n. I ci-dessus).

La convention peut aussi ne concerner que l'*indemnité* seule, le transfert de la propriété ayant déjà été effectué par la voie de l'expropriation ; elle aura alors pour point de départ le droit à indemnité qui est déjà né et qui appartient au droit public ; la convention le remplace par une obligation de payer conventionnelle et dépendant du droit civil. La condition du paiement préalable de l'indemnité, dont dépend l'effet de l'expropriation, peut être réservée au profit de cette obligation nouvelle ; à défaut d'une réserve expresse, il faudra admettre que cette condition disparaît avec l'extinction (par une novation ?) de la ex-créance originaire qu'elle visait. Pour le reste, l'expropriation elle-même n'est pas touchée par cette espèce de convention.

Mais la convention pourra aussi avoir pour but la *cession de la propriété* qui n'a pas encore été enlevée. Elle rend alors l'expropriation superflue, quelqu'avancée qu'elle puisse être ; la procédure tombe d'elle-même ; seule, la convention subsiste.

Quelle est la nature d'une convention de cette espèce ? Cela dépend de son contenu spécial.

Une cession conventionnelle de ce genre peut comprendre aussi la fixation de l'équivalent à payer pour la chose cédée. C'est alors un contrat de *vente* ou d'*échange* pur et simple, produisant tous les effets qu'un pareil contrat comporte d'après le droit civil ; mais ce contrat est aussi lié en principe par toutes les conditions et formes dont le droit civil exige l'accomplissement pour qu'un contrat de cette espèce produise son effet.

Le fait que l'expropriation est imminente n'est qu'un motif de plus qui fait conclure cette vente ; la vente peut servir dans ce but aussi bien quand l'expropriation n'est pas encore commencée que quand elle approche déjà du terme de la procédure. Cela n'a aucune influence sur la nature même du contrat (33).

(33) En ce sens *Prazak*, R. d. Enteignung, p. 54 : « Quand le propriétaire consent à l'expropriation et cède conventionnellement sa propriété à l'expropriant, il n'y a pas expropriation, mais un arrangement, fait sous la pression d'influences extérieures, il est vrai, mais qui devra être apprécié selon sa nature juridique spéciale ». Dès lors, si, par exemple, la cession de la propriété se fait moyennant un prix convenu, cela sera une vente. — *Seydel*, Bayr. St. R., III, p. 627, note 8, reproche à *Prazak* de ne pas voir la différence essentielle qui existe entre la nécessité de fait et la nécessité de droit ; il confond l'un et l'autre dans la phrase « pression d'influences extérieures » ; il s'agit ici d'une nécessité de droit ; si le propriétaire, sous la pression de cette nécessité, cède sa chose volontairement, ce n'est pas une vente ; d'après *Seydel*, cela rentre dans la notion de l'expropriation.

Mais cette « nécessité de droit » n'est autre chose que la vieille idée du « droit d'exproprier », telle que *Burkhard* l'a formulée autrefois dans Ztschft. f. civ. R. und Pr., N. F., VI, p. 208 ss ; comp. la note 5 ci-dessus. *Seydel* subit encore l'influence de ce prétendu « droit à la chose, *jus ad rem* », et en tire des arguments ainsi que *Grünhut*, Ent. R., p. 185 ss., *V. Rohland*, Ent. R., p. 36, *Schelcher*, Rechtswirkungen, p. 23, 31, *Layer*, Principien, p. 329. Si, en général, on a renoncé à expliquer les effets de l'expropriation elle-même au moyen de cette idée, elle sert encore à enlever à la cession volontaire le caractère d'une vente ; on lui donne le caractère d'une simple soumission à ce droit préexistant. Cela résulte très clairement de ce que, par exemple, *Grünhut* expose, Ent. R., p. 166 : « Le propriétaire, dit-il, préfère se soumettre volontairement à son sort qu'il a reconnu inévitable... Il ne vend pas son immeuble ; il souffre qu'on le lui enlève... Cette soumission volontaire remplace le prononcé de l'expropriation ». Ce sont presque textuellement les expressions dont se sert *Laband* dans Arch. f. civ. Pr., 52, p. 172. Elles ont toutefois, chez ce dernier auteur, un sens différent ; pour *Laband*, il s'agit de combattre la doctrine qui admettait un acte de vente *à côté* de l'acte d'autorité produisant l'expropriation. « Tout aussi bien, déclare-t-il, pourrait-on établir la fiction, que le coupable, condamné à un emprisonnement, a fait avec l'administration de la prison un contrat de bail avec nourriture, ou que le fraudeur, dont les marchandises ont été confisquées, en a fait cadeau au fisc ». De même, quand on subit l'expropriation et que l'on renonce à lutter, on ne fait pas de vente, etc. Cette phrase, comme on le voit, signifie ici tout autre chose que chez *Grünhut*, et on ne peut que l'approuver. Cependant, *Laband*, lui aussi, glisse sur la même pente,

Toutefois, en vertu de prescriptions spéciales de la loi, les contrats de cette espèce jouissent souvent de certains *privilèges*. Il faudra seulement que la procédure d'expropriation soit déjà commencée et que, tout au moins, l'entreprise soit reconnue comme étant propre à justifier l'expropriation. Dans ce cas, les cessions volontaires qui pourront servir à couper court à la procédure seront favorisées par la loi.

A cet effet, d'une part, on facilite l'accomplissement des formalités prescrites ; surtout, on admet que l'acte notarié ou judiciaire, exigé par le Code civil, pourra être remplacé utilement par le procès-verbal de l'autorité d'expropriation (34).

quand il laisse échapper, en passant, cette phrase : « le propriétaire, qui s'est convaincu que l'expropriation est légalement possible et que l'indemnité offerte est suffisante, n'a aucun motif pour provoquer une décision de l'autorité administrative compétente ou du tribunal » ; c'est pour cela que, d'après *Laband*, il se laisse simplement enlever son immeuble. Evidemment ici, dans l'intention d'en finir radicalement avec les erreurs de l'opinion contraire, on s'est débarrassé de quelque chose : nous ne pouvons pas nous passer aussi de l'acte d'autorité, pour nous contenter d'une soumission *in abstracto*. Ou bien le coupable devra-t-il faire sa prison sans jugement en vertu de sa soumission seule ; le fraudeur perdra-t-il sa propriété sans acte de confiscation par le seul fait qu'il en reconnaît la nécessité ? Naturellement, on ne veut pas le dire, mais c'est ainsi qu'on laisse la soumission de la partie à exproprier produire son effet, soumission qui n'est pas une convention et qui, cependant, remplace l'acte d'expropriation. Comment, dans ce cas, la propriété devra-t-elle se transmettre ? Trois cas sont possibles : ou bien il y a un décret d'expropriation ; alors, comme *Laband* l'expose avec raison, une convention est inutile ; la propriété se transmet par cet acte même ; — ou bien il y a une cession conventionnelle : alors elle remplace, on peut bien le dire, le prononcé de l'expropriation, et la propriété est transférée en vertu de cette convention ; — ou bien l'on ne provoque pas d'acte d'expropriation et il n'y a pas non plus de consentement pour faire une convention : alors, il n'arrive rien du tout. — En ce sens, contre *Laband* et aussi contre *Grünhut*, *G. Meyer* dans Ztschft f. d. deutsche Gesetzgebung, VIII, p. 581, note 83.

(34) Loi d'exécut. Bav. à la C. P. O. art. 55 ; loi d'expropr. Pruss., § 26, al. 2 ; loi Française de 1841, art. 13. Cette dernière loi simplifie, en même temps, les formalités à remplir, quand il s'agit de céder un immeuble appartenant à un mineur. *Grünhut*, Ent. R., p. 192, cite par erreur, au lieu de cet art. 13, l'art. 25 de la même loi, article qui parle d'un arrangement sur l'indemnité, intervenant après l'ex-

Mais on accorde aussi à un pareil contrat une force spéciale. L'expropriation, comme nous l'avons vu (§ 33, III ci-dessus), est poursuivie contre le propriétaire présumé. C'est avec celui-là aussi qu'est conclu le contrat de vente par lequel se termine la l'expropriation. Or l'expropriation présente cet avantage qu'elle produit son effet originairement, qu'elle rend l'entrepreneur propriétaire, même dans le cas où son adversaire ne l'était pas. La cession d'un immeuble par contrat de vente n'ayant pas, par sa nature, d'effet pareil, laisserait subsister, pour l'entrepreneur, une certaine incertitude qui n'inciterait guère à s'en servir pour couper court à la procédure. Ici la loi intervient en faveur du contrat, et lui attribue, — à la condition de remplir les mêmes formalités que celles qui doivent protéger les intérêts des tiers, telles que les publications dans les journaux, etc. — l'effet extinctif qui appartient à l'acte d'acquisition de droit public qu'il doit remplacer.

Par suite de cet emprunt, l'acte ne cesse pas d'être un contrat de vente ; ces effets extinctifs ne sont pas sans exemple même dans la sphère du droit civil (35).

propriation accomplie : cela l'entraîne à des conclusions fausses. Comp. encore la loi d'expropr. Sax. § 78. *Schelcher*, dans son Commentaire, p. 438 note, remarque très bien qu'il s'agit ici de respecter la prépondérance du droit de l'Empire. Nous sommes, avec ces conventions, sur le terrain du droit civil. La loi d'introd. au Code civil allemand, art 109, fait bien une réserve au profit de la législation particulière, en ce qui concerne l'enlèvement de la propriété, opéré dans l'intérêt public ; mais cela ne s'applique pas directement aux conventions qui se font à l'occasion d'une pareille procédure. Dès lors, pour les y attacher plus intimement et assurer à la législation particulière la possibilité d'une réglementation indépendante du droit civil de l'Empire, il faudrait faire intervenir l'autorité administrative qui dirige l'expropriation. Cela se fait ordinairement ainsi : la convention, pour profiter de toutes ces prescriptions spéciales, doit être soumise à l'autorité d'expropriation et *confirmée* par elle. Toutefois, à mon avis, la question reste délicate.

(35) Loi d'expropr. Pruss., § 46 : *Bähr et Langerhaus*, Comment. p. 112 ; comp. la note 39 ci-dessous. Loi d'expropr. Sax. § 78. — *Grünhut*, Ent. R., p. 186, remarque avec raison que, grâce à ces par-

Le contrat de cession pourra aussi se faire de telle sorte que l'équivalent, spécialement le prix d'achat, ne soit pas fixé ; cette fixation devra se faire d'après la procédure prescrite par la loi pour l'indemnité d'expropriation. Un pareil contrat n'est valable qu'autant que la procédure d'expropriation est déjà commencée ; c'est ainsi seulement, en effet, que sera fondée la compétence de l'autorité directrice de la fixation d'indemnité ; cette autorité ne pourrait pas être rendue compétente par la seule convention des parties.

Un pareil contrat n'est pas un contrat de vente. On pourrait bien alléguer que, pour le contrat de vente, il suffit, si le prix n'est pas encore fixé, que du moins soient donnés les éléments qui permettent de le faire ; par exemple, qu'on ait renvoyé, pour cette fixation, à l'*arbitrium* d'un tiers ou même de l'une des parties contractantes (36). Mais l'assimilation de notre cas ne peut pas être admise. Il n'est pas ici créé d'arbitre ; l'autorité qui statue sur l'indemnité doit entrer en fonction selon sa compétence légale ; elle doit non pas évaluer le prix d'achat qui répondrait aux circonstances, mais allouer l'indemnité légale fixée d'après les principes propres à cette indemnité légale.

La valeur véritable de ce renvoi à la procédure d'indemnité est plutôt celle d'une *réserve*. Les parties

ticularités, la convention équivaut à l'expropriation ; mais il a tort de croire qu'à cause de cela cette convention est une véritable expropriation. Comp. aussi *v. Rohland*, Ent. R., p. 36 ; *Gleim* dans Arch. f. Eisenbahnwesen, V, p. 61. Il arrive très souvent, en droit civil, que des conventions font disparaître ainsi les droits de tiers (Code civil all., § 932-934 ; Code de com. all., § 366) ; on ne les appelle pas pour cela des expropriations. Et c'est avec raison.

(36) C'est l'avis de *G. Meyer*, R. der Exprop., p. 212 ; il déclare directement applicables les règles de la l. 15, C., de contr. emt. A peu près dans le même sens se prononce *F. Seydel*, Preuss. Ges. über d. Ent., p. 57, note 6. R. G., 3 nov. 1880, établit en pareil cas la fiction d'un prix de vente, en vue d'obtenir pour sa décision un point de départ touchant les intérêts ; mais il nous semble, qu'on pourrait arriver à une juste solution à cet égard, sans faire un pareil détour.

font transférer la propriété pour couper court à la procédure d'expropriation commencée et pour en avancer les effets ; mais la procédure ne doit être ainsi terminée qu'en ce qui concerne ses effets directs, et non pas dans ses suites ultérieures ; pour celles-ci, on se réserve de procéder selon les prescriptions de la loi.

Dès lors, le propriétaire cédant aura son équivalent dans le fait que sa cession, pour ouvrir le droit à l'indemnité à fixer, est mise à la place de l'acte qui termine ordinairement la procédure d'expropriation. Les obligations résultant pour lui de ce contrat n'en devront pas moins être appréciées d'après le modèle des obligations d'un vendeur (37). D'un autre côté, les lois attachent à ces cessions avec réserve de l'indemnité, en vue de faciliter leur conclusion et de faire disparaître les droits des tiers, les mêmes privilèges qu'elles attachent aux contrats de vente qui remplacent l'expropriation, y compris la question d'indemnité (38).

2) La procédure d'expropriation pourra être interrompue non seulement par une convention, mais aussi par une renonciation unilatérale, par le *désistement*.

(37) Du moins, dans le doute, les parties contractantes seront censées avoir voulu cela. Elles peuvent déterminer autrement cette obligation. Comp. sur la question d'interprétation : *G. Meyer*, R. der Expropr., p. 239.

(38) Loi d'expropr. Sax. § 78. Loi d'expropr. Pruss. § 46. Le texte de cette dernière loi ne semble viser que notre cas, celui d'une cession de l'immeuble avec réserve de la fixation de l'indemnité. R. G. 23 mai 1881 (Samml. V, p. 246) ; par conséquent, cette loi veut restreindre l'effet de la suppression des droits des tiers, prévu par le § 46, à cette espèce de convention, et le refuser à un contrat de vente complète. Mais une interprétation aussi étroite n'est pas soutenable. Supposons que les parties aient d'abord convenu la cession avec réserve de la procédure pour l'indemnité ; dans ce cas, d'après le § 46, les droits des tiers seront éteints en vertu de cette convention. Que les parties, après coup, tombent d'accord sur cette indemnité, devra-t-on, suivant la doctrine du Tribunal de l'Empire, faire revivre ces droits puisqu'il y a maintenant vente complète ? Evidemment non. Pourquoi alors devrait-il en être autrement quand la vente, au lieu de se faire successivement, est conclue d'un seul coup ?

Ce désistement ne peut s'entendre que de la part de l'entrepreneur ; car le propriétaire ne fait que subir l'expropriation ; c'est l'entrepreneur qui la met en mouvement, qui la poursuit ; lui seul aussi peut ne plus la vouloir.

La possibilité d'un désistement de l'entrepreneur prend fin par la *perfection* de l'expropriation (comp. I, n. 5 ci-dessus). Dès que, en vertu du décret d'expropriation, le transfert de propriété s'est opéré, il ne peut plus être question d'un simple désistement ; il y aurait alors révocation de cet effet, réacquisition de la propriété par l'exproprié ; et cela est soumis à des considérations toutes différentes (39).

Le désistement de l'expropriation s'effectue tantôt par une déclaration expresse, — cela aura surtout lieu, quand on renonce à l'entreprise entière ou que tout au moins, à cause d'une modification du projet, un immeuble jusque-là visé ne paraît plus être nécessaire ; — tantôt le désistement résulte simplement du fait qu'on ne poursuit plus l'expropriation. Dans quelles conditions est-on dans ce cas, et surtout combien de temps le retard doit-il avoir duré, il y aurait là une question d'appréciation. Mais la loi fixe des délais pendant lesquels l'entrepreneur doit accomplir les actes qui lui incombent ; ou bien elle permet à l'autorité de les fixer, et attache à l'inobservation de ces délais les effets de la mise en demeure, spécialement aussi la présomption d'une renonciation à l'expropriation. Cela donne au désistement le caractère d'une déchéance (40).

(39) *Seydel*, Bayr. St. R., III p. 635 : « Jusqu'à l'accomplissement de l'expropriation (le transfert de propriété effectué), l'expropriant peut retirer sa demande. Mais il ne pourra pas rompre l'expropriation accomplie ».

(40) D'après la loi d'expropr. Pruss., § 21, à l'occasion de la désignation des immeubles à exproprier, on pourra fixer un délai maximum dans lequel l'entrepreneur devra faire usage du droit d'expro-

Ce désistement définitif, ainsi que le fait par l'entrepreneur de laisser traîner la procédure, pourront être préjudiciables au propriétaire ; la loi a établi des prescriptions pour lui assurer une certaine protection. Les moyens de protection sont le droit de poursuivre lui-même la procédure, et le droit à une indemnité pour cause d'expropriation inachevée.

La poursuite de la procédure, originairement, n'appartient pas au propriétaire contre lequel elle est dirigée ; mais quand elle est arrivée à un certain point, la loi permet au propriétaire de prendre lui-même l'initiative en vue de sortir de l'indécision et d'arriver à l'indemnité d'expropriation. De cette

priation. Une pareille prescription pourra aussi être insérée dans l'ordonnance royale qui ouvre la procédure. Toujours l'inobservation du délai amène la péremption de la procédure, y compris l'acte qui a fixé le délai, mais non pas ce qui le précède : *Loebell*, Ges. über die Ent., p. 188 ; *G. Meyer*, dans Ztschft f. deutsche Gesetzgebung, VIII, p. 577. Le délai est observé, même quand la procédure se poursuit, pourvu que, pendant le délai, la partie poursuivante ait accompli l'acte qui lui incombe en premier lieu. En sens contraire, *G. Meyer*, l. c., p. 557, soutient qu'on n'a « fait usage du droit d'expropriation » que quand on a, dans ce délai, poussé les choses jusques et y compris la demande en fixation de l'indemnité : en effet, dit-il, cet acte est « le dernier qui dépende entièrement de la volonté de l'entrepreneur ». Mais nous ne voyons aucun motif pour que cela soit décisif en ce qui concerne l'observation du délai ; la loi aurait pu le prescrire, si elle le trouvait utile ; mais elle ne l'a pas fait. Toutefois, à mon avis, il va de soi que l'entrepreneur, ayant « fait usage » en temps utile, n'est pas libre de laisser ensuite les choses en l'état. *Loebell*, l. c., p. 42, croit qu'on devrait toujours lui fixer de nouveaux délais, d'un acte à l'autre. Mais comme la loi ne l'a pas permis, il sera préférable de s'en tenir à la simple question de savoir si l'entrepreneur, par la discontinuation de la procédure, a perdu le bénéfice de ce « faire usage », par lequel il a dû sauvegarder le délai préfixe ? C'est une question d'appréciation ; elle sera résolue par l'autorité qui prononcera la déchéance. — D'après la loi d'exprop Bad. du 28 août 1855 et la loi Würtemb. du 20 déc. 1888, l'entrepreneur doit, dans un certain délai à partir de la désignation des objets de l'expropriation, faire fixer l'indemnité, obtenir le prononcé de l'expropriation et la rendre efficace par le paiement de l'indemnité (comp. la note 26 ci-dessus) ; faute par lui de l'avoir fait, toute la procédure tombe, y compris l'ordonnance qui avait admis l'expropriation au profit de cette entreprise. L'entrepreneur, dit-on, perd le droit d'exproprier. — Comp. aussi loi d'expropr. Sax., § 12 al. 4.

manière, non seulement on remédie aux lenteurs, mais aussi on fixe une limite, sinon juridique, du moins de fait, à l'exercice du droit de se désister.

Pour que cela soit possible, on suppose toujours que, tout au moins, la détermination de l'objet de l'expropriation a déjà eu lieu ; alors seulement, on aura une base pour évaluer le montant de l'indemnité, et un adversaire de l'entrepreneur.

Mais à partir de ce point, la mesure de ce qui sera abandonné à la poursuite personnelle de cet adversaire pourra encore être exprimée de différentes manières. Le but sera toujours l'indemnité d'expropriation. Quand la loi fait fixer cette indemnité seulement après l'accomplissement de l'expropriation, on pourra permettre au propriétaire de provoquer lui-même l'expropriation. Dès que l'objet de l'expropriation est fixé, le propriétaire peut demander le prononcé de l'expropriation, et, après le prononcé de l'expropriation —, que l'entrepreneur l'ait provoquée ou que ce soit le propriétaire à sa place —, il peut poursuivre la procédure en vue de l'indemnisation (41).

Quand la fixation de l'indemnité, d'après la loi, doit avoir lieu avant le prononcé de l'expropriation, il suffira de donner le droit de poursuivre cette fixation seule. Le prononcé de l'expropriation reste alors en dehors de l'influence de celui contre lequel elle est dirigée (42).

(41) Loi d'expropr. Française de 1841, art. 14, al. 2 : « si, dans l'année de l'arrêté qui désigne les immeubles à exproprier, l'entrepreneur n'a pas obtenu le prononcé de l'expropriation, le propriétaire est autorisé à la poursuivre » ; art. 55 : « si, dans les six mois du prononcé de l'expropriation, l'entrepreneur ne poursuit pas la fixation de l'indemnité, le propriétaire pourra la provoquer ».

(42) Loi d'exécution Bav à la C. Pr. O. art. 40 al. 2 : « Si dans les six mois de la cession volontaire (avec réserve de la fixation de l'indemnité) ou du décret définitif ordonnant la cession, la procédure pour l'estimation de l'objet à exproprier n'est pas introduite, faute

La loi peut encore remettre le droit de s'emparer de la poursuite à une époque ultérieure, et ne le faire naître qu'au moment où, dans la marche ordinaire de la procédure, la fixation de l'indemnité a déjà eu lieu. Il ne s'agira alors que de faire mettre à exécution par le propriétaire intéressé ce qui a été alloué en sa faveur (43).

Ces différentes espèces de droit de poursuite auront leur plein et entier effet au cas de simple retard de la part de l'entrepreneur. Mais quelle sera la situation dans le cas d'un désistement exprès ? Quelle est la valeur respective du droit de se désister qui appartient à l'un, et du droit de poursuivre qui appartient à l'autre ? Nous devons poser la question d'une manière plus générale : Comment, dans le courant de la procédure, des effets juridiques pourront-ils naître au profit de l'adversaire de l'expropriation, effets qui ne sont pas révocables par une déclaration de désistement ? Il faut distinguer. L'entrepreneur pourra toujours écarter le prononcé de l'expropriation par la déclaration de son désistement, même dans le premier cas, où la loi permet à son adversaire de le poursuivre lui-même. Le décret d'expropriation une fois rendu et la propriété transférée, — à la requête de l'une des parties ou de l'autre, peu importe, — il n'y a plus

d'une demande de l'expropriant, le propriétaire à exproprier sera autorisé à faire cette demande ».

(43) Loi d'expropr. Pruss., § 52 al. 2 : « Si l'entrepreneur se désiste, après que la fixation a été déjà faite par décret du gouvernement de district, le propriétaire aura le choix de demander simplement une indemnité pour le préjudice qui lui a été causé par la procédure d'expropriation, ou d'exiger le paiement de l'indemnité fixée contre la cession de l'immeuble ». Le paiement est exigé par la voie d'une demande judiciaire ; cette demande n'est qu'un moyen pour transformer la condition à remplir avant le prononcé de l'expropriation (ce que l'indemnité signifiait dans le décret du gouvernement du district) en une obligation de payer exécutoire. Comp. les motifs de la loi dans *Dalcke*, das Ges. über die Enteignung, p. 126 note 103 ; *G. Meyer*, dans Ztschft f. deutsche Gesetzgebung, VIII, p. 578, note 79.

de désistement. Par conséquent, la poursuite en fixation de l'indemnité reste dans ce cas immuablement acquise à l'exproprié.

La poursuite en fixation de l'indemnité, que la loi aura permise avant le prononcé de l'expropriation, ne pourra plus être écartée par le désistement de l'entrepreneur, dès que la fixation formelle de l'indemnité a eu lieu ; il en résulte, pour l'adversaire de l'expropriant, un droit absolu d'obtenir l'indemnité fixée. Dès lors, la procédure pour ramener à exécution cette fixation continue malgré un désistement déclaré (44).

Dans tous les cas, même quand il n'y a pas de droit de poursuite au profit du propriétaire, ou que celui-ci n'a pas fait valoir ce droit, le paiement de l'indemnité une fois effectué même spontanément ne pourra pas devenir révocable par suite d'un simple désistement ultérieur de l'expropriation : la cause de l'obligation subsiste, en ce que, de cette manière, l'immeuble reste à la disposition de l'entrepreneur, qui pourra l'acquérir en provoquant le prononcé de l'expropriation ; s'il ne veut pas faire usage de cette faculté, c'est son affaire.

Dans ces cas, le droit de se désister, quoique existant juridiquement et pouvant être exercé, perd naturellement pour l'entrepreneur toute sa valeur (45).

(44) La loi d'expropr. Pruss., § 42 al. 2, par son texte, autorise le propriétaire à poursuivre l'indemnité spécialement dans le cas de désistement ; mais naturellement, cela comprend aussi le cas de retard dans les poursuites. D'après la législation Bav. (comp. la note 42 ci-dessus), le propriétaire pourra même poursuivre la fixation de l'indemnité ; mais ce droit cessera si le désistement est déclaré formellement avant que cette fixation n'ait eu lieu. Dans ce cas, il ne lui sera dû qu'une indemnité pour les restrictions qu'il avait subies par suite de la procédure, conformément à la loi d'expropr., art. 12, al. 3. Après la fixation, il faut que l'exproprié puisse aussi poursuivre le paiement effectif ; sans cela, il n'y aurait pour lui aucune utilité à pouvoir obtenir la fixation. Dès que nous lui reconnaissons ce droit, il est clair qu'un désistement qui se ferait après coup ne pourrait plus le lui enlever.

(45) Mais pour céla on ne devra cependant pas croire, avec *G. Meyer*,

Quand les choses sont arrivées à ce point, il ne se servira, d'ordinaire, du droit de se désister qu'après s'être entendu avec la personne à exproprier, afin que celle-ci ne fasse pas valoir ou ne maintienne pas ses droits à l'indemnité.

Il peut cependant arriver, dans certaines circonstances, que l'entrepreneur se désiste de l'expropriation après le paiement de l'indemnité ou après le moment à partir duquel le propriétaire, en vertu d'un droit de poursuite absolu, peut se procurer l'indemnité. Tel est, par exemple, le cas où l'entreprise entière serait abandonnée ou que, à la suite d'une modification du projet, l'entreprise serait dirigée contre d'autres immeubles et renoncerait définitivement aux conditions qui lui permettaient d'attaquer les immeubles pour lesquels l'indemnité est allouée. Le résultat serait que celui qui aurait dû être exproprié serait à la fois en possession de son immeuble et de l'indemnité. Une obligation de consentir la cession de l'immeuble par les voies du droit civil n'existerait pas; une convention tacite à cette fin ne pourrait pas être admise d'après les prescriptions du § 313 du Code civil qui exige un acte authentique. Mais comme, dans ce cas, la possibilité d'obtenir cet immeuble par la voie de l'expropriation est également enlevée au ci-devant entrepreneur, à mon avis, il s'agit alors effectivement d'un paiement sans cause; par conséquent, la répétition de l'indû doit avoir lieu

dans Wörterbuch, I, p. 359, qu'il serait créé aussi, pendant la procédure, « à la charge de l'expropriant, une obligation de prendre livraison de l'objet de l'expropriation ». C'est la vieille théorie des obligations qui précéderaient l'expropriation. Sous l'influence de cette même idée, *Loebell*, Ges. über d. Enteignung, p. 189, caractérise la situation d'une manière tout à fait fausse, en traitant le désistement comme la violation d'un contrat, et en appelant l'entrepreneur qui se désiste « la partie coupable ». L'entrepreneur a le droit de se désister, et l'autre a le droit de poursuivre et de retenir ce qui a été légalement payé. Il n'y a ici ni obligation réciproque, ni culpabilité.

d'après les principes du Code civil, § 812 ss. Le propriétaire n'aurait cependant pas à restituer purement et simplement le montant de l'indemnité qu'il a touchée. Il ne doit rendre que ce qu'il a en trop, c'est-à-dire l'excédent de cette somme sur tout ce que la procédure d'expropriation a pu entraîner pour lui de dommageable à sa situation de fortune, à son « enrichissement » en un mot.

Le second moyen de protection accordé au propriétaire, c'est *le droit à indemnité pour inaccomplissement de l'expropriation.* Comment ce fait peut-il fournir la base d'une indemnité ? Voici comment les choses se passent. L'introduction d'une instance en expropriation peut causer aux propriétaires intéressés des préjudices pécuniaires considérables, préjudices qui augmentent à mesure que la procédure avance. Ces propriétaires sont mis dans l'incertitude touchant leur état de possession : ils ne peuvent rien entreprendre de nouveau ; ils subissent même des restrictions juridiques dans la disposition de leurs immeubles. Pour tout cela, on leur accordera, à l'accomplissement de l'expropriation, une juste compensation en augmentant en conséquence le montant de la somme d'indemnité. Toutefois, si ce but n'est pas atteint et si l'accomplissement de l'expropriation ne se produit pas, cette compensation n'a pas lieu ; dès lors, une indemnité spéciale sera due (45).

La condition est donc toujours que l'accomplissement du but fasse défaut par suite d'une cessation anticipée de la procédure ; cela peut se faire jusqu'au moment où l'expropriation est achevée, soit par la déclaration du désistement, soit par la déchéance. Ajoutons encore le cas d'une déclaration de nullité

(45) Loi d'expropr. Bav., art. 12 ; loi d'expropr. Pruss., § 42, al. 1 ; loi d'expropr. Sax., § 12, al. 6.

de la procédure ou d'un rejet de la demande de l'entrepreneur poursuivant concernant certains immeubles. Le simple retard de l'entrepreneur ne donne pas lieu à un droit à indemnité. Toutefois, la possibilité qu'a le propriétaire de mener, malgré la déclaration de désistement, la chose au but, du moins en ce qui concerne la question d'indemnité, en se servant du droit de la poursuivre lui-même, n'exclut pas le droit de réclamer l'indemnisation pour cause de désistement. D'un autre côté, le fait de demander cette indemnité implique la renonciation au droit de poursuite.

La raison et la nature juridique de l'indemnité pour cause d'inaccomplissement de l'expropriation sont exactement les mêmes que celles de l'indemnité pour l'expropriation accomplie. Il ne s'agit ni de délit, ni de faute ; il suffit que le propriétaire ait eu à subir un sacrifice au profit d'une entreprise publique. L'institution de l'indemnité de droit public garantit, dans ce cas, une compensation équitable (46).

3) Après l'accomplissement des procédures d'expropriation et d'indemnisation se trouve encore, comme dernière suite et conséquence, le droit de réacquisition de l'exproprié. L'idée qui sert de point de départ est que l'exproprié peut avoir intérêt à conserver son immeuble, intérêt qui n'est pas couvert par l'indemnité qui lui a été allouée. Dès lors, si, après coup, disparaît l'intérêt public auquel cet autre intérêt a dû céder, il peut sembler juste de lui ouvrir la possibilité d'une réacquisition. Tel sera le cas lors-

(46) Le droit à indemnité, d'après la législation allemande, se poursuit régulièrement par la voie de droit ordinaire, c'est-à-dire devant les tribunaux civils, comme cela a lieu pour les indemnités dépendant du droit public en général (comp. t. I, § 16, II). Les règles particulières concernant la compétence et les formes de la procédure, qui ont été prescrites pour l'indemnité d'expropriation, ne trouvent pas à s'appliquer à ces questions.

que l'entreprise pour laquelle l'expropriation a eu lieu n'est pas exécutée, ou lorsque, en fait, il n'est pas fait usage de cet immeuble. L'expropriation n'est pas révoquée de plein droit ; mais il se peut que la loi ait créé, au profit de l'exproprié, des moyens pour en faire cesser les effets (47). Cela se produit de deux manières.

La première consiste à établir un simple *droit de préemption légale.* On suppose que l'entrepreneur, n'ayant pas besoin de l'immeuble, cherche à l'aliéner, par conséquent à conclure une vente de droit civil. L'ancien propriétaire ou celui qui, dans la propriété du restant de l'immeuble dont on a exproprié une partie, est à sa place en qualité d'héritier ou d'ayant droit à titre particulier, pourra entrer dans ce contrat comme acheteur. On suit les règles ordinaires des droits de préemption du Code civil, § 1094 ss. L'expropriation qui a précédé ne sera plus touchée en elle-même ; elle ne forme qu'une condition matérielle pour qu'il y ait lieu au droit de préemption (48).

(47) *G. Meyer*, R. der Expropr., p. 264, admet, dans ces circonstances, un droit de réquisition qui irait de soi : « Ce droit de répétition résulte de l'expropriation même ; par conséquent, il n'a pas besoin d'être reconnu expressément par la législation particulière ». En ce sens, *Grünhut*, Ent. R., p. 162 ss., *Schelcher*, Rechtswirkungen, p. 176, imagine une institution de la « révocation par l'Etat de l'expropriation effectuée », par laquelle l'Etat pourrait, « en vertu de son droit de supériorité, déclarer l'entrepreneur qui n'a pas besoin de l'immeuble exproprié, déchu de cette propriété, pour l'attribuer de nouveau à l'exproprié, qui désire la ravoir ». Cela doit également s'entendre de soi, et l'auteur le considère directement comme faisant partie du droit existant (l. c., p. 180). Mais on ne peut voir là que de bonnes idées *de lege ferenda*.

(48) On trouvera des exemples de ces droits de préemption dans la loi d'expropr. Bad. de 1835, § 80 ; loi d'expropr. Sax. de 1855, § 7 ; loi de 1902, § 88 ; loi d'expropr. Pruss. de 1874, § 57. *G. Meyer*, R. der Expropr., p. 269 : « Ce n'est pas un droit résultant directement des principes généraux de l'expropriation ; dès lors, il ne peut être considéré comme existant que dans le cas où la législation particulière l'aura reconnu expressément ».

En outre, il y a le droit de *réacquisition* proprement dit, la « ré-expropriation » comme on a voulu l'appeler. C'est le droit de faire révoquer l'expropriation ; cela rentre donc dans la sphère de cette institution et appartient, comme l'expropriation, au domaine du droit public (49).

Cela suppose que l'immeuble exproprié en fait n'est pas employé à l'entreprise publique (50).

Le droit appartient à l'exproprié ou à celui qui occupe sa place au sens que nous venons d'exposer (51).

La révocation s'opère alors sur la demande de l'intéressé par un décret de l'autorité. En règle, c'est l'autorité d'expropriation qui est compétente. Le décret a le caractère d'une décision ; il n'y a qu'à

(49) *Thiel*, das Expropr. R., p. 61 et ss., appelle cela un droit de « réexpropriation » ou de « réappropriation » ; *Seydel*, Bayr. St. R., III, p. 642, un « Wiederenteignungsrecht » (traduction littérale de droit de réexpropriation). Il faut citer ici surtout la loi d'expropr. Bav., art. XII, al. 4, et la loi Française de 1841, art 62. Cette dernière fait une application extensive du principe contenu déjà dans la loi d'expropr. du 7 juillet 1833. *Grünhut*, Ent. R., p. 162 ss., expose cette matière d'une manière très explicite, en reproduisant les thèses de la doctrine française comme des règles qui auraient une autorité universelle et qui proviendraient de la nature même des choses. La loi d'expr. Sax., § 83, établit un droit de réacquisition « pour non-emploi », à côté du droit de préemption sanctionné par le § 88.

(50) La loi peut déterminer; selon son bon plaisir, les faits qui donneront lieu à ce droit : ici tout est le bienfait de la loi ; rien ne s'impose comme exigé par la nature des choses. Ainsi la loi Bavaroise exige que l'entreprise entière ait cessé ; le fait que l'un ou l'autre des immeubles n'a pas été employé, ne donne aucun droit (*Hartmann*. Ges. über die Zwangsabtretung, p. 63 note). La loi d'expropr. Sax. § 83, est plus large. D'un autre côté, il peut suffire, pour exclure le droit de réacquisition, que l'immeuble soit utilisé par une entreprise publique autre que celle en vue de laquelle l'expropriation a eu lieu : il y a, à cet égard, une différence entre la législation de la Bavière et celle de la France (*Grünhut*, Ent. R., p. 166). La révocation s'applique-t-elle seulement à une véritable expropriation ou embrasse-t-elle également le cas d'une cession faite au cours de la procédure ? C'est une question d'interprétation de la loi ; la loi peut vouloir l'un aussi bien que l'autre. Comp. *Grünhut*, l. c., p. 163.

(51) *Grünhut*, Ent. R., p. 166 ; *de Lalleau*, Traité de l'expropr. II, n. 1145. Loi d'expropr. Sax., § 84, 85 ; *Schelcher*, Comment., p. 453.

appliquer au cas spécial et à déclarer ce que la loi a voulu (52).

L'effet du décret qui admet la demande est de faire rentrer le demandeur dans la propriété de l'immeuble, à charge pour lui d'en restituer la valeur. Cette valeur peut être représentée par la somme qui a été perçue originairement à titre d'indemnité ; la loi peut aussi ordonner une nouvelle procédure pour fixer la somme à restituer dans les mêmes formes que celles qui ont été observées pour fixer l'indemnité de l'expropriation même (53).

La ré-expropriation ainsi que la fixation de ré-indemnisation peuvent encore être remplacées par des conventions de droit civil, soit l'une ou l'autre, soit toutes les deux à la fois, tout comme dans la procédure originaire qui agissait en sens inverse.

(52) *Schelcher*, Rechtswirkungen, p. 176, exige, au nom de l'institution qu'il déduit de la nature des choses, que la réexpropriation soit prononcée par un acte de libre appréciation, comme l'expropriation elle-même ; il y aurait ainsi une harmonie complète. Mais tandis que l'expropriation décrète que l'intérêt public exige tel ou tel immeuble, la réexpropriation, telle qu'elle a été créée par le droit positif, déclare que l'immeuble en question est devenu libre par le fait que l'entreprise publique qui l'avait réclamé, n'a pas été mise en œuvre ou ne l'a pas employé à son service. Ce ne sont pas des questions de libre appréciation. — Sur la question de compétence, *Hartmann*, Ges. über d. Zwangsabtretung, p. 62, note 4 : « Devant quelle autorité doit-on poursuivre ce droit? Cela n'a été déterminé par aucune disposition spéciale de la loi. Mais il est évident que le droit de réacquisition, c'est-à-dire la question de savoir si les conditions de la réacquisition sont remplies, ne pourra être jugée que par les tribunaux administratifs, c'est-à-dire par le gouvernement du district et la cour administrative ; par conséquent, par les mêmes autorités qui avaient à statuer sur la question de l'obligation de céder l'immeuble ». C'est la conséquence logique de la nature même de la réacquisition. Le droit français renvoie la réacquisition devant les tribunaux civils ; cela se comprend ; d'après le droit français, les tribunaux civils sont devenus compétents pour toutes les affaires concernant l'expropriation, par exception et contrairement aux principes généraux qui leur refuseraient cette compétence : Cass., 29 mai 1867, *Dalloz*, 1867, I, p. 297 ; *ma* Theorie d. franz. V. R., p. 236.

(53) Loi d'expropr. Bav., art. 1., al. 4 : loi d'expropr. française de 1841, art. 60 ; loi d'expropr. Sax., § 84, al. 2.

§ 35

Le domaine public ; définition et détermination.

Certaines choses corporelles manifestent, par leur état extérieur même, une destination spéciale à servir à la communauté, à l'intérêt public. Nous citerons les voies publiques, les fleuves, les fortifications. On les appelle des *choses publiques*. Leur destination ne permet pas qu'elles soient dans la puissance d'un particulier qui en disposerait selon ses intérêts personnels; en conséquence, elles sont soustraites au commerce ordinaire du droit privé. D'un autre côté, leur destination d'intérêt public les place dans une dépendance spéciale de la puissance publique, de l'Etat. Cette dépendance peut trouver son expression dans la forme de la propriété publique ou du domaine public, dont nous allons parler. Du moins, dans l'état actuel du droit administratif, le domaine public en offre la forme la plus importante et la plus parfaite. Cela ne veut pas dire qu'elle soit appliquée exclusivement, encore moins que cette notion du domaine public ait existé de tout temps.

I. — Pour y voir clair dans le conflit des systèmes qui, aujourd'hui encore, se produisent sur cette théorie, il faut essayer de nous rendre compte du développement historique de la notion du domaine public. Ainsi que nous allons le voir, ce qui ne cesse pas de troubler cette notion, ce sont uniquement les réminiscences des étapes par lesquelles elle a successivement passé. D'ailleurs, il n'y a pas là un fait isolé dans la science encore si jeune et si peu consolidée du droit administratif.

1) Le point de départ est un état social dans lequel il y a déjà des choses publiques, mais dans lequel l'idée d'un domaine public, de cette propriété d'un caractère spécial, ne peut pas encore se révéler : il y manque le sujet dont le domaine doit dépendre, la *personne morale du droit public* (1).

Il était conforme à la nature du développement de la société que le droit des choses publiques dût trouver sa première détermination juridique dans la forme sociale primitive de la réalisation d'intérêts publics, c'est-à-dire dans les *communautés rurales*. Ce ne sont pas des communes dans le sens actuel, ce sont des associations (*Genossenschaften*) dans lesquelles les droits des individus et ceux de leur union s'enchevêtrent, prévalent l'un ou l'autre alternativement, selon les objets. Ces associations possèdent, cela va sans dire, des voies, des routes, des places. Les terrains qui y sont affectés sont des communaux (*Allmend*), qui n'appartiennent à aucun individu en particulier, qui appartiennent à la totalité des individus et qui sont affectés à la communication de tous. Le chef de l'association, disons l'autorité communale, veille sur leur entretien et sur le bon ordre de l'usage qu'on en fait. Le droit sur ces choses ne se manifeste donc que sous deux formes : l'usage de tous et la surveillance de l'autorité (2).

(1) L'idée de la personnalité morale de la communauté n'appartient qu'à une époque déjà avancée ; cela semble être hors de contestation ; comp. au tome IV, le § 55 ci-dessous. *Gierke*, dans son grand ouvrage, Das deutsche Genossenschaftsrecht, a démontré d'une manière très claire comment le développement historique s'est fait à cet égard. Pour la formation du droit des choses qui dépend de cette idée de personnalité, nous trouverons les développements qui doivent nous guider surtout dans le tome second de son ouvrage.

(2) *Gierke*, l. c., II, p. 229 (usage de tous aux voies, places, ponts,

La *cité* naissante donne lieu à une plus grande variété d'institutions du même caractère. Des fontaines, des foires, des lavoirs sont soumis à l'usage de tous. Mais même sans l'usage de tous, la chose peut servir à leur universalité : les portes, les remparts sont aussi, dès l'origine, considérés comme communaux (3).

Toutefois, au-dessus des communautés locales, s'est constituée la puissance des *princes*, des rois d'abord, puis de leurs fonctionnaires émancipés, des princes secondaires de l'Empire. Ce n'est pas encore la puissance d'Etat; c'est une collection de droits appartenant au prince en personne. Parmi ces droits figure la police de sûreté pour les grandes voies de communication, routes et fleuves (*geleitsrecht*). Le prince réclame aussi pour lui la propriété des choses qui n'ont pas de propriétaire; à ce titre, les routes, dès qu'elles sont un peu formées, les ponts et tous leurs accessoires deviennent les choses du prince. L'usage de tous continue à subsister. Le droit du prince s'accentue de plus en plus, mais laisse intacte cette affectation nécessaire : le droit de supériorité relative aux routes (*Wegehoheit*) ou aux fleuves (*Wasserhoheit*) comprend le droit de construire des routes et de les supprimer, de régler le cours des fleuves, d'en réglementer l'usage, de faire la police en ces matières

et premiers commencements d'un pouvoir de police de la communauté) ; p. 235 note 169 (les voies, passerelles, places, pâturages, etc., figurent déjà dans les anciennes « tables des accessoires » (*Pertinenzformeln*) comme faisant partie des communaux).

(3) *Gierke*, l. c., II, p. 667 (« Le droit de la communauté trouva son centre et sa plus forte expression dans le droit aux terres indivises, à savoir, dans la ville même, les rues, places, fortifications et généralement tous les immeubles destinés à l'usage de tous, et, dans la banlieue, les chemins et les eaux ») ; p. 670, 677, 678 note 15 (les rues, places, ponts, etc., sont souvent désignés expressément comme communaux). Sur le point de savoir comment bientôt apparut l'idée d'une personnalité morale de la ville à laquelle appartiendrait la propriété de ces choses, comp. le texte et la note 8 ci-dessous.

ainsi que le droit de frapper de droits et de taxes les personnes qui s'en servent ; à certaines époques, ce dernier point joue le rôle principal (4).

Lorsque l'État moderne arriva à se former dans les différents territoires allemands, la science du droit commença aussi à s'occuper des choses publiques. C'est au *droit romain* que l'on emprunta les cadres dans lesquels on voulait faire entrer tout cela. Le résultat fut une grande controverse sur la propriété de ces choses.

Certains auteurs maintiennent le *statu quo* au profit de la propriété du *prince* ; ils cherchent seulement à fortifier cette situation par des arguments tirés du droit romain ; le prince occupe, chez nous, la place du *populus Romanus* ; il possède, par conséquent, les routes, fleuves, ponts et autres choses publiques au même titre que, dans le droit romain, les possédait le peuple souverain ; l'usage de tous ne repose que sur une permission de ce propriétaire (5).

A côté de cette théorie, existe une tendance à s'attacher d'une manière plus étroite au modèle romain ; on réclame les choses publiques pour le peuple, dont le droit se manifeste par l'*usage de tous*. Cet usage, affirme-t-on, est l'essentiel ; il absorbe le

(4) *Pütter*, Instit., § 336 ; *Kreittmayr*, St. R., § 16 ; *Häberlin*, St. R., III, p. 5 ss.

(5) *Leyser*, Medit. ad pond., I, sp. XXV, I : Les *publicae res*, d'après le droit romain, sont celles « *quarum proprietas et usus ad integram populum spectat. Quae definitio statui democratico qualis ante Augustum Roma fuit optime convenit* ». En Allemagne, « *secundum statum monarchicum* », il faut les désigner de la manière correspondante, à savoir celles « *quorum proprietas liberaque de iis dispositio ad Principem pertinet, usus vero ad eos omnes quibus princeps illum concessit* ». — *Ahaso Fritsch*, Opusc. var. P. I, tract. XIV, c. III, § 1 : *Vias publicas subjectas esse potestati politiae*. Le point de départ, c'est, pour lui, la thèse : « *vias publicas olim populi Romani fuisse quoad proprietatem* ». Il en résulte : « *Cum igitur hodie summus princeps representat populum secundum nostrae reipublicae formam, idem jure populi quoque utitur. Unde vias publicas per regnum teutonicum proprietate et imperio regis esse Germanorum* ».

droit sur la chose en entier ; ce qui reste au prince, ce n'est qu'un droit de surveillance (6).

Mais la doctrine ne pouvait pas en rester là. Le peuple, comme tel, s'était trop effacé dans la réalité de la vie publique, pour pouvoir être considéré comme un propriétaire sérieux ; et l'usage de tous ne pouvait pas remplacer le peuple dans ce rôle sans une fiction trop fantaisiste. En conséquence, on se décida à reconnaître nettement que les routes, fleuves et autres choses soumises à l'usage de tous sont et restent des *res nullius*, sous la surveillance et sous la protection spéciale du prince. C'est l'opinion qui semble avoir prévalu à la fin de cette époque (7).

Quelle qu'ait été la construction donnée à la situation juridique de ces choses, l'application du droit romain avait toujours pour résultat de leur reconnaître une qualité spéciale, d'une importance sérieuse au point de vue du droit ; on paraît être unanime à les considérer comme des *res extra commercium*. Le principe de l'inaliénabilité des choses

(6) En ce sens *Struve*, Syntagma cum addit. Müll. exerc. 45 thes. 55, où il est dit des chemins publics : « *spiritum quasi ac vitam potius ab usu publico quam ab autoritate principis habere videntur* ». C'est la même conception qui se cache derrière les expressions un peu obscures de *P. Heiz* dans *Fritsch*, jus fluv., I, p. 173 (cité par *Schwab* dans Arch. f. civ Pr., 30 suppl., p. 37) : le prince a la *jurisdictio* sur le fleuve public ; malgré cela, le fleuve public reste « *publicum* » et « *res populi* » ; cela veut dire : destiné à l'usage de tous. Pour les juristes de l'époque de l'absolutisme, ce qu'ils appellent « le peuple » n'apparaît guère autrement que par l'usage de tous.

(7) Comp. les auteurs cités par *Schwab* dans Arch. f. civ. Pr., 30 suppl., p. 39, notes 59 ss. Surtout *Wesembec* dans *Fritsch*, l. c., II, p. 89 : « *Publica flumina non sunt in commercio nec alicujus vel proprietate vel usu, sed jure gentium publicis usibus omnium serviunt, proprietate vero sunt nullius, quamvis quoad protectionem ad principem spectent* ». Ici les trois choses sont clairement distinguées : la propriété n'est à personne ; la chose sert, en vertu du droit naturel, à l'usage de tous ; le prince n'a que la protection. *Fritsch*, opuscula. I 14 tractatus de regali viarum publicarum jure, cap. III, n. 4, applique ce même système aux chemins publics : « *unde earum proprietas nullius est usus autem omnium, quam ob causam appellantur publicae ; ac propterea protectio illarum pertinet ad summum principem* ».

publiques s'est établi ; ou plutôt, afin d'adapter la règle à leur qualité de choses sans maître, elles sont déclarées non susceptibles de devenir l'objet d'un droit de propriété quelconque.

2) Le développement de l'idée de l'*Etat comme personne morale* devait apporter à ces conceptions de profonds changements. Cet être abstrait, qui représentait par les actes de volonté accomplis en son nom la chose commune, devient le centre naturel de tous les droits et pouvoirs qui doivent être exercés dans l'intérêt de la chose publique. Au-dessous se rangent, avec une destination analogue, des personnes morales secondaires du droit public. Les choses publiques deviennent la propriété de ces sujets de droit.

C'est dans les *villes libres*, — dans lesquelles, en général, se faisait comme dans des serres l'éclosion des nouvelles idées politiques — que cette transformation commença à s'opérer. Les rues, fontaines, remparts, postes se détachent du droit des citoyens pris en tant qu'individus et en tant qu'association, pour être considérés comme propriétés de la ville comme telle, distincte des individus, sujet de droit spécial, indépendant d'eux et leur supérieur (8). Les communautés rurales se maintiennent longtemps dans les institutions primitives. L'ère nouvelle s'ouvre définitivement lorsque les territoires des princes sont gagnés au nouveau courant d'idées, lorsque, derrière la personne du prince, surgit la *personne morale de l'Etat*, dont il sera désormais le premier représentant. L'Etat remplace le prince dans sa qualité de propriétaire des choses publiques ; cela va de soi. Mais ce nouveau maître exerce aussi sa force attractive à l'encontre de ce fantôme qu'était le droit du

(8) Pour les détails comp. *Gierke*, Gen. R., II, p. 748.

peuple entier et qui se manifeste par l'usage de tous ; il le fait définitivement disparaître. L'idée de la *res nullius* succombe également ; cette idée, il est vrai, ne s'efface pas sans hésitations, transactions dilatoires, ni même sans rechutes.

Enfin la *législation positive* intervient pour consacrer le résultat acquis. C'est surtout à l'occasion des grandes codifications du droit civil de la fin du XVIIIe et du commencement du XIXe siècle, que la matière a été réglée en ce sens. Les choses publiques sont déclarées la propriété générale de l'Etat, le *domaine public*, le bien public, la propriété de l'Etat proprement dite (9).

Ainsi les choses publiques perdent leur caractère ambigu ; elles cessent d'être tiraillées en sens contraires par la compétition des différents intérêts. Elles sont fixées quant à la personne dont elles dépendent ; dès lors, les efforts de la doctrine prennent une autre direction. Cette personne, l'Etat ou le corps d'administration propre qui le remplace, a, à côté d'elle, d'autres propriétés ; la propriété des choses publiques s'en distingue par un *caractère juridique spécial*. Et c'est sous un double point de vue que cette spécialité se manifeste : par sa cause et par ses effets. D'un côté, cette spécialité dépend de la *destination*, qui leur est propre, de servir directement à un certain but d'utilité publique. Cette destination est l'œuvre de la volonté du propriétaire qui la leur confère ou, tout au moins, la leur maintient. Par conséquent, l'usage de tous n'est plus la forme unique par laquelle peut s'affirmer le caractère spécial d'une chose publique ;

(9) A. L. R., II, 14 § 21 : « Les grandes routes, les fleuves navigables par nature, les rivages de la mer sont la propriété générale de l'Etat ». Bayr. L. R., II, 1, 5 et Gem. Ed. de 1808, § 15-17 ; Code civil Français, art. 538 ; Oestr. Ges. B., § 287 ; Saxe, Ord. du 7 oct. 1800, n. 2.

la chose publique n'a plus besoin de cette espèce de mysticisme démocratique dont on l'entourait au moyen de cette destination spéciale. Il suffit que le but de l'intérêt public se réalise par elle d'une façon équivalente ; peu importe que l'usage de tous en soit exclu.

D'un autre côté, la chose publique diffère de toutes les autres choses qui peuvent appartenir à un propriétaire, par la qualité de *res extra commercium* que lui donne cette distinction : elle ne peut pas être aliénée, ni acquise par prescription, ni être grevée de servitudes ou d'autres droits réels ; les servitudes légales ne la frappent pas. Elle jouit d'une situation tout à fait exceptionnelle *au point de vue de l'application du droit civil.*

La conception de cette propriété reçoit, dès le début, son expression déterminée par la formule générale propre à l'époque du régime de la police (Comp. t. I, § 4, III, n. 2). Cette distinction de deux personnes différentes qui sont réunies dans l'Etat, — distinction qui domine toutes les institutions du droit public, dès qu'il s'agit de valeurs réelles et de relations pécuniaires, — s'empare aussi de la théorie des choses publiques : on y distingue un côté appartenant au droit civil et un autre côté appartenant au droit public, et l'on attribue l'un et l'autre côté à la manifestation correspondante de la personne morale Etat, à savoir le Fisc ou l'Etat proprement dit.

Dès lors, le véritable propriétaire de la chose publique, c'est le *Fisc* ; elle lui appartient comme à un simple particulier, selon les règles du droit civil, en propriété privée.

Mais il y a, à côté du Fisc, ou plutôt au-dessus du Fisc, l'*Etat proprement dit* qui s'occupe aussi de ces choses et qui leur donne par cela même un caractère particulier. Tandis que le Fisc, suivant ses tendances égoïstes, est toujours tenté de se servir de sa propriété dans un intérêt pécuniaire, l'Etat veille à ce que ces choses soient maintenues dans leur destination d'intérêt public. Il impose au Fisc la charge de pourvoir à leur entretien convenable, lui défend l'aliénation qu'il déclare nulle d'avance au point de vue du droit civil, de même qu'il refuse aux autres particuliers, par une disposition analogue du droit civil, d'en acquérir soit la propriété soit d'autres droits réels par la voie de la prescription; par son pouvoir de police, il leur défend de troubler le service de ces choses d'une façon quelconque ; mais, d'un autre côté, il leur garantit que l'usage de tous sera bien réglé; le propriétaire, le Fisc, est forcé par l'Etat de souffrir cet usage ; l'Etat peut même, par une *lex specialis*, y constituer des droits d'usage particuliers et les concéder, malgré le propriétaire, dans un intérêt supérieur. Voilà donc la part du droit public dans la réglementation de ces choses (10).

(10) Au droit du Fisc, qui est un droit de propriété privée, correspond sur la même chose le droit de l'Etat qui est un *droit de supériorité*. On le désigne spécialement comme « droit de supériorité concernant les chemins » (Wegehoheit) : *Kreittmayr*, St. R., §§ 13, 16 ; *Klüber*, öff. R., §§ 408, 410. — *Wappäus*, Dem Rechtsverkehr entzogene Sachen p. 43 : les choses publiques doivent, à perpétuité, profiter à tous les citoyens , « par conséquent, l'Etat, en vertu de son droit de supériorité, défend au propriétaire (et il pourra l'être lui-même en sa qualité de fisc), quand une fois il a destiné sa chose *ad usum publicum*, d'exercer sa propriété en tant que cela pourra être considéré comme préjudiciable à cette utilité générale ». — Bl. f. adm. Pr. 1870, p. 324 ss. : Les chemins publics sont la propriété du fisc et « une propriété privée en toute réalité » ; le fisc peut l'aliéner et la grever de charges comme toute autre propriété. Mais la chose a aussi un côté qui dépend de la police : la route servant à un but de l'Etat, le ministre compétent (qui représente l'Etat vis-à-vis du fisc) décidera ce que le Fisc aura à faire ou à laisser faire. — Comp. aussi O. Pr. 18 juillet 1861 (Str. 42, p. 288). Ces idées sont surtout exposées avec une netteté remarquable, en 1880 encore, par le Tribunal de l'Empire, arrêt du 25 févr. 1880 (Samml., I, p. 366) : les rivages de la mer sont des *res publicae*, propriété générale de l'Etat ; ils appartiennent donc bien à la sphère de la propriété fiscale, qui a le caractère du droit privé ; mais cette propriété est restreinte au profit de l'usage public, « en vertu de

C'est là une conception de la chose publique complète et vigoureusement construite ; on ne saurait le nier. Seulement il ne faudrait pas non plus se faire illusion : elle repose entièrement sur cette singulière fiction d'une personnalité double de l'Etat, c'est-à-dire de ce que nous appelons la théorie du Fisc. Otez le Fisc et toute l'harmonie est détruite ; il ne restera que des débris de la notion de propriété publique ; il manque soit l'élément de propriété, soit l'élément de droit public ; comme les deux idées semblent s'exclure, c'était seulement la combinaison du Fisc et de l'Etat qui pouvait les réunir extérieurement dans un effet juridique commun.

Nous voyons peu à peu se faire la décomposition de tout ce système.

Il y a eu, tout d'abord, des auteurs qui, tout en acceptant encore en principe la double personnalité de l'Etat, ne voulaient cependant pas admettre que le Fisc pût jouer un rôle quelconque dans la question des choses publiques ; on aurait craint de troubler la pureté des intérêts publics qui s'y incorporent, en n'écartant pas cet être toujours suspect au point de vue du désintéressement. Il ne reste alors que l'Etat proprement dit, l'Etat comme puissance publique ; il sera exclusivement le maître de ces choses. Mais l'Etat, d'après la doctrine, à l'inverse du Fisc, ne daigne pas être propriétaire ; s'il a besoin de propriété, il faut que le Fisc lui vienne en aide ; l'Etat lui-même en est incapable. Alors, une fois le Fisc éliminé de la shpère des choses publiques, celles-ci redeviennent par cela même des *res nullius*. C'est d'une

la supériorité de l'Etat, qui est de droit public » (publicistische Staatshoheit). Si le « Fiscus », en tant que propriétaire, empêche l'usage public, les intéressés devront « s'adresser à l'administration de l'Etat pour y faire remédier ».

logique inévitable ; et les auteurs ne manquent pas de s'y conformer (11).

(11) *Wappäus*, qui suit encore la théorie du fisc, établit déjà le principe d'après lequel on décidera sur le sort de la chose, lorsqu'elle ne devra plus appartenir à cet Etat de deuxième classe ; l. c. p. 103 : « L'Etat exerce-t-il sa propriété (qu'il a sur les choses publiques) ? Nous répondons : oui. Il ne le fait pas comme Etat proprement dit ; car l'Etat proprement dit ne peut pas accomplir des actes de propriétaire, il ne peut que commander et défendre ; c'est comme sujet d'intérêts pécuniaires, comme fisc, qu'il exerce sa propriété ». — *Schwab*, dans Arch. f. civil Pr., 30 suppl., se met en présence de cette éventualité. Il a nié énergiquement toute propriété fiscale sur les fleuves publics ; ils doivent être la propriété de l'Etat dans le sens strict et proprement dit (p. 32, 95). Mais cette prétendue propriété perd, pour lui, immédiatement toute consistance. Tout ce qui appartient à l'Etat en droits sur ces choses, dit-il, est déjà compris « dans le pouvoir souverain, comme ensemble des droits de supériorité essentiels » ; il ne serait donc pas nécessaire « de chercher encore un titre spécial dans la propriété publique ». Seulement il ne voit pas « pourquoi on ne devrait pas aussi pouvoir invoquer spécialement, pour ces droits, à côté de ce fondement général, le titre de propriété » ; sans cela, la propriété de l'Etat paraîtrait « trop vide et négative » (l. c. p. 57 note 80). Il ajoute : « Il est vrai que la propriété publique, par sa nature, donne à l'Etat plutôt un droit de police pour surveiller, régler et restreindre les citoyens, qu'un droit de disposer exclusivement de la chose, comme la propriété privée » (p. 58 note 81). On voit que *Schwab* n'arrive pas à attribuer à l'Etat proprement dit sur la chose publique plus de droits qu'il n'en avait auparavant vis-à-vis du fisc, lorsque ce dernier était encore considéré comme propriétaire. S'il en est ainsi, la sincérité semble exiger qu'on dise plutôt : cette propriété n'est pas une propriété. C'est ce que fait le Tribunal de l'Empire. Et cela est d'autant plus remarquable qu'il s'agit d'interpréter le droit civil de la Prusse, pour lequel A. L. R., II, 14 § 21, comme nous l'avons vu à la note 9 ci-dessus, avait déclaré très nettement les choses publiques propriété de l'Etat Le Tribunal supérieur de la Prusse avait décidé mainte fois — il y a des décisions en sens contraire, il est vrai — que la chose publique, tout en étant dans la « propriété générale » de l'Etat, n'est pas une *res fisci*. R. G., 23 sept. 1880 (Samml., III, p. 232), approuvant cette opinion, décide en conséquence : le lit d'un fleuve « est, d'après A. L. R. II, 14 § 21, la propriété générale de l'Etat, donc *res communis omnium*, une *res nullius* et par conséquent une *res publica* ». Voilà un singulier amas d'idées. — R. G., 10 févr. 1881 (Samml., IV, p. 258) : Le fisc avait fait extraire une roche du lit d'un fleuve navigable ; un riverain lui avait contesté le droit de le faire. Le Tribunal de l'Empire déclare : « Il est vrai que la propriété générale de l'Etat, exclut la propriété spéciale d'un individu sur le fleuve et sur le lit qui en est une partie »..... : « par conséquent personne n'a un droit de propriété privée sur le lit du fleuve, ni le fisc, ni les riverains. Cependant tout le monde a le droit de s'approprier les pierres qui se trouvent dans le fleuve, « le fisc compris ». Si la propriété générale de l'Etat exclut du lit du fleuve la propriété de

Vient ensuite un moment où la doctrine commence à se dégager complètement de ce dédoublement de l'Etat, qu'impliquait l'ancienne idée du Fisc ; le Fisc, en tant que personne distincte de l'Etat, disparaît non seulement pour les choses publiques, mais d'une manière générale. La conséquence directe est la nécessité de reconnaître que l'Etat lui-même, maintenant seul, est capable d'être propriétaire ; il ne peut pas faire toute sa besogne avec des *res nullius*. Cela admis, il n'y a plus aucun motif de lui refuser la propriété des choses publiques. Il en redevient le propriétaire. Cette propriété est, par nature, la même que pour toutes les autres choses pouvant lui appartenir ; il n'y a que des différences extérieures, résultant de la destination respective donnée à ces choses. On admet généralement, pour tout ce qui appartient à l'Etat, la distinction en *biens fiscaux (Finanzvermögen)* et *biens administratifs* (*Verwaltungsvermögen*) ; les premiers ne comptent que comme valeurs pécuniaires ou productifs de valeurs pécuniaires ; les seconds sont affectés à un service quelconque de l'administration pour être employés directement dans un but d'utilité publique. Les choses publiques, dans leur conception traditionnelle, appartiennent à cette seconde catégorie.

On a essayé de leur assigner une place à part, en insistant sur le caractère spécial qui les distingue des autres biens administratifs. Ce caractère spécial, il est vrai, on ne le leur reconnaît que dans le cas où elles servent à l'usage de tous (rues, fleuves, pont, etc.). On n'est pas d'accord sur ce que, juridiquement, doit signifier cet usage de tous ; tantôt on y voit une sim-

tout individu, tout au moins, dirait-on, ne devrait-elle pas exclure la propriété de l'Etat lui-même. Mais l'Etat du Tribunal de l'Empire, c'est « l'Etat proprement dit », la pure puissance publique, au sens des doctrines du régime de la police : cet Etat, comme *Wappäus* l'a très bien dit, ne peut pas avoir de propriété. Alors intervient le fisc, ce réaliste, pour tirer à son profit les rochers de son lit !

ple destination donnée à sa chose par le propriétaire ; tantôt on le considère comme la manifestation, sur la chose, d'un droit qui appartient à tous les citoyens individuellement. On essaie aussi d'user de ce caractère pour affirmer l'existence d'une espèce de lien entre la chose publique et le droit public : l'usage de tous serait une « restriction » imposée par le droit public. Cette formule peu claire et qui, au point de vue pratique ne dit rien du tout, est le dernier vestige de la part qui appartient au droit public ; la chose publique est essentiellement une propriété du droit privé. La seule conséquence juridique qu'on puisse déduire pour elle du fait qu'elle sert à l'usage de tous et qui ait une certaine importance, c'est l'inaliénabilité et l'imprescriptibilité. Mais c'est encore une règle de droit civil (12).

3) Jusqu'ici c'était la science du droit civil, qui réglait presqu'exclusivement le régime des choses publiques. Son dernier mot, comme nous venons de

(12) *Stobbe*, Deutsch. Pr. R., I, p. 600 ; *Windscheid* (Kipp), Pand. I, p. 636 ; *Dernburg*, Preuss. Priv. R., I, p. 138 ; *le même*, Pand., I, p. 168 ; *Förster-Eccius*, Preuss. Priv. R., III, § 159, n. 4, § 177, n. 13 ; *Kappeler*, Oeffentl. Wasserlaufe, p. 17 ; *Bekker*, Pand., I, p. 345 ; *Ubbelohde*, Comment. du livre 43, p. 68 ; *Regelsberger*, Pand., I, p. 425. On pourrait citer encore beaucoup d'autres auteurs, car c'est à peu près l'opinion de tous ceux qui traitent du droit civil avant la promulgation du Code de l'Empire. Qu'il s'agisse d'une question de droit civil, cela pour eux ne fait aucun doute. Que la doctrine du droit civil éprouve cependant quelque embarras pour faire entrer cette matière dans ses cadres, cela saute aux yeux. Elle ne vit que d'expédients et de fictions. Nous ne perdrons pas notre temps à relever toutes ces impossibilités.

Du reste, les choses publiques n'ont pas toutes le même régime. On a voulu faire des distinctions et appliquer à une partie seulement la doctrine de la propriété privée de l'Etat, singulièrement restreinte. Pour certaines choses, au contraire, on conservait l'autre conception qui résultait de la décomposition de l'ancienne doctrine du Fisc ; on déclarait les choses *res nullius*, en dépit même des textes de loi qui les attribuaient à l'Etat. C'était surtout le sort des fleuves publics : *Gerber*, Deutsch. Pr. R., § 62 et 63 ; *Stobbe*, Deutsch. Pr. R., § 64, I et II ; *Regelsberger*, Pand., I, p. 425. Il y avait déjà pour cela une certaine tradition ; Comp. *Wappäus*, Dem Rechtsverkehr entzogene Sachen § 21. Tout cela ne devrait avoir qu'un intérêt historique.

le voir, c'est l'ambiguité et l'incertitude. Il n'y a, dans le passé, que deux systèmes qui aient quelque valeur : le système primitif, qui ignore la distinction du droit civil et du droit public ; et le système qui, par la juxtaposition du Fisc et de l'Etat, s'efforçait de concilier, dans une même institution, des éléments de droit civil et de droit public. L'avenir appartient à un troisième système qui répond aux idées générales de notre *doctrine du droit administratif moderne*. Cette doctrine commence par éliminer nettement tous les vestiges de l'ancienne doctrine du Fisc qui caractérise le régime de la police. La puissance publique, agissant seule et sans partenaire officieux pour les choses qui touchent au droit civil, voilà son objet ; elle voit cette puissance publique se manifester dans une grande variété de formes qui commencent à se développer ou qui avaient été cachées jusqu'alors par le voile du droit civil prédominant. L'une de ces formes, c'est la propriété de l'Etat sur les choses publiques.

L'idée n'est pas absolument nouvelle. Fait remarquable, elle trouva chez nous ses premiers partisans parmi des auteurs qui traitaient du droit romain. C'est qu'en effet, le droit Romain n'est pas seulement — caractère qu'on lui reconnaît depuis longtemps — le modèle classique pour notre droit civil ; il nous offre aussi des idées fondamentales de droit public. Nous avons encore beaucoup à apprendre de lui à cet égard. Nous avons enfin réussi, après un long intervalle, à faire revivre l'idée de la souveraineté de l'Etat, qui avait trouvé, dans le droit romain, une si forte expression. De même, pour la chose publique, la *res publica*, le droit romain, à bien comprendre ses textes, établit une conception claire et énergique qui devra nous servir de guide. La *res publica* est bien la propriété du *populus*, représentant la personnalité de l'Etat. Mais ce n'est pas une propriété de droit civil ; car le peuple Romain, comme tel, n'est pas soumis au droit civil. Même lorsqu'il se présente comme propriétaire, sa puissance souveraine se manifeste, la *Majestas populi Romani*. C'est dire que cette propriété est placée dans la sphère du droit public (13).

De même, nous reconnaissons aujourd'hui aux choses publiques qui sont dans la propriété de l'Etat une propriété d'une autre espèce que la propriété du droit privé. C'est le domaine public ou la propriété publique dans le sens d'une *propriété de droit public*. Elle est placée, par rapport à la propriété de droit civil qui nous est familière, comme l'institution correspondante du droit public ; de même que nous retrouvons ce parallélisme dans les actes juridiques de droit public, contrats de droit public, servitudes de droit public, etc.

Ce sont nos *romanistes* qui, les premiers, ont proclamé cette idée d'une propriété régie par le droit public. L'impulsion fut donnée par la cause célèbre relative aux *remparts de la ville de Bâle*, qui se place

(13) Comp. surtout *Mommsen*, Röm. Staatsrecht, t. I, p. 162 ss. Très remarquables aussi sont les observations d'*Elvers*, Röm. Servitutenlehre, p. 267 ss.; elles ont passé, sans beaucoup de changements, dans *Weiske*, Rechtslexikon, t. X, p. 234 ss. *Ihering*, Geist des röm. Rechts, III, p. 348, se borne à quelques observations vagues ; l'esprit du droit public est toujours resté pour lui une chose inconnue, comme il le prouve largement dans son grand ouvrage, Der Zweck im Recht.

L'importance juridique de l'*usus publicus* ne peut être bien comprise que du point de vue de la grande idée démocratique de la république romaine : c'est une manifestation directe du peuple souverain. Le peuple souverain se révèle là comme maître de la chose corporelle, sans l'intermédiaire d'aucune forme juridique, de même que, selon une définition connue, il se révèle comme législateur sans forme dans le droit coutumier. Ainsi, les *res in publico usu* continuent à être *res populi* et *res publicae*, même quand la république organisée était déjà confisquée par les Césars. — Cette idée démocratique n'existant pas pour nous, il est clair que la tendance à attribuer quand même à l'usage de tous l'importance extraordinaire qu'on en tirait à Rome, ne peut aboutir chez nous qu'à un certain mysticisme juridique, vain et irrationnel.

dans les soixante ans du siècle dernier (14). Mais quelque vive qu'ait été la discussion dans cette bran-

(14) Quand fut décidée la séparation du canton Bâle-Campagne et qu'il s'agit de faire la liquidation de l'actif de l'ancien canton unique, une grande contestation fut élevée sur la question de savoir si les anciennes fortifications de la ville de Bâle devaient entrer dans la masse à partager. A défaut d'un texte de loi exprès, la question devait se juger d'après les principes du droit Romain. Nos plus grandes autorités universitaires donnèrent des consultations pour l'une et l'autre des parties en cause. Cela forme une collection de toutes les opinions qu'on jugeait alors possibles, sur la nature des choses publiques. *Keller*, plaidant la cause de la ville de Bâle, soutient que, dans les choses publiques, il n'existe pour l'Etat rien de semblable à une propriété ; l'Etat n'a sur ces choses qu'un droit de supériorité « pur ». En ce sens, il s'exprime, dans son « Erwiderung auf das Gutachten von Rüttimann », p. 8, de la manière suivante : « Par conséquent, on attribue au canton de Bâle indivis un droit de supériorité pur ; on exclue donc tout droit privé, notamment la propriété, sans distinguer entre la propriété latente et la propriété patente, dormante et réveillée, couverte et ouverte ». C'est encore l'idée que l'Etat est incapable d'être propriétaire ; et, comme l'on n'admet plus de Fisc à côté de l'Etat, la chose publique devient *res nullius* ; c'est la doctrine que nous avons exposée à la note 11 ci-dessus. — *Ihering* qui, dans sa consultation (Der Streit zwischen Basel Land und Basel-Stadt über die Festungswerke der Stadt Basel 1862) veut seconder la thèse de *Keller*, remonte cependant encore plus haut de quelques degrés avec sa doctrine : le vrai propriétaire des choses publiques, ce n'est que l'ensemble des personnes auxquelles est attribué l'usage public, par conséquent, le public (l. c., p. 38) : la prétendue propriété de l'Etat ou de la ville, en ce qui concerne les *res publicae*, n'est que « le revers de l'usage de tous ». Ce n'est qu'une façon de parler, pour dire que l'usage appartient aux citoyens de l'Etat ou de la ville. Comp. la note 6 ci-dessus. Il est, du reste, assez singulier qu'on ait fait cette tentative de rétablir l'usage de tous dans la dignité de propriétaire véritable des choses publiques à l'occasion d'une espèce de chose publique qui n'est pas soumise à l'usage de tous. Des fortifications ! on n'aurait qu'à en faire l'essai !

De même que, de ce côté, on pouvait, de manières différentes, nier la propriété de l'Etat, de même, de l'autre côté, on professait des doctrines très variées pour affirmer cette propriété : *Rüttimann*, *Wappäus*, *Kappeler* défendaient tantôt la propriété du fisc, tantôt la propriété privée de l'Etat, soumises à des restrictions particulières, tantôt l'une ou l'autre variation de cette même idée, pour arriver à ce résultat que les remparts de la ville de Bâle faisaient bien partie de l'actif commun à partager.

Toutefois, dans ce conflit d'opinions, apparaît aussi l'idée du domaine public, de la propriété de droit public. C'est *Dernburg* qui, dans son « Gutachten zum Baseler Schanzenstreit », p. 17, la définit comme suit : « la propriété sur les choses publiques n'est cependant pas une simple propriété comme celle que peuvent avoir des hommes privés ». L'Etat, au contraire, « a élevé ici sa

che de notre littérature juridique, la doctrine n'y a pas gagné grand chose pour son développement et sa consolidation. Elle en est restée aux conjectures ; on doute encore que cette doctrine puisse se réaliser et prendre corps, en exprimant parfois le désir que cela puisse réussir (15). On ne peut adresser aucun reproche

situation juridique au-dessus de celle d'un propriétaire ordinaire ; il a déclaré que son droit était inaltérable et intangible ; il a mis ces choses en dehors du commerce. Nous n'avons rien à objecter, quand on revendique pour ce droit un caractère d'autorité (hoheitlich) ; c'est qu'en effet il est déterminé essentiellement, quant à sa forme et quant à son contenu, par le droit public ».

Cette idée a reçu plus tard une formule encore plus concise d'un autre savant de l'école romaniste ; *Eisele*, dans sa courte, mais très intéressante brochure : Das Rechtsverhältniss der *res publica in publico usu* nach römischem Rechte, s'exprime ainsi : « La condition juridique des choses publiques appartient au *jus publicum*, et cela d'une manière complète et absolue » (p. 21) ; « Le droit de l'Etat sur les choses publiques doit être désigné comme propriété du *jus publicum* ou comme propriété publiciste » (*publicistisches Eigentum*), p. 24. — Il me sera permis de relever ici une coïncidence assez curieuse. Tandis qu'*Eisele* est arrivé à cette définition du domaine public, tout en restant assez étranger aux études de droit administratif, moi-même, d'un autre côté, sans connaître encore le travail d'*Eisele*, j'ai formulé, dans la Theorie des Franz. V. R., p. 229, comme résultat de mes études sur le droit administratif français, une thèse presqu'identique : « Le domaine public est une propriété de l'Etat, qui dépend du droit public ».

(15) Très franchement surtout *Hölder* dans Krit. V. J. Schrft. 1874, p. 443 ss. (critique d'*Eisele*) : « Pour le civiliste, l'admission d'un droit public a cela de commode, que le rapport dont s'agit est exclu de la sphère du droit privé ; mais comment le publiciste doit-il lui assigner sa place dans le système du droit public ? Tant que cette question ne sera pas vidée, le problème de la construction juridique de ce droit n'aura pas encore trouvé sa solution ». Par conséquent, *Hölder* ne peut pas encore renoncer à l'idée « qu'en réalité, nous aurons toujours devant nous la même propriété, et que cette affectation à l'usage de tous ne change pas la nature du droit qui appartient à l'Etat ». On trouve la même résignation dans *Windscheid*, Pand., I, p. 440. — *Burkhard* dans Grünhuts Ztschft, 15, p. 644, trouve qu'au point de vue de la doctrine rien n'empêche de parler aussi « d'une notion de la propriété dépendant du droit public et correspondant à notre propriété du droit privé » ; cette notion se placerait à côté des contrats de droit public, des charges réelles, des servitudes de droit public, etc. Mais, comme *Hölder*, il croit que toutes ces institutions de droit public se conformeraient quand même, « selon leur structure et configuration », tout simplement aux institutions civiles dont elles portent le nom, et ne seraient attribuées au droit public qu'en ce sens « qu'elles touchent plus vivement à l'intérêt de la communauté ». Dès

à nos romanistes. Ce n'est pas à la science du droit civil qu'il appartient d'accomplir cette tâche ; les temps sont passés, où elle pouvait croire avoir seule la clef de toutes les questions juridiques qui méritaient d'être observées. C'est à la science du droit administratif, à faire ici son devoir. C'est à nous de dire ce qu'est la propriété de droit public.

Pour nous, ce nom de droit public n'est plus un simple titre d'honneur, ni un classement de pure forme ; c'est la force vitale de l'institution entière, dont nous devons faire découler tous les détails comme de leur source même. Ce sera aussi le seul moyen de faire enfin disparaître les ombres du passé, qui refuseront toujours de céder à la critique purement négative.

Il est d'autant plus nécessaire d'insister énergiquement sur la véritable nature des choses pubilques à l'encontre de toutes hésitations et de tous palliatifs que, depuis *la promulgation du Code civil allemand*, un intérêt éminemment pratique est en jeu.

Quelle que soit la conception de la chose publique que l'on admette, on est et l'on était toujours d'accord sur la nécessité de garantir cette chose contre les troubles que l'acquisition de droits réels au profit des particuliers et la poursuite judiciaire de pareils droits pourraient apporter à son bon état et à son affectation à l'utilité publique. Les moyens généralement acceptés pour arriver à ce résultat sont : l'inaliénabilité et l'imprescriptibilité d'une part, et de l'autre, le refus du droit absolu à la restitution forcée. La législation et le droit coutumier de nos différents pays ont prévu partout les prescriptions nécessaires pour consacrer

lors, il a tout à fait raison quand il affirme qu'il ne comprend pas « la nécessité d'une pareille construction ». Cependant, nous savons que le droit public signifie autre chose que l'intérêt de la communauté touché un peu plus vivement.

ces privilèges. Or ces prescriptions, — on ne saurait le méconnaître, — sont des règles de droit civil. Aujourd'hui, la législation de l'Empire s'est emparée du droit civil tout entier. Des lois particulières concernant le droit civil ne peuvent exister qu'autant que la législation de l'Empire les a réservées spécialement. La loi d'introduction au Code civil allemand contient, dans sa troisième section, art. 55 ss., une longue série de réserves de cette espèce. Dans les matières énumérées, nous remarquons, à l'art. 65, le droit des cours d'eau (*Wasserrecht*) ; cela s'appliquerait donc à quelques-unes des choses publiques, notamment aux fleuves et canaux ; pour ces choses-là, la législation particulière pourrait donc maintenir, par des prescriptions de droit civil, leur situation privilégiée vis-à-vis de la prescription, l'aliénation par contrat, etc. Pour toutes les autres choses publiques — les plus intéressantes, comme les routes et les fortifications — une pareille réserve n'existe pas. Les législations particulières n'ont donc pas compétence pour changer quelque chose aux prescriptions communes du Code. Le Code lui-même ne fait aucune exception en faveur des choses publiques. Par conséquent, toutes les règles qu'il pose pour la propriété ordinaire s'appliquent inévitablement aux choses publiques : celles-ci peuvent être aliénées et prescrites dans les formes ordinaires ; elles peuvent être grevées de servitudes et d'hypothèques ; elles sont soumises aux restrictions légales, d'après les §§ 903 ss. qui vont plus loin que les « servitudes établies par la loi » ou « dérivant de la situation des lieux » du Code civil français ; enfin, en vertu du § 985, la libre poursuite, de la part des particuliers, pour en obtenir la délivrance et la restitution, est également garantie. Ainsi, ces choses tomberont forcément sous l'influence des vicissitudes du droit civil qui ignore les exigences de l'intérêt public, et sous l'appréciation du juge civil. Nous ferons encore ressortir toute la sagesse des institutions qui seront ainsi détruites. Mais on sent déjà que ce changement fondamental serait très grave et que la législation de l'Empire n'a pas dû vouloir ce résultat.

Pour nous, *en effet*, elle ne l'a pas voulu. Mais pour échapper à ce résultat fâcheux et pour conserver aux choses publiques les privilèges qui leur sont nécessaires, il n'y a qu'un moyen : *c'est de reconnaître que ces privilèges ne dépendent pas du droit civil*

Le Code civil s'abstient rigoureusement de régler ce qui est de droit public. D'après la Constitution de l'Empire, cela doit rester le domaine de la législation particulière. Les choses publiques restent donc sous leur ancien régime, du moment que ce régime peut être envisagé comme un régime de droit public. Or, seule la doctrine de la propriété de droit public répond à cette condition. En dehors d'elle, il n'y a que des subterfuges et des palliatifs.

Cela s'applique notamment à la construction que nous avons mentionnée à la note 12 ci-dessus, et qui représente, pour ainsi dire, le dernier mot de l'ancienne doctrine. Cette doctrine veut concilier tous les intérêts en présentant la chose publique comme une propriété de droit privé, soumise à des restrictions de droit public. Ces restrictions comprendraient tout ce que l'Etat propriétaire a bien voulu faire de ces choses, — en particulier, la destination à l'usage de tous. On le voit, ce sont des restrictions dans un sens très impropre (16). Admettons-le. Seulement, si l'on

(16) La doctrine du fisc fournissait le moyen de rendre ces « restrictions » plausibles : l'Etat les imposait au Fisc. Avec la disparition du Fisc, la restriction reste en l'air. *Regelsberger*, Pand., I, p. 426, est d'avis qu'il faudrait se résoudre à admettre ici une charge réelle sans droit subjectif correspondant. Il ne méconnaît pas ce que cette idée a d'« insolite ». Mais il observe avec raison que la difficulté reste la même, quand on veut donner à cette restriction le caractère de droit

prétend qu'en vertu de ces restrictions les choses publiques restent inaliénables et imprescriptibles, on se heurte à la loi : la propriété privée, même soumise à des restrictions de droit public, reste néanmoins sous l'autorité du Code civil, lequel ne reconnaît à ces restrictions aucun effet pour exclure l'application de ses règles communes.

Il y a, il est vrai, une véritable restriction ; c'est la limitation que rencontre le pouvoir judiciaire, quand il s'agit de faire exécuter ses sentences sur les choses publiques que l'administration ne veut pas lâcher ou laisser entamer par des droits privés. Dans ce cas, l'exécution, — nous le voyons bien quand il s'agit d'une route, d'une ligne de chemin de fer, d'une fortification, — devient matériellement impossible. Les défenseurs du caractère de droit civil des choses publiques se consolent facilement de ces possibilités qui épargnent à leur doctrine des conséquences absurdes. Alors la force prime le droit, nous donne-t-on à entendre. Triste aveu pour une époque qui croit avoir créé l'Etat régi par le droit (17). Pour nous, il s'agit de reconnaître, derrière cette force, le droit spécial des choses publiques. Ce droit n'est possible, il est vrai, qu'autant que ces choses ne sont pas soumises au droit civil, lequel ne peut plus reconnaître de privilèges de cette espèce.

public. Comp. aussi *Bekker*, System, I, p. 366 ; *Gierke*, Gen. theorie, p. 193 ss. On conviendra que tout ceci est peu rassurant ; et cependant, cette doctrine de la propriété privée de l'Etat frappée de restrictions plus ou moins énigmatiques trouve toujours des partisans : ainsi, *Burkhard* dans Grünhut Zeitschft, 15, p. 645 ; R. G., 23 février 1880 (Samml., I, p. 367) ; et récemment encore, *Jellinek* dans Verw. Arch., 1897, p. 311 : « Le domaine public n'est pas autre chose qu'une propriété privée avec des restrictions publicistiques (*publicistischen*) en ce qui concerne les moyens et leur destination ».

(17) Il est évident que la manière de voir qui caractérise l'époque du régime de la police se fait encore sentir très-vivement dans les explications et définitions qui nous seront présentées dans toute cette matière. Nous y reviendrons au § suivant.

Le droit public des choses publiques est devenu une nécessité pratique (18).

II. — Qu'est-ce que la propriété publique ? C'est l'idée de la propriété civile transportée dans la sphère du droit public et modifiée en conséquence. Comment cela peut-il se faire ? Nous allons essayer de l'expliquer ici d'une manière sommaire et dans les grandes lignes, sauf à en montrer les détails dans le paragraphe suivant. Nous savons très bien qu'il s'agit de vaincre une opposition assez forte, forte par cette force de l'inertie surtout qui refuse de sortir du cercle des conceptions traditionnelles du droit civil. Propriété, c'est, pour nos adversaires, identique avec propriété civile ; et la propriété de droit public est qualifiée une « impossibilité juridique » On n'est pas encore habitué à voir le droit public développer toute la richesse de ses formes et de ses institutions fortement accusées (19).

1) Toutes les choses appartenant à l'Etat sont,

(18) Comp. *mon* article dans Arch. f. öff. R., 16, p. 40 ss., dont *Layer*, Ent. R., p. 640, accepte les résultats en ce qui concerne cette question. *Hatschek*, Rechtliche Stellung des Fiscus, p. 55, croit pouvoir sauver le caractère des choses publiques en établissant la présomption, que les règles du droit particulier qui les concernent ont été élevées à l'état de droit de l'Empire — ce qui est une pure fantaisie. Ce qui est sûr, c'est que le *Fiscus redivivus*, auquel *Hatschek* voudrait confier la propriété des choses publiques (comp. t. I, p. 66, note 3 ci-dessus), n'aurait pas pu les empêcher de tomber purement et simplement sous l'application des règles du Code civil allemand. — *Anschütz*, der Ersatzanspruch aus Vermögensbeschädigungen, p. 88, croit échapper à toutes ces difficultés en sacrifiant, d'un cœur léger, toute l'idée de la chose publique, dont il semble ignorer l'importance. Toute sa doctrine repose, du reste, sur une fausse interprétation de l'A. L. R. Nous y reviendrons.

(19) Le malaise qu'on éprouve en présence de la nécessité d'une telle métamorphose, apparaît dans le reproche qu'on m'adresse de manquer de sentiment national. C'est ce que fait, par exemple, *Hatschek*, Rechtl. Stellung des Fiscus, p. 57. Il m'oppose un système national-allemand, établi sur la formule fondamentale de la « séparation du *dominium* et de l'*imperium* ». Cette formule, il ne l'a pas importée de sa patrie à lui, en franchissant notre frontière orientale ; il l'a trouvée de l'autre côté de la frontière, dans le livre de *Vauthier*, Etudes sur les personnes morales.

en fin de compte, destinées à servir à l'administration publique. Seulement cela se fait d'une manière plus ou moins directe. Nous avons déjà mentionné la distinction entre les *biens fiscaux* et les *biens administratifs*. Les premiers ne fournissent que des moyens pécuniaires ; ils appartiennent si franchement à la sphère du droit civil qu'il n'en peut pas être question. Les autres, au contraire, touchent immédiatement à l'administration publique et à la sphère du droit public qui l'entoure. Tels qu'ils sont, ces biens constituent des moyens par lesquels l'Etat poursuit les intérêts publics ; c'est en les y employant que l'Etat fait l'administration publique. Toutefois, l'Etat n'est pas encore dans cette situation lorsqu'il se borne *à les préparer et à les administrer pour eux-mêmes* ; cette activité garde plutôt son caractère juridique propre et, en règle générale, il s'agit alors pour elle de rapports qui peuvent se présenter chez un individu privé, et qui, par suite, sont destinés à être réglés d'après le droit civil. Un marché de fournitures pour les prisons, par exemple, un bail de locaux destinés à une école, l'engagement de gens de service pour faire le nettoyage des rues, ainsi que les actes de disposition qui seront accomplis en vertu de ces conventions, toutes ces situations ne sont pas encore l'administration publique elle-même à laquelle cela doit servir ; par conséquent, elles sont régies par le droit civil. Il en est de même de l'acquisition des choses corporelles destinées à servir au même objet, et de la disposition qu'on fait des droits ainsi acquis. Malgré le but final en vue duquel tout cela se fait, cela constitue en soi, par nature, de l'économie privée avec soumission, par conséquent, au droit civil selon les principes établis au t. I § 11, II (20).

(20) *G. Meyer*, V. R., II, p. 185, n. 1, se contente de distinguer les

2) Mais il se peut qu'il y ait un rapport plus intime entre l'administration publique et la chose qui lui sert de moyen. Au lieu de faciliter seulement l'activité des agents de l'administration et de les aider à produire l'utilité publique dont s'agit, la chose peut, par la nature qu'elle a originairement ou qui lui a été donnée, *représenter cette utilité publique immédiatement par elle-même* ; tout ce qui reste encore à faire à l'administration en dehors de la chose se restreint à des soins accessoires, à la surveillance et à l'entretien. Les choses soumises à l'usage de tous en fournissent les exemples les plus frappants. Ces choses pourront être considérées comme de véritables manifestations de l'administration publique, comme des matérialisations de l'intérêt public. Leur existence intacte et leur fonctionnement paisible font partie du bon ordre public ; il est logique que leur protection contre les troubles qui pourraient y être apportés, prenne le nom et le caractère de la *police*. L'institution de la police des choses publiques manifeste, avec une évidence convaincante, que l'administration de cette espèce de biens est, par elle-même, placée en dehors des vues de la vie privée.

Mais on ne peut pas en rester là. La police ne protège que contre des troubles illicites. Il y a, pour les choses qui intéressent si fortement le bien public, à redouter d'autres troubles qui pourraient se produire légalement. Le droit civil, avec son formalisme abstrait, ne tient pas compte de la valeur des intérêts auxquels les choses peuvent servir ; ce que la loi civile ordonne, elle l'ordonne indifféremment

biens fiscaux et les biens administratifs ; puis il ajoute : « Il n'y a pas besoin d'établir encore une troisième catégorie, les choses publiques ; celles-ci, en effet, entrent tout simplement dans la notion des biens administratifs ». C'est faire bien peu de cas de ce qui présente pour nous un intérêt juridique.

pour tous les cas qui tombent sous l'application de ses règles ; et une fois constitués, tous les droits se poursuivent, d'une manière inexorable, d'après les textes. Sans parler de la prescription ou des servitudes légales, toute convention, consentie sans arrière-pensée, pourrait créer des droits qui, plus tard, se montreraient incompatibles avec ce que pourra exiger l'intérêt public de la chose. Or, l'interprétation attribuée au juge civil n'est pas faite pour rassurer à cet égard. Pour parer à ces conséquences, — inadmissibles dans l'intérêt public, — il n'y a qu'un moyen. Il ne faut pas songer à soustraire ces choses à tout régime de droit, et les déclarer simplement choses sans maître et hors du commerce Ce n'est pas le régime qui leur convient ; elles ont, au contraire, besoin d'être gérées et réglées d'une manière très ferme et très minutieuse. Mais il faut que l'Etat dirige toute cette *administration de son droit sur la chose publique* vers le but auquel la chose doit servir ; il faut que, dans la *gestion juridique* de la chose, l'Etat fasse déjà de l'administration publique. Tout ce qu'il fait de la chose pour exercer ce droit, — qu'il la possède, qu'il en dispose, qu'il la défende —, il le fait en tant qu'Etat, comme puissance publique. Le droit civil ne lui est pas applicable dans ces rapports ; ce n'est pas que le droit civil soit exclu par une mesure spéciale, par un privilège du droit civil même ; c'est parce que l'*Etat est resté là dans sa sphère* et *garde son caractère juridique propre, qui est celui du droit public*. Ainsi, la police de la chose publique reçoit son complément naturel par le caractère spécial de l'administration du droit même sur la chose (21).

(21) L'affinité qui existe entre la police de la chose publique et le caractère juridique particulier de cette dernière, a trouvé son expression dans le nom qu'on lui a donné de « polizeiliche Anstalt » (service policier) : O. V. G. 1er oct. 1887 ; O. V. G., 14 nov. 1887. *F. Schultz*,

3) Cette propriété dont la gestion et l'administration est régie par le droit public, nous l'appelons une *propriété de droit public*, ou, selon l'expression universellement reçue, *propriété publique, domaine public*. Elle est, pour nous, une manifestation de la puissance publique, en complète harmonie avec toutes ses autres manifestations qui forment l'objet de nos études.

Qu'on n'objecte pas qu'il n'y a pas de puis-

zum preussischen Wegerecht, caractérise même le droit de l'Etat sur les routes de « possession de police » (Polizeibesitz, p. 21) ; il s'explique ainsi (p. 19, n. 1) : « Quoique la police ne puisse pas avoir une possession de droit privé, il sera cependant permis de désigner de possession le pouvoir de fait que la police exerce ici sur la chose ».

Auschütz, Ersatz. aus Vermögensbeschädigungen, p. 88, p. 97, croit devoir remarquer que je ne distingue pas avec assez d'exactitude entre la « police de la chose publique » et l'« administration courante » de cette chose. Pour lui, cette distinction est capitale ; car elle indique, en même temps, les sphères respectives du droit public et du droit civil. La police de la chose publique est seule de droit public ; tout ce que l'Etat pourra encore faire de la chose ou entreprendre, en la prenant comme base ou comme moyen, doit se comprendre dans le mot « administration courante », et tout cela dépend nécessairement du droit civil. Voilà qui est bien conforme aux idées du régime de la police ! Mais nous savons aujourd'hui que la sphère du droit public est plus large et que ses formes sont plus variées. Nous réclamons d'abord une situation à part pour tout ce que nous appelons l'administration du droit sur la chose ; c'est bien du droit public, quoiqu'*Auschütz* ne s'en aperçoive pas. Et pour tout ce qui reste de cette « administration courante », nous refuserons de l'accepter en bloc comme une masse informe soumise catégoriquement au droit civil. Une désignation commune plus ou moins bien choisie ne nous dispense pas de regarder de près. Vendre les fruits des cerisiers plantés aux bords de la route, c'est bien un acte du droit civil ; percevoir un péage, au contraire, sera un acte de droit public. Engager et diriger des journaliers pour nettoyer le cimetière, cela dépendra du droit civil ; mais les manœuvres de l'artillerie sur les remparts resteront en dehors de cette sphère. Il y aura surtout une grande confusion, si *Auschütz* veut, même à titre d'administration courante, rattacher étroitement les travaux publics aux choses publiques : les dessèchements des marais sont pourtant des travaux publics sans chose publique ; et d'un autre côté, si l'entrepreneur fait couper les herbes des talus des fortifications qui lui ont été adjugées, il fait des travaux sur une chose publique, mais non pas des travaux publics. Il serait peut-être commode d'avoir une catégorie fixe et formelle, telle que *Auschütz* aimerait l'établir ; mais à quoi cela peut-il servir, quand cela n'est pas conforme à la réalité des choses ? Et voilà comment Auschütz se permet de parler de mon manque d'exactitude.

sance publique sur les choses, et que la puissance publique ne s'adresse qu'aux hommes qui lui sont soumis. Ce serait mal interpréter l'idée de la propriété même. La propriété du droit civil est-elle un rapport juridique entre le propriétaire et sa chose ? Non certes. Elle est un intérêt de l'individu réglé par le droit positif, ayant pour centre la chose corporelle qui lui sert et dont la défense et l'administration font naître toute sorte de rapports juridiques entre cet individu et d'autres individus. *Ces rapports* étant régis par le droit civil, nous appelons leur point de départ *propriété civile*.

Ces rapports sont-ils, au contraire, régis par le droit public, il est logique d'appeler leur intérêt central *propriété publique* (22).

(22) *Jellinek* avait déjà, dans Subj. öff. Rechte, p. 72, établi, par une déduction des principes généraux, la thèse, d'après laquelle « l'idée d'un droit public des choses est insoutenable ». Car, dit-il, droit public veut dire droit de domination, *imperium* ; or, un pouvoir de commander (Befehlsgewalt) ne peut pas être exercé sur des choses, mais seulement sur des hommes.

Il y a là cette vieille erreur, que le droit public ne se manifeste que sous cette seule forme de commandement (comp. t. I, p. 275 ci-dessus). Mais j'ai surtout fait observer à *Jellinek* que, ni dans la propriété publique, ni dans la propriété privée, il ne s'agit d'un rapport juridique entre la chose et son maître, il s'agit d'une situation réglée par le droit comme source de toute sorte de rapports avec d'autres personnes. Voilà comment l'idée de la propriété publique devient soutenable, en même temps que l'idée de la propriété privée (Deutsch. Verw. R. II, p. 72). *Jellinek*, dans sa critique de mon livre dans Verw. Arch., 1897, p. 311, persiste dans son opinion. Et *Layer*, son disciple, tout en trouvant mon explication « plausible » (Princip. d. Ent., p. 645 note 2), veut néanmoins sauver les apparences : j'aurais, d'après lui, dans mon article de l'Arch. f. öff. R., 16, donné à ma doctrine une tournure qui aboutirait quand même à un « *imperium* sur la chose » et qui justifierait la protestation de Jellinek contre la possibilité d'une pareille idée. Qu'ai-je donc fait ? J'ai dit qu'avec le développement de l'idée de l'Etat moderne, la puissance publique est reconnue comme ayant saisi la chose publique et qu'elle « la domine (*beherrscht sie*) pour le bien public » ; plus loin, j'avais parlé d'« une manifestation de la puissance publique dominant (*beherrschend*) la chose » (l. c., p. 47, p. 58). Mais *beherrschen*, *Herrschaft*, *Macht über die Sache* (dominer, domination, pouvoir sur la chose), ce sont les termes dont se servent nos civilistes pour définir la propriété. Dois-je être obligé de ne plus me servir de ces expressions, parce que j'ai

Il y a, pour ces deux sortes de propriété, une idée commune et générale : la chose corporelle appartenant, selon l'ordre légal, à la personne déterminée qui est son maître. Cette idée ne se réalise jamais d'une manière abstraite, puisque la propriété n'existe pas sans que son caractère juridique soit déterminé dans un sens ou dans l'autre. Seulement, ce caractère peut changer : tout en appartenant à la même personne, la même chose peut, en recevant une autre destination, sortir du domaine public pour entrer dans la propriété privée, et inversement. Propriété civile et propriété publique, ce sont deux expressions juridiques différentes pour une seule et même idée constante. Il faut bien retenir ceci si l'on veut comprendre la signification véritable d'une série de phénomènes que nous offre cette matière.

III. — Il résulte de ce que nous venons d'exposer qu'il existe un intérêt très-sérieux, au point de vue pratique, à savoir si, dans un cas donné, il s'agit d'une chose publique ou non.

La loi qui, surtout en matière de droit civil, donne des critériums scrupuleusement exacts pour faire des distinctions juridiques d'une importance beaucoup moindre, semblerait devoir intervenir ici avec une définition souveraine et non équivoque. En général, elle ne l'a pas fait ; elle laisse à la doctrine et à la jurisprudence le soin de trouver la solution. Cela n'est pas pour nous étonner. C'est le sort ordinaire de toutes les questions du caractère de celle qui se pose ici ; il s'agit bien ici, en effet, d'une controverse spéciale se rattachant au grand procès de cette *actio*

prouvé qu'elles renferment une manière brève de s'exprimer ? Du mot « imperium », que *Layer* voudrait m'imputer, je ne me sers pas, parce que je trouve que c'est une expression malheureuse. Par contre, j'ai, dans le même article, confirmé tout simplement ma doctrine (p. 50, p. 70, 71). De bonne foi, un malentendu ne devrait pas être possible.

finium regundorum entre le droit civil et le droit public. La loi n'aime pas s'en mêler, soit qu'elle n'ose pas, trouvant la matière trop délicate et trop peu claire —, soit même que le législateur n'ait pas encore la conscience de l'opposition qui existe. C'est par cette dernière alternative que s'expliquent surtout les formules qui se trouvent dans les grandes codifications d'il y a cent ans (23). Elles se contentent de trancher les controverses sur la question de savoir à qui appartiennent les choses dites publiques ; à cet effet, elles déclarent l'Etat propriétaire. Mais la nature juridique particulière de cette propriété n'intéressait pas encore les juristes qui ont rédigé ces textes. Bien mieux, ils ne pensaient même pas qu'il pût exister quelque chose comme une propriété du droit public. Il n'y avait pas encore de droit public auquel on aurait pu songer. Notre droit administratif, ainsi que sa doctrine, en était, à cette époque, tout au plus à ses premiers pas. Les rédacteurs du Code général Prussien, par exemple, prenaient la propriété du Fisc sur les routes, fleuves, rivages de la mer et ports, tout bonnement pour une propriété du droit privé ; cela est bien certain. Dès lors, il n'y a aucun parti à tirer de ces énumérations (24).

(23) Comp. la note 9 ci-dessus.

(24) On remarquera que le § 21 A. L. R. II, 14 énumère les choses qui sont considérées comme « propriéte générale de l'Etat » et lui sont attribuées en vertu d'une règle générale, à la différence des biens domaniaux qui lui sont acquis par titre spécial ; l'intérêt de la distinction est tout antre que celui de l'opposition entre le droit public et le droit privé. Aussi, dans cette énumération du § 21, nous ne voyons pas figurer des choses publiques par excellence, telles que les fortifications : elles sont censées être acquises à l'Etat par titre spécial. D'un autre côté, la liste des objets rentrant dans la propriété générale de l'Etat est augmentée de toutes sortes de choses qui n'ont rien à faire avec ce que nous appelons aujourd'hui des choses publiques, telles que le droit de l'Etat sur les choses sans maître (§ 22, A. L. R. II, 14) ou sur les biens confisqués (§ 23). — Le Code civil français, art. 537 ss., entre tout à fait dans cette manière de voir, quand il cite comme dépendances du domaine public, à côté des chemins, routes, etc., les biens

La promulgation du Code civil allemand aurait peut-être été une bonne occasion de régler ce point ; mais nous savons avec quel soin on s'est abstenu de décider la moindre chose qui aurait pu toucher au droit public. Les lois d'introduction — à peu d'exceptions près — se taisent également. Quand on ose, il est vrai, aborder la question et faire une énuméra-

vacants et sans maître et les terrains des anciennes fortifications supprimées. On lui a reproché d'avoir fait une confusion (*Demolombe*, Cours de code Napoléon, IX, n. 458 ; *ma* Theorie d. Franz V. R., p. 227). Mais le Code civil n'a pas l'intention de dire ce qui est domaine public dans le sens d'une propriété du droit public, — sens qui ne s'est développé que plus tard. Son objet est seulement de constater, à l'égard de ces biens, qu' « ils appartiennent à l'Etat » (art. 541). — En Saxe, un décret de l'Electeur du 7 oct. 1800 déclare « publiques » un certain nombre de rivières. *Haubold*. Sächs. Priv. R., § 229 note 2, explique parfaitement la portée de ce décret en disant qu'il déclare ces rivières « publiques, c'est-à-dire propriété de l'Etat ». Mais que, par ce mot public, on veuille indiquer en même temps un système juridique spécial applicable à ces choses, cela n'entre pas encore dans les idées de cette époque.

Si les énumérations législatives dont nous parlons ne peuvent pas servir de fondement pour le développement de la notion du domaine public, d'un autre côté, elles n'y forment pas obstacle non plus. Comme en France, cette idée a continué à faire son chemin, s'attachant au fait que certaines choses — les choses publiques — présentent cependant une situation juridique spéciale qu'il s'agissait de comprendre et d'expliquer. Nous tenons surtout à constater que la Prusse ne s'est pas tenue à l'écart du mouvement général de l'esprit juridique : la doctrine et la jurisprudence du Code général Prussien trouvaient, dans cette législation même, assez de moyens pour construire peu à peu la notion des choses publiques, des *res extra commercium*, soustraites à la prescription et inaliénables dans une certaine mesure, à raison de leur destination directe à l'intérêt public, — tout comme dans le reste de l'Allemagne (*Dernburg*, Preuss. Priv. R., I, p. 136 ss. ; *Förster-Eccius*, Preuss. Priv. R., III, § 159 n. 4 ; O. Tr. 31 mars 1863, Samml. LVII, p. 92 ; *Layer*, Princ. d. Ent., p. 637). Cependant *Anschütz*, Ersatz. anspr. aus Verm. beschädigung, p. 88, croit pouvoir trancher la grande question de la propriété publique en invoquant carrément le § 25 A. L. R. II, 14, d'après lequel les choses de la propriété générale de l'Etat sont équivalentes aux biens domaniaux. Naturellement, la loi veut que la propriété qu'elle reconnaît ici soit aussi bonne que celle qu'on est déjà habitué à voir dans les biens domaniaux. Mais, pour nier les différences réelles qui se présentent dans les choses publiques, il faut fermer les yeux à l'évidence ; et, pour croire que le Code général Prussien a d'avance tranché la question scientifique qui nous occupe aujourd'hui, il faut n'avoir pas le moindre sens historique.

tion des choses appartenant au « bien public », cela a maintenant un sens tout autre qu'antérieurement : le législateur est aujourd'hui sous l'influence de la jeune doctrine du droit administratif ; il a pleine conscience de parler de choses qui sont sous un autre régime juridique que celui du droit civil. Cela donnerait alors vraiment la distinction qui nous est nécessaire. Seulement, il se trouve que cette énumération, même quand le législateur s'y prête, ne prétend pas être complète ; elle ne cite que les choses publiques les plus importantes. Il faut donc chercher ailleurs le complément (25). Et pour la plupart de nos pays, ainsi que nous venons de le dire, tout reste à faire.

Si la loi expresse nous est de peu de secours pour faire la délimitation exacte de ce qu'il faut considérer comme chose publique, nous n'hésiterions pas à la déduire de l'*idée même*, clairement conçue, de cette chose. Nous ne nous laisserions pas décourager par les déclamations si stériles contre le droit naturel, contre toutes les « constructions » ou autres formules de ce

(25) Nous citerons surtout la loi d'exécution d'Als. Lorr., qui décide dans son § 44 : « On ne peut pas acquérir des droits sur des choses qui appartiennent au domaine public. En particulier, sont réputés appartenir au domaine public les chemins, routes et places publiques, les voies ferrées des chemins de fer, les canaux de navigation, les ports, les fleuves navigables ou flottables, les édifices affectés au culte public d'une association religieuse légalement reconnue, ainsi que les portes, murs, fossés et remparts des forteresses ». Ce que nous approuvons pleinement, c'est que par les mots « en particulier » (*insbesondere*), on ait renoncé à vouloir donner une énumération limitative. Si la loi exclut l'acquisition de droits sur ces choses, cela ne s'entend que des droits qui pourront s'acquérir et se former d'après les règles du Code civil dont l'exécution est en question. — La loi d'Empire n'a pas fixé de limites à ce droit de la législation particulière de reconnaître des choses exemptes du droit civil. Il en existe toutefois. Les Etats ne sont pas libres de désigner des choses quelconques. Il ne peut s'agir que de choses susceptibles d'être comprises dans l'idée générale de la chose publique. Cela implique une certaine latitude ; mais enfin, dans cette idée même, une certaine limite est tracée, que la législation particulière ne saurait franchir à peine de nullité. On comprend l'intérêt pratique qu'il y a à se pénétrer de cette idée générale.

genre. Ce sont en effet les idées générales qui doivent décider et nous guider dans ces questions de principe abandonnées par le droit positif. Dès lors, nous dirions : il y a chose publique quand la chose représente par elle-même une portion de l'administration publique, quand, par elle, l'Etat *administre directement* et que l'intérêt du service est trop *important et trop intimement lié à l'état juridique de la chose*, pour le laisser exposé aux vicissitudes des actes du droit civil. Nous essaierions ainsi d'établir les catégories abstraites des choses qui répondent à cette idée, afin de renseigner le juge et l'administrateur sur ce qu'ils devront décréter dans le cas spécial. C'est, en effet, dans la formation de ces catégories, exclusives et absolues, que consiste le développement du droit.

Ainsi qu'il est facile de le voir, il y a, dans cette idée même de la chose publique, un élément qui semble s'opposer à ce procédé. C'est que l'intérêt du service dont s'agit est une valeur relative ; la nécessité d'orienter tout l'état juridique de la chose vers la conservation de son utilité publique est une question d'appréciation (26). Mais si notre appréciation individuelle ne saurait prétendre s'imposer comme expression du droit existant, il en est autrement des constatations que nous pouvons faire de ce qui se *fait et de ce qui se pratique dans la réalité du droit*. Nous pouvons bien établir des catégories parmi les choses qui, en vertu des prescriptions des lois, de la jurisprudence des tribunaux et du consentement des auteurs, sont soumises à un régime spécial qui répond à ce qu'implique l'idée générale de la chose publique. Les *signes*

(26) *Layer*, Princip. d. Ent., p. 651, croit donner plus de sûreté à notre criterium en substituant au mot « intérêt public » celui d' « intérêt social », et en parlant de « propriété sociale » au lieu de « propriété publique ». Je ne vois pas à quoi ces « modernisations » peuvent nous avancer.

distinctifs seront surtout : l'*exclusion du droit civil* et la *police de la chose publique*.

Il y a, dans cette réalité, assez de divergences, il est vrai ; il y a surtout des tendances à étendre le rayon des choses ainsi qualifiées, sauf à faire disparaître de plus en plus la valeur réelle de cette qualification. Nous resterons sur un terrain solide, en écartant toutes les extravagances et en ne retenant que ce qui est, en même temps, communément admis et conforme à l'idée précise de la chose publique.

La *liste des choses publiques* que nous allons dresser au moyen de ce procédé, sera instructive à un double point de vue : comment l'idée de la chose publique a trouvé sa réalisation dans notre droit existant, elle nous l'apprendra par le caractère juridique des choses qu'elle comprend, ainsi que des choses qu'elle exclut.

Elle comprend, en première ligne et sans contestation, toutes les choses qui sont soumises à l'*usage de tous*. Nous donnerons sur cette institution du droit public — que nous réclamons comme telle — des explications plus détaillées au § 37 ci-dessous. L'usage de tous, il est vrai, ne s'applique qu'à des choses publiques. Mais il ne faut pas en conclure que c'est le signe caractéristique et exclusif (27). Il faudrait, pour cela, dénaturer la notion précise de l'usage de tous et la remplacer par la notion si vague de l'utilité pubiique. L'usage de tous n'est autre chose que la forme la plus claire, la plus frappante, de cette idée générale, à savoir que la chose publique représente, en elle-même et directement, l'utilité publique

(27) Comp. la note 6 et la note 14 ci-dessus. Si, de nos jours encore, nous rencontrons souvent cette vieille formule, devenue clairement inadmissible, cela s'explique uniquement par le besoin d'avoir une situation fixe à n'importe quel prix, et par l'incapacité de nos jurisconsultes de trouver cette situation dans la sphère du droit public.

dont il s'agit dans cette branche d'administration. Ici, en effet, le propriétaire n'a qu'à l'entretenir et à la protéger pour qu'elle produise son utilité, laquelle se réalise par l'œuvre de tous ceux qui en profitent. Le propriétaire fait de l'administration publique par la chose même ; celle-ci est, à raison de ce fait, revêtue des privilèges de la chose publique.

Ainsi, les *routes*, *places*, *ponts*, *fleuves*. *canaux de navigation*, *ports* et *rivages de la mer* constituent les exemples principaux des choses dépendant du droit public.

Mais la fonction caractéristique de la chose publique — d'offrir directement et par elle-même l'utilité publique — peut encore s'affirmer d'une manière suffisante, lorsque l'intervention des agents de l'administration est nécessaire pour donner, chaque fois, aux individus qui le désirent, l'accès et la possibilité d'en profiter. Cela se distingue encore suffisamment des cas où l'utilité est plutôt l'œuvre des employés du service public, la chose, bâtiment public, place d'armes, chantier etc., ne fournissant qu'un moyen à leur activité. Dès lors, le caractère de chose publique est conservé. Mais il ne peut plus être question d'un usage de tous au sens strict. Une intervention de ces agents apparaît déjà — quoique dans une mesure restreinte, — pour les canaux de navigation dont nous venons de parler comme de choses soumises à l'usage de tous : on ne peut s'en servir complètement que grâce aux soins des employés qui ouvrent et ferment les *écluses*. Cela n'empêche pas les canaux d'être des choses publiques dans tout leur parcours ; ils continuent aussi à être soumis à l'usage de tous dans la plus grande partie de leur étendue ; cet usage de tous est interrompu par endroits, mais la qualité de chose publique n'est pas interrompue.

L'opposition est plus frappante pour la *voie fer-*

rée des chemins de fer, que généralement l'on reconnaît comme formant une dépendance du domaine public. Elle est considérée comme un chemin servant à la communication publique : à ce titre, on lui a appliqué les règles concernant les chemins publics. Ce chemin a, il est vrai, ceci de particulier, que personne ne peut s'en servir autrement que dans les moyens de transport qui y sont attachés, et sous la direction des fonctionnaires et employés à ce commis. On pourra encore dire, à la rigueur, que la voie ferrée sert à la communication publique, avec l'aide de ses agents ; mais jamais il ne sera permis de voir là l'usage de tous, usage libre de la chose par lui-même, selon sa nature. Ce qui est ouvert au public directement, ce sont uniquement les wagons ; mais ils ne sont pas ouverts au public selon les règles de l'usage de tous ; ils ne le sont pas comme des choses publiques, pas plus que la diligence qui roule sur la grande route (28).

Nous trouvons une situation juridique analogue pour les *cimetières*. Ce sont des propriétés publiques des communes ou des différents cultes ; le fait qu'ils soient destinés exclusivement à un culte ne leur

(28) *Wappäus*, dem Rechtsverkehr entzogene Sachen, p. 107, reconnaît aux chemins de fer la qualité de *res publicae*, parce que « tout voyageur qui offre de payer doit être admis à s'en servir ». Il croit avoir établi ainsi un usage de tous, dont le chemin de fer serait l'objet, et par suite la *res publica extra commercium* ! (p. 115). *Randa*, Besitz, p. 311, au contraire, déclare le chemin de fer *res privata*, parce qu'il n'y a pas *usus publicus*. *Unger*, Oester. Priv. R., I, p. 365, n. 13 est d'avis q'uil y a là une *res privata publico usui destinata*. — Naturellement, il ne peut pas sérieusement être question d'un usage de tous. L'essentiel, c'est que la voie ferrée est, en sa qualité de voie publique, reconnue comme inaliénable et imprescriptible et à l'abri d'une simple revendication par la voie judiciaire : *Jaeger*, Lehre von den Eisenbahnen, p. 29 ; *Gleim*, Recht d. Eisenb., p. 390 ; *Koch*, Deutschl. Eisenbahnen, I, p. 160 ; *Foerster-Eccius*, Preuss. Priv. R., I, p. 112, note 21. R. G., 4 oct. 1881 (Samml., V, p. 333) ; 5 déc. 1881 (*Eger*, Entsch., XI, p. 6) ; R. G. 2 déc. 1896 (*Eger*, Entsch., XIV, p. 341) ; C. C. H., 4 fév. 1864 (J. Min. Bl. p. 325).

enlève pas cette qualité. Mais ce ne sont pas des choses publiques à titre de places servant à la communication publique ; l'accès qu'ils offrent aux personnes qui veulent s'y rendre est d'une importance accessoire et n'est permis que d'une manière restreinte. Le service principal qu'ils rendent est celui d'être le champ de repos des morts, dans l'intérêt public de la santé des vivants et du sentiment religieux. Mais il est évident que, en leur qualité de lieu de repos, on ne peut pas s'en servir selon les règles de l'*usus publicus*. Personne en effet ne doit, dans ce but, toucher au cimetière, si ce n'est le fossoyeur officiel ; c'est par l'entremise de ce dernier que le cimetière offre à chacun les places d'inhumation pour les défunts (29).

Enfin il faut ranger dans ce groupe les *églises et temples* des cultes reconnus. Ils sont la propriété publique soit de l'association religieuse, soit de l'Etat, soit de la commune civile. Cette qualité, semble-t-il, ne leur est pas contestée. Notons cependant qu'il y a ici une exception remarquable. En effet, les églises

(29) *Windscheid*, Pand., § 147 : « La qualité d'être hors du commerce n'est pas la qualité exclusive des choses destinées à l'usage de tous. Elle se manifeste également surtout dans les choses affectées au culte et dans les lieux d'inhumation (*res sacrae, fundus religiosus*) ». *Foerster-Eccius*, Preuss. Priv. R., I, p. 110, distingue deux sortes de choses qui sont exemptes du commerce du droit civil : celles que l'Etat a réclamées pour lui à cause de l'usage général auquel elles servent, et celles qui sont « affectées à l'usage dans le service de la religion (*res sacrae, res sanctae*) ». Ces dernières sont donc des *res extra commercium* sans l'usage de tous. — Comp. aussi *Dernburg*, Preuss. Priv. R., I, p. 137 ; O. Tr. 23 janv 1855 (Str., 16, p. 210).

L'exemple des cimetières prouve que le classement d'une chose parmi les choses publiques ne se fait pas seulement d'après des considérations abstraites, mais est le résultat d'un développement historique qui réunit des influences diverses pour produire l'effet final. Nous ne nions pas que les cimetières pourraient être reconnus choses publiques sur la base des idées modernes ; mais il est évident que, en fait, leur qualité de *res religiosae* d'après le droit romain, ainsi que celle de *res benedictae* d'après le droit canonique, ont largement contribué à amener ce résultat.

sont les seuls édifices publics qui soient admis dans cette catégorie privilégiée. D'ordinaire, les édifices en sont exclus, parce qu'ils ne représentent pas aussi directement par eux-mêmes l'intérêt public ; ce ne sont que les accessoires d'une activité qui procure cet intérêt. Ainsi les palais de justice, les maisons d'école, les casernes, et, d'une manière générale tous les bâtiments où sont logées les différentes branches de l'administration, ont, malgré l'importance de ce qui se fait dans leurs murs, le caractère de propriétés du droit civil. On pourrait dire qu'il en devrait être de même des églises. Ce qui a une valeur directe au point de vue de l'intérêt public, ce sont les actes du culte qui se font dans ces bâtiments, de même que, pour les palais de justice, c'est l'administration de la justice qui y est exercée. A mon avis, la conciliation de cette situation exceptionnelle des églises avec l'idée générale de la chose publique est dans une conception particulière du rôle attribué à ces édifices dans l'ensemble du culte auquel ils servent. D'après le droit canonique, les choses vouées aux cultes comme choses sacrées, *res sacrae*, sont considérées comme ayant par elles-mêmes une espèce de force de sanctification. En particulier, les églises ne sont pas seulement les endroits où l'on fait le culte divin ; elles sont, par leur existence même, un acte de ce culte. Elles sont construites en l'honneur de Dieu. Dès lors, si le culte est reconnu par l'Etat comme équivalant à l'administration publique, les églises en représentent par elles-mêmes une portion ; ou, pour parler la langue de notre droit administratif, elles produisent directement l'utilité publique dont il s'agit dans cette branche d'administration. C'est une manière de voir qui est propre au catholicisme ; or la plupart de nos églises allemandes sont des églises protestantes. Cependant, il faut convenir que, pour les conceptions juridiques, le catholicisme, chez nous, est toujours resté prépondérant.

Ainsi s'explique cette situation exceptionnelle. Il va sans dire qu'il ne peut pas être question, pour les églises non plus, d'un usage de tous. C'est le prêtre, c'est la communauté protestante qui en font usage ; si tout le monde peut venir pour assister au culte, ce n'est pas là faire usage du bâtiment ; en tout cas, ce n'est pas pour y exercer le droit d'un usage de tous (30).

Les églises, comme nous venons de le voir, bien qu'elles admettent le public, ne sont pas des choses publiques à raison de ce fait. Mais il y a des choses publiques dont la particularité consiste dans une exclusion rigoureuse du public. Ce sont les *fortifications* ; elles représentent donc un troisième groupe. Elles ont le caractère distinctif de représenter directement par elles-mêmes l'utilité publique. Cette utilité consiste ici dans la défense du territoire national : une ville est protégée, un défilé est fermé. Ici encore, c'est la chose qui est censée procurer cette utilité directement et par elle-même. Il est vrai qu'autrefois cela résultait — d'une manière plus frappante que de nos jours, — de la forme extérieure des fortifications et de la manière dont on s'en servait. Aujourd'hui, on ferait une plus large part à l'activité de la force armée ; car, au lieu d'aider la forteresse à produire son effet, c'est elle qui est plutôt aidée dans ses entreprises par la forteresse ; il y a donc une certaine tendance vers la simple propriété administrative. Toutefois, les fortifications ont conservé assez de leur importance originaire pour conserver également, dans

(30) *Meurer*, Heilige Sachen, I, p. 160 ss., traite la question surtout au point de vue de la sanction pénale : ce n'est qu'un accessoire. — Comp. surtout *Wappäus*, l. c., p. 49 ss ; *Hinschius*, Kirchenrecht, IV, p. 141 ss.

l'opinion générale, la place qu'on leur a donnée parmi les choses publiques.

Il va sans dire que l'usage de tous n'est pas l'essentiel de cette chose publique ; cet usage de tous serait plutôt en contradiction flagrante avec sa destination principale. Il se peut que des permissions spéciales soient accordées même sur des terrains qui font partie d'une fortification. Mais cela reste toujours très loin d'un usage de tous (31).

Voilà donc un véritable catalogue des choses publiques ; la liste n'est pas close d'une manière formelle. Il y aura peut-être encore des choses qu'on aimerait à y ajouter. Mais elles ne trouveront que difficilement l'unanimité qui est acquise aux choses que nous venons de citer. Toutefois, nous ne croyons pas nous avancer trop en ajoutant encore les choses suivantes. Ce sont d'abord les *grandes digues* destinées à contenir les eaux des fleuves ou de la mer ; elles partici-

(31) Comme la qualité de choses publiques ne peut pas être contestée aux fortifications, ceux de nos auteurs qui maintiennent l'usage de tous comme condition indispensable de l'existence d'une chose publique se voient obligés de faire des efforts pour sauver, en ce qui concerne les fortifications tout au moins, quelques apparences d'un usage de tous. Ainsi *Ihering* dans Verm. Schriften, p. 152, fait allusion à une destination de ce genre en les appelant « établissements protecteurs qui profitent non pas à l'Etat, mais aux individus ». Cela, tout d'abord, n'est pas exact ; et même si c'était vrai, cela ne donnerait pas encore un usage de tous. — *Wappäus*, dem Rechtsverkehr entzogene Sachen, p. 107 : Les fortifications sont des choses publiques, parce que, « comme moyens de protection contre des ennemis extérieurs, elles servent indirectement à l'utilité publique ». Or, comme, d'après cet auteur, le caractère commun de toutes les choses publiques consiste dans « la destination à l'usage public, devant être exercé conformément à cette destination par tous les membres de l'Etat ou de la commune, comme aussi par tous les étrangers » (p. 106), nous devrions courir le risque de voir tous les étrangers faire de nos fortifications cet usage conforme à leur destination. — *Kappeler*, öffentl. Wasserlauf, admet d'abord comme choses publiques « exclusivement les choses qui servent à l'*usus publicus*, c'est-à-dire à l'usage public spécialement des membres de l'Etat » (p. 2) ; plus loin, il estime que les fortifications doivent être des *res publicae* dans ce sens : « car à un haut degré elles servent sinon à l'usage public, du moins à l'utilité publique » (p. 41). C'est une concession qui annule le principe !

pent, en quelque manière, à la nature des fortifications (32). Nous citerons encore les *égouts publics* ; quand ils font corps avec les rues, ils sont compris dans la domanialité de ces dernières ; mais ils devront être considérés comme choses publiques en eux-mêmes quand ils se séparent des rues et suivent leur cours distinctement (33). Enfin, on comptera peut-être dans le domaine public municipal les *fontaines publiques*, quoique à leur égard on puisse faire des objections très sérieuses comme nous allons le voir (34).

Parmi les choses qui ne figurent pas sur notre liste, il y en a qui, à première vue, devraient pouvoir prétendre y être inscrites. Il semble, en effet, qu'elles offrent, au même degré que l'une ou l'autre de celles que nous y avons admises, cette marque caractéristique de la chose publique, à savoir de présenter directement et par elles-mêmes l'utilité qui satisfait l'intérêt public. Considérons, par exemple, les *musées*, les *halles*, les *parcs publics*, les *bains populaires*, les *lavoirs*, les *cabinets d'aisance*, les *chauffoirs publics*. La manière dont le public s'en sert ressemble tout à fait à l'usage de tous. Pourquoi cela n'est-il pas reconnu et réglé comme un véritable usage de tous ? Parce que cet usage public n'a lieu que pour les choses publiques ; or, celles que nous venons d'énumérer ne sont pas des choses publiques. Mais pourquoi ne le sont-elles pas, puisque cependant elles servent à l'intérêt public de la manière que nous avons toujours considérée comme décisive ?

Nous ne pouvons répondre à cette question qu'en relevant un élément très important qui vient complé-

(32) *Ihering*, der Streit zwischen Basel-Land und Basel-Stadt, p. 44.

(33) R. G. 10 janv. 1883 (Samml. VIII, p. 152).

(34) *Wappäus*. l. c., p. 107. Bayr. Ob. Ger. H. 23 mars 1863, déclare qu'une fontaine communale servant à l'utilité publique de la commune est une chose soustraite au commerce du droit civil.

ter la conception de la chose publique. C'est la *gravité* relative de l'intérêt en question. L'Etat, avons-nous dit, gère son droit sur la chose publique exclusivement selon le but auquel elle doit servir ; il fait de cette gestion même une portion directe de l'administration publique ; ainsi il écarte d'elle ce que nous avons appelé les hasards du droit civil. C'est à titre exceptionnel qu'il fait cela ; en principe, en effet, la gestion de la propriété et des autres pouvoirs juridiques sur les choses corporelles dépend du droit civil. Cette exception, chose grave en elle-même, ne peut être admise qu'à la condition d'être motivée par un intérêt supérieur qui exige que l'on mette le droit sur la chose sous cette protection extraordinaire. Or, il est évident que la conception de la chose publique, qui est réalisée dans notre droit actuel, est dominée, à cet égard, par la tendance de restreindre à ce qui est strictement nécessaire cette exemption à la sphère ordinaire du droit civil. Il faut qu'il s'agisse d'*intérêts vitaux de la société* et *susceptibles*, en même temps, de ressentir la moindre entrave que la libre disposition de la chose pourrait éprouver à la suite d'un droit constitué au profit d'un tiers. Il est facile de voir à quel point ces conditions se trouvent réunies pour les routes, canaux, chemins de fer et autres moyens de grande communication : questions d'existence et qui ne peuvent être bien résolues qu'en conservant la souveraineté complète sur le terrain choisi. Les moyens de défense, fortifications et digues, présentent une situation également grave ; il est impossible de les exposer à être cédées à un droit formel quelconque. Partout, pour toutes les choses que nous avons admises dans notre liste, nous trouvons un grand intérêt public engagé. Les églises et les cimetières tirent évidemment de la sphère religieuse cette estimation exorbitante. Pour les fontaines publiques seulement, l'on pourra douter si l'intérêt qu'elles représentent doit être considéré comme étant d'une gravité suffisante. On peut imaginer des cas où il devrait en être ainsi. Mais n'oublions pas qu'il ne peut pas s'agir ici d'apprécier ce que l'on devrait décider dans tel cas particulier ; le droit des choses publiques doit s'établir d'après des catégories générales et abstraites. Il doit comprendre les différentes espèces selon l'importance moyenne et régulière qui leur donne ce caractère de nécessité : une route est chose publique et est soumise aux règles de ces choses indispensables, même si, dans tel cas particulier, on pourrait aisément y renoncer et en opérer le déclassement ; pour la catégorie des fontaines publiques, il serait difficile de poser en principe ce caractère de nécessité.

Cette condition de la gravité de l'intérêt exclut encore de la catégorie des choses publiques certains objets qui, sans cela, méritent notre plus grande sympathie. Ce sont d'abord les vénérables témoins du passé de notre nation : *murs païens*, ruines de thermes romains, tours antiques ayant servi autrefois de défenses à nos villes libres, restes de châteaux superbes sur les bords du Rhin et ailleurs. Ajoutons à cela les véritables monuments d'art, les statues et colonnes qui décorent nos places et parcs publics, les constructions somptueuses créées par l'enthousiasme de nos princes, telles que la Walhalla à Ratisbonne ou les Propylées à Munich. Tout cela dépend du domaine privé soit de l'Etat, soit de la commune. L'intérêt public que présentent ces choses est d'une grande valeur pour notre civilisation ; mais comparé à l'intérêt sévère des routes, des fortifications, etc., il n'est qu'un *intérêt de luxe* qui ne suffit pas pour motiver les privilèges de la chose publique. S'il n'y avait pas cette condition de la gravité de l'intérêt, beaucoup des choses comprises dans ce groupe et qui remplissent cette autre condition de servir directement et par elles-mêmes à l'utilité publique, devraient figurer sur notre liste (35).

Par contre, nous avons refusé d'inscrire les *édifices publics* (à l'exception des églises), parce que, pour eux, cette nouvelle condition fait défaut. Nous voyons maintenant que, même si l'on ne voulait pas insister sur ce point, il faudrait cependant les exclure, parce que les édifices publics ne représentent pas cette nécessité urgente qui caractérise nos choses publiques. Il est vrai que les fonctions qui s'exercent à l'intérieur des palais de justice, des maisons d'école, ainsi que les organisations auxquelles les casernes sont destinées, sont du plus haut intérêt pour l'existence de l'Etat ; mais leur existence n'est pas si intimement liée au sort juridique de ces immeubles qu'il soit nécessaire de diriger ces édifices, d'une manière si

(35) En France, on est disposé à faire entrer des objets de ce genre dans la catégorie du domaine public. On citera l'Arc de triomphe, le Palais de la Légion d'honneur, etc. *Gaudry*, Traité du domaine, n. 267. On appelle cela le « domaine public monumental ». C'est, comme nous l'avons dit, une question d'appréciation de la gravité de l'intérêt public. Notons cependant que, tout en leur refusant la situation spéciale de choses publiques, on peut considérer ces choses comme dignes d'une protection particulière au point de vue du droit pénal ; mais ce n'est pas la même chose. Comp. le § 304 du Code pénal allemand. Pour les raisons que nous venons d'indiquer au texte, nous sommes aussi d'avis d'exclure des choses publiques les parcs et promenades publics. Ils sont bien ouverts à tout le monde et manifestent directement et par eux-mêmes l'utilité publique qui est dans leur destination. Ce qui manque seulement, c'est la gravité de l'intérêt. En fait, il nous semble qu'on ne songe pas sérieusement à revendiquer pour ces immeubles d'agrément l'inaliénabilité et l'imprescriptibilité qui caractérisent la chose publique. Notons cependant que les véritables chemins de communication qui traversent ces parcs, etc., ne perdent pas, à cause de cet entourage, le caractère de chose publique qui leur est du. Cela résulte d'une combinaison assez intéressante de propriété publique et de propriété de droit privé du même sujet, de la ville par exemple, de même que la voie ferrée présente une propriété d'une couleur juridique particulière au milieu des autres dépendances de la ligne, telles que embarcadères, rotondes, magasins, etc. Comp. sur cette dernière question, *mon* article dans Arch. f. öff. R., XVI, p. 79 ss.

exclusive, vers ce but. Il n'y a pas d'inconvénient très grave à ce que l'on soit forcé, par suite des droits qu'un tiers fait valoir sur la chose, de remplacer cette maison d'école, cette caserne par une autre (36).

Telle est aussi l'explication du fait qu'il n'y a pas de *meubles* qui soient considérés comme choses publi-

(36) *Hatschek*, Rechtl. Stellung d. Fiscus, p. 38, observe avec raison qu'il y a une différence entre la conception allemande et la conception française en ce qui concerne les édifices publics. Mais cette différence ne repose pas, comme il le croit, sur le fait que les Français connaissent une propriété du droit public que les Allemands ignorent. Ceux-ci rétrécissent seulement le cercle des choses qui doivent y appartenir. — La question, du reste, n'est pas encore complètement réglée chez les auteurs français. *Ducrocq*, dans son Traité des édifices publics, avait voulu chercher la solution dans une interprétation des textes. *Lamache*, dans la Revue critique, XXVII, p. 13 ss., semble avoir réfuté ce système ; d'après ce que nous venons de dire sur les textes qui se trouvent dans le Code civil (note 24 ci-dessus), celui-ci ne promet rien du tout. Comp. aussi *Hauriou*, Droit adm. 1893, p. 496 ; *Ranelletti*, Concetto, natura e limiti del demanio publico, I, p. 15 ss.

Ubbelohde, Forts. v. Glücks Pand., liv. 43 et 44, 1. p. 115 ss., commence par reconnaître toute une série d'édifices publics comme choses publiques, *res publicae* : palais de la représentation nationale, hôtels des ministères, palais de justice, bâtiments affectés au service des autorités administratives, prisons, usines à gaz, usines de force électrique, abattoirs, marchés couverts. Cela fait, il constate que ces choses ne sont nullement soustraites au droit civil, mais qu'elles font couramment l'objet de contrats de bail, de vente, d'acquisition par prescription, bref, sont soumises à l'application de toute sorte d'institutions du droit civil. De là il conclut que la conception des choses publiques, comme étant soustraites au droit civil et soumises exclusivement au droit public, est insoutenable. Mais ne serait-il pas plus logique de reconnaître que tous les bâtiments dont il dresse la liste ne sont pas des choses publiques ?

Le fait qu'un bâtiment est considéré comme « édifice public » peut avoir une grande importance juridique au point de vue des contributions à percevoir au nom de l'Etat ou de la commune : les lois établissent des exemptions en faveur de ces bâtiments et les affranchissent de l'impôt. Le motif en est qu'ils sont considérés comme des valeurs improductives qu'il serait injuste d'imposer. Comp. la loi Pruss. sur l'impôt sur les bâtiments du 21 mai 1861 § 3 ; *Dernburg*, Preuss. Priv. R., I, p. 37. Il faut bien se garder de confondre ici deux questions tout à fait différentes, comme on le fait si souvent. L'exemption d'impôt va de soi quand il s'agit d'une chose publique ; mais elle peut parfaitement être accordée aussi à d'autres choses qui, pour cela, n'acquièrent pas la qualité de chose publique.

ques (37). C'est qu'il ne peut pas arriver qu'il y ait, pour l'Etat. à l'existence d'une chose mobilière, un intérêt tellement pressant qu'il justifie l'énergie extraordinaire qu'il faut pour mettre le simple exercice de son droit sur la chose sur le pied de l'administration publique. *Vilis mobilium possessio.*

IV. — La chose publique est un immeuble si intimement lié à l'intérêt public que même le droit subjectif que l'administration aura à exercer sur cette chose est soustrait au régime ordinaire du droit civil et soumis aux règles du droit public. Pour simplifier nos explications, nous avons supposé jusqu'ici que ce droit est un droit de propriétaire et que le propriétaire est l'Etat. Il faut maintenant compléter nos observations en relevant le fait qu'il peut y avoir des variations quant à l'un et l'autre de ces deux points. La personne à laquelle appartient la chose n'est pas toujours l'Etat; d'autre part, le droit en vertu duquel elle lui appartient peut être autre chose que la propriété. De là résulte une nouvelle distinction entre plusieurs *espèces de choses publiques.*

1) La chose publique ne peut appartenir qu'à un *sujet de l'administration publique.* Il est, en effet, de sa nature que son maître fasse, par elle, de l'administration publique, et d'une manière qui influence la qualité du droit qu'il a sur elle.

Mais l'*Etat* n'est pas le seul sujet de l'administration publique. Il l'est en première ligne et pour toutes les branches de l'administration. Par conséquent, on

(37) Avant le Code civil allemand, il existait différentes prescriptions particulières en vue de protéger certains biens meubles affectés à un service public, tels que les livres des bibliothèques, les objets réunis dans un musée public, soit en empêchant la prescription, soit en facilitant, d'une autre manière, la poursuite. Cela avait le caractère de *privilegia fisci*; cela rentrait dans le droit civil et a disparu avec le Code civil allemand.

trouvera, chez lui, des choses publiques de toute espèce.

Mais à côté de lui, il y a d'autres sujets de l'administration publique, qui peuvent le remplacer. Ce sont surtout les *corps d'administration propre* (comp. t. IV, le § 55 ci-dessous). Par conséquent, nous devons nous attendre à rencontrer aussi un domaine public des provinces, des districts, des communes, etc. Dans quelle mesure cela peut-il avoir lieu ? Cela dépend de l'étendue du droit d'administration propre qui leur appartient : c'est uniquement pour des buts compris dans les limites de ce droit que leur est donnée la capacité d'exercer de l'administration publique, et, par conséquent, la possibilité d'un domaine public (38). Nous trouvons des choses publiques des communes sous la forme de voies, ponts, fontaines, mais non sous la forme de fortifications ou de fleuves publics. D'autres personnes morales du droit public aussi n'ont pas de choses publiques du tout, les buts qui pourraient être poursuivis dans cette forme n'étant pas compris dans leur droit d'administration propre. Les

(38) *Wappäus*, dem Rechtsverkehr entzogene Sachen, p. 96, et *Kappeler*, öffentl. Wasserlauf, p. 24, p. 122, dans leur polémique contre *Keller*, nient que les communes puissent avoir d'autre droit sur leurs chemins publics qu'une propriété de droit civil. En effet, ce qui, d'après *Keller*, est la seule forme dans laquelle s'effectue le pouvoir juridique sur la chose publique, à savoir le droit de supériorité, serait inaccessible aux communes. « Où est écrit un pareil droit de supériorité ? demande *Wappäus* ; à l'heure actuelle, il n'existe que dans la tête de *Keller*, mais pas dans la doctrine du droit public, car il signifierait un Etat dans l'Etat ». Des anciens droits de supériorité, naturellement, il ne peut pas être question. Mais l'administration publique et la puissance publique qui y est contenue ne se trouvent pas dans l'Etat seul ; ils existent aussi, en une certaine mesure, dans la commune. Et cela est écrit dans le droit d'administration propre. — *Burkhard*, dans Grünh. Ztschft, 15, p. 634 ss., veut également restreindre la notion du bien public ou de la propriété publique au cas de la propriété de l'Etat ; il refuse ce nom aux rues, places, ponts des communes, sans qu'il puisse y trouver, comme il l'avoue lui-même (p 635), une différence réelle — et, donc, nous semble-t-il, aussi sans raison suffisante. — Comp. *Layer*, Principien der Ent., p. 634 note 1.

associations religieuses et les différentes personnes morales du droit public qui y ressortissent se trouveront, en vertu de la législation de l'Etat, classées parmi les corps d'administration publique d'une nature juridique correspondante et participeront ainsi à leur capacité d'avoir des choses publiques ; les difficultés qui pourront surgir à cet égard dépendent de la question de la délimitation entre le droit ecclésiastique et le droit administratif, question qui n'a pas encore trouvé sa solution définitive.

Il y a enfin de l'administration publique même au delà de l'administration propre : une portion peut en être déléguée spécialement à un entrepreneur, soit à une personne morale, soit à une société ou à un individu, pour être exercée par lui en son nom. Cette délégation se fait dans les formes de la *concession*, institution du droit public que nous avons déjà rencontrée dans la doctrine de l'expropriation (comp. § 33, II, n. 2 ci-dessus, et encore au t. IV les §§ 49 et 50 ci-dessous). Si cette entreprise trouve sa réalisation directe dans une chose corporelle, les conditions de la propriété publique seront remplies dans ce cas aussi. Des chaussées, ponts, voies ferrées, destinés à l'usage de tous par un entrepreneur de ce genre, devraient être considérés comme propriétés publiques de ce dernier. Mais, en fait, on n'est pas d'accord pour admettre cette conséquence logique ; l'appréciation juridique de la situation offre des variations Quand on ne veut pas reconnaître le concessionnaire comme propriétaire selon les règles du droit public, on réserve cette propriété à l'Etat qui ne fait qu'exercer cette propriété par l'entrepreneur durant la concession ; ou bien on n'admet, par un retour partiel aux conceptions anciennes, qu'une propriété de droit civil de l'entrepreneur, caractérisée seulement par une espèce de protection particulière. La formation de notre droit, sur ce point encore, n'est pas arrivée à quelque chose de définitif (39).

2) Le *droit* même, en vertu duquel la chose appartient à ce sujet de l'administration publique, peut être d'une nature différente selon la *mesure dans laquelle il saisit la chose.*

Ce droit se présente, dans la *propriété publique*, sous sa forme la plus énergique. Cela n'empêche pas que des droits sur la chose, constitués antérieurement et dépendant du droit civil, subsistent : par exemple, un droit de servitude ou une hypothèque ; la possibilité de les faire valoir sera très restreinte, il est vrai. Mais cela exclut, par le fait même de la propriété publique, l'existence d'une propriété civile sur cette même chose, et, par conséquent, la possibilité de la naissance de droits civils sur la chose.

Il se peut aussi qu'il existe, au profit de l'administration, de l'Etat ou de la personne qui est à sa place, seulement un droit restreint sur la chose et qui, bien que le refoulant, laisse subsister, en principe, le droit d'un tiers propriétaire. Il est des cas où un pareil droit réduit suffit pour que l'Etat puisse, en vertu de ce droit, affecter la chose au service régulier de l'intérêt public dont s'agit. Ce droit aura la nature d'une servitude, d'un *jus in re aliena* ; il aura pour contenu la charge imposée à l'immeuble de souffrir l'usage qui en sera fait dans le but déterminé. Le droit de passage en est un exemple. Quand l'Etat, en vertu de son droit de passage acquis d'une manière quelconque, aura installé son chemin public, l'immeuble grevé de la servitude sera une chose publique. Le droit de l'Etat sur cette chose — par suite, la servitude — sera

(39) *Meili*, Recht der modernen Verkehrs-und Transportanstalten, p. 40, rapporte les diversités d'opinion qui existent touchant le droit sur la voie ferrée ; mais il n'approfondit pas la question.

dorénavant régi par le droit public. La *servitude de droit public* correspond à la propriété publique. Mais ici la propriété de la chose reste étrangère à l'administration ; elle reste soumise au droit civil avec toutes ses conséquences, notamment quant aux dispositions ultérieures du propriétaire. Les deux sphères se partagent l'immeuble qui, au point de vue juridique, mène, pour ainsi dire, une vie double. Nous traiterons de cette servitude de droit public au § 40 ci-dessous.

Il se peut enfin que l'Etat n'ait sur la chose ni la propriété, ni un droit de servitude quelconque, mais qu'il soit seulement *possesseur de fait*. Le fait de la possession a, d'après le droit civil, une certaine valeur juridique ; il engendre ce qu'on appelle le droit de possession, jouissant d'une certaine protection ; ce n'est qu'un droit provisoire, il est vrai, et qui doit céder au droit plus fort, notamment du propriétaire.

S'agit-il d'une chose qui, en fait, sert directement et par elle-même à une certaine utilité publique, soit par exemple comme chemin public ou comme fortification, alors ce droit de possession prend un caractère particulier. Tout d'abord, par ce fait même, l'Etat ou le sujet d'administration publique qui est préposé à sa place à la branche d'intérêts publics qui en bénéficie, est constitué possesseur, investi du droit de possession. Ainsi, la chose remplit toutes les conditions pour être considérée comme chose publique ; elle les remplit provisoirement ; un examen plus exact de sa situation juridique fera voir si elle doit ou non cesser d'être chose publique. Mais, d'un autre côté, ce droit de possession lui-même appartient maintenant à la sphère du droit public, conformément à ce que nous avons exposé ci-dessus. L'Etat s'y maintient par les moyens de la police de la chose publique ; et il apprécie souverainement, par ses autorités administratives, les modalités selon lesquelles l'intérêt public doit céder aux revendications légitimes de l'intérêt privé. Il y a donc, à côté des choses publiques par droit de propriété et par droit de servitude, des choses publiques par droit de possession. Cette théorie de la *possession du droit public* s'éclaircira dans l'ensemble des institutions qui constituent les restrictions apportées à la propriété par l'intérêt public et dont nous traiterons au § 41 ci-dessous.

---

§ 36

Suite ; le régime juridique de la propriété publique.

Il s'agit maintenant de voir comment, conformément à la notion de propriété publique telle que nous l'avons établie, le régime juridique qui l'entoure se développe dans tous ses détails. Nous examinerons les règles qui déterminent l'origine de cette propriété et sa fin, ainsi que les effets juridiques qu'elle produit entre ces deux termes.

I. — L'*origine* de la propriété publique, c'est-à-dire le commencement de l'état juridique que nous appelons ainsi, se produit au moment où sont réunies les conditions caractéristiques de son existence : il faut que de l'administration publique se fasse par la chose, et que la propriété de cette chose appartienne au sujet de cette administration.

1) La première condition est donc qu'il s'agisse d'une *chose publique*, d'une chose par laquelle le sujet auquel elle appartient fait de l'administration publique, réalise directement un certain but d'utilité publique reconnu comme assez grave pour motiver l'énergie de la manifestation de la puissance publique.

Pour cela, il est nécessaire que la chose elle-même présente, soit par sa nature propre, soit à la suite de travaux, l'*état extérieur* correspondant ; il faut aussi que son maître l'*emploie* effectivement dans ce but. L'origine de la chose publique, c'est le moment où a lieu *cette mise en fonction* de la chose.

Ainsi, pour cette mise en fonction, il ne suffit pas d'une déclaration de volonté de la part du maître de la chose. Cette déclaration est sans effet, si la chose n'est pas effectivement à sa disposition, s'il n'en est pas le maître de fait ; elle est également sans effet, si la chose n'a pas encore été mise dans l'état extérieur nécessaire pour faire son service ; dans ces circonstances, on ne devrait voir là qu'une déclaration de l'intention de ce qui sera fait ultérieurement (1).

D'un autre côté, il ne suffit pas que la chose soit pleinement appropriée au but, serve en fait à ce but et qu'elle appartienne même à un sujet d'administration publique. Il faut que, *du consentement* de ce maître, elle serve à l'intérêt public ; ainsi seulement, nous aurons ce que nous avons reconnu être de l'essence même de la chose publique ; par elle, il se fait de l'administration publique (2).

Nous appelons *affectation* de la chose la manifestation de volonté par laquelle, les conditions de son état extérieur étant remplies, la chose est mise en fonction et devient chose publique. L'affectation est un acte de volonté qui appartient à la sphère de l'administration publique ; mais ce n'est pas un acte administratif.

Elle ne détermine pas de rapports entre le citoyen

(1) En ce sens, O. Tr. 12 nov. 1867 (Str. 69, p. 73) : par le fait qu'il est destiné au culte, l'édifice n'est pas encore *res sacra* ; il faut qu'il y soit aussi employé effectivement.

(2) O. V. G. 20 févr. 1889 (Samml. XVIII, p. 321) : un chemin ne devient pas public par le seul fait qu'on ne pourrait pas s'en passer et qu'on s'en sert généralement. Il faut qu'il s'y joigne cet élément juridique, à savoir que le chemin ne puisse pas être enlevé à la communication en vertu d'un droit privé, qu'il y soit affecté du consentement exprès ou tacite de la police des routes.

et la puissance publique ; elle ne fait que créer une situation d'où résulteront ces rapports. Cela ressemble aux arrangements que, dans la vie privée, le propriétaire prend touchant sa chose, pour lui donner une destination qui aura de l'importance pour ses rapports juridiques futurs. Cet arrangement n'a pas en lui-même le caractère d'un acte juridique ; de même, l'affectation n'est pas un acte administratif (3).

L'affectation peut se présenter sous des formes diverses. Elle peut être faite par un acte distinct,

(3) On reconnait très facilement, que, en règle, il faut, pour qu'existe juridiquement la chose publique, une volonté déclarée à cette intention par l'autorité. Mais il faut se garder de l'excès contraire : on voit trop de choses dans cette déclaration ; on veut en faire un véritable acte d'autorité avec des effets juridiques particuliers. Cela se fait de différentes manières. L'ancienne doctrine du Fisc n'avait aucune peine à arriver à ce résultat. Pour elle, naturellement, la chose se présentait ainsi : l'Etat, représenté par l'autorité de la police des routes, commande au Fisc, représenté par l'administration des routes, de construire le chemin et de le mettre en fonction pour qu'il soit affecté à l'intérêt public, par conséquent, ici, surtout à l'usage de tous. Ainsi, nous aurions un véritable acte administratif ; mais ce n'est que grâce à ce personnage particulier, le Fisc.

De nos jours, on voudrait reconnaître dans l'acte d'affectation une « déclaration de la publicité » de la chose ou une « attribution de la qualité de chose publique », ayant pour effet de fonder l'usage de tous. En particulier, *Brinz*, Pand § 128, appelle l'affectation « une espèce de fondation publique » parce qu'elle amène l'usage de tous. Mais l'usage de tous, comme nous le verrons au § 37 ci-dessous, est de droit : il n'est pas du tout « fondé ». Du reste, toute cette explication qui repose sur l'attribution à la chose du caractère public est complètement en défaut, quand il s'agit de faire comprendre l'origine des choses publiques de nature identique, mais qui ne servent pas à l'usage de tous.

Eisele, Rechtswerk der *res publicae*, p. 38, a rompu avec ce système erroné qui cherche la solution dans la création de l'usage de tous. Se plaçant à un point de vue plus large, il développe cette idée que la *publicatio* est un acte formel qui investit la chose du caractère du droit public. Il produit cet effet en vertu d'un droit spécial appartenant à l'administration, le *jus publicandi*, et qui constitue, d'après lui, un « droit créateur ». Très logiquement, *Eisele* déclare que la chose n'a pas besoin d'être aménagée spécialement à cet effet, et appropriée pour servir à l'utilité publique ; le décret suffira (l. c. p. 33, note 2). Mais ces conséquences ne répondent pas à la réalité des faits.

après l'accomplissement des travaux nécessaires pour la mise en état de la chose. Tel sera surtout le cas, lorsque la chose devra remplir le but public, de manière à rester ouverte au public pour l'usage de tous ou pour l'entrée libre, sans intervention ultérieure des employés de l'entrepreneur du service. L'*ouverture* de la chose au public signifie alors la mise en fonction, l'affectation. Les chemins publics, les ponts, les églises en fournissent des exemples. L'affectation pourra alors être déclarée expressément avec plus ou moins de solennité. Elle peut aussi se faire d'une manière moins solennelle : des défenses d'accès et d'usage, qui avaient été établies par affiches ou autres avertissements, sont rapportées.

C'est à ce moment que s'opère le changement : la chose devient chose publique ; la propriété de l'Etat ou de la commune, — qui existait déjà, mais qui devait être considérée comme dépendant du droit civil, — devient une propriété de droit public.

Dans d'autres cas, la mise en fonction se manifeste par l'activité positive que l'administration elle-même exerce sur la chose. Il en est ainsi pour les choses qui, par l'état qui leur a été donné, remplissent le but administratif sans que le public en fasse usage : par l'accomplissement des travaux de construction essentiels, l'affectation se fait tacitement. Cela aura lieu, par exemple, pour les fortifications. Pour d'autres choses, qui rendent leurs services par l'intermédiaire des fonctionnaires et employés de leur maître, l'affectation est contenue dans l'ordre officiel de mise en service ; ainsi, pour le cimetière, pour la voie ferrée, de même que pour le canal à écluses. Il pourra également se faire qu'on procède à une « solennité d'ouverture », à une inauguration ; mais la chose publique sera achevée non pas en vertu de cette déclaration d'ouverture, mais par *le fait du service commencé*.

Il est des circonstances où il serait impossible de relever un acte de volonté quelconque par lequel le maître de la chose aurait exprimé l'intention de créer une situation nouvelle. Il se peut que déjà la chose ait réellement servi au même intérêt, avant d'appartenir au sujet d'administration publique qui la prend maintenant telle quelle et qui la *laisse continuer*. Un chemin privé, par exemple, qui, en fait, servait déjà à l'usage de tout le monde, entre en la possession de l'Etat ou de la commune par un acte du droit public, expropriation, par exemple, ou par une convention du droit civil, vente, échange, donation, etc. Par ce fait, le chemin devient chose publique, — ce qu'il n'était pas jusqu'alors. C'est l'avènement du nouveau maître qui opère le changement de sa nature juridique. Celui-ci ne fait pas de déclaration d'affectation ; il succède plutôt dans celle que son prédécesseur avait réellement faite en laissant circuler tout le monde sans que, bien entendu, ce procédé d'un homme privé eût pu donner à sa chose le caractère de chose publique (4).

Enfin, il y a une situation spéciale pour les choses publiques destinées à servir à un but d'utilité publique en vertu de leur état naturel même. Nous les appellerons des *choses publiques naturelles* : fleuves navigables, lacs, rivages de la mer. Elles ont été, d'une

(4) Ce cas présente extérieurement une certaine ressemblance avec celui où un sujet d'administration publique acquiert la chose publique d'un autre sujet d'administration publique à laquelle elle appartenait déjà. La commune, par exemple, est chargée d'une route qui jusqu'alors avait été sous l'administration directe de l'Etat, et inversement ; ou bien l'Etat se met en possession d'une ligne de chemin de fer, après avoir retiré la concession à l'entrepreneur ; comp. sect. II n 2 ci-dessous. Dans ce sens, la chose était déjà chose publique avant cette acquisition. On ne saurait donc parler de la naissance d'une chose publique. Il n'y a qu'un changement dans la personne du maître de la chose ; celui-ci maintient l'affectation préexistante sans même en changer le caractère juridique.

manière logique, déclarées la propriété de l'Etat par les législations modernes ; comp. la note 9 au § 35 ci-dessus. Mais il faut bien se garder de voir dans ces prescriptions légales des actes d'affectation ou, d'une manière générale, des actes quelconques ayant fait de ces portions du territoire des choses publiques. En effet, ces choses ont été, de tout temps, chez nous, au service de la communauté comme choses publiques. C'est seulement la conception de leur caractère juridique qui, dans le cours des siècles, a varié, conformément au changement qu'a dû subir la notion des choses publiques en général : comme biens communaux, *res nullius*, objets d'un droit de supériorité pur (comp. § 35, I ci-dessus). Maintenant la loi leur donne pour propriétaire l'Etat ; pour mieux dire, elle confirme le changement qui s'est opéré dans l'opinion générale, et d'après lequel l'Etat est maintenant considéré comme le propriétaire. Mais il n'y a pas d'affectation nouvelle de la chose ; l'Etat la laisse simplement continuer à fonctionner comme auparavant ; c'est ainsi qu'il consent à faire, par elle, de l'administration publique ; cela suffit pour que soient remplies les conditions d'existence d'une chose publique en droit moderne.

La situation sera la même pour certaines *rues historiques*, ponts, fortifications, canaux de *vieille date* ; ces choses aussi ont passé par les vicissitudes de l'appréciation doctrinale. Leur maître actuel n'a jamais fait de déclaration d'affectation formelle ; il a accepté et laissé continuer la destination préexistante. La seule différence, c'est que cette destination est cependant l'œuvre des hommes qui jadis jouaient, pour ainsi dire, le rôle de maître actuel de la chose ; on pourrait donc, à la rigueur, parler encore de l'approbation tacite d'un acte précédent, équivalant à une affectation. Pour les choses publiques naturelles, toutes ces analogies font défaut. L'Etat est tout simplement censé vouloir leur service aussi longtemps qu'elles présentent les marques extérieures qui les y rendent propres ; or, ce service consistant essentiellement dans l'usage de tous — usage auquel ces choses restent ouvertes, — comme il ne s'agit que de laisser faire et de surveiller, la volonté de l'Etat semble plutôt s'éclipser derrière les réalités prépondérantes.

Puisque l'existence de ces choses publiques naturelles dépend directement des faits matériels qui les caractérisent, il peut s'y produire un *accroissement*, par suite de l'extension de ces signes distinctifs. Il faut alors distinguer.

Cette extension pourra être l'*œuvre directe de la nature* : le fleuve change de lit ; la mer se déplace et il se forme un nouveau rivage qui avance. Les terrains ainsi occupés par les eaux changent à la fois de qualité juridique et de maître : elle deviennent choses publiques et, en même temps, propriété de l'Etat. Il ne faut, pour cela, aucune déclaration, aucun autre acte juridique (5).

L'accroissement pourra aussi résulter de mesures prises à cet effet par l'*administration*, et de travaux dirigés par elle. L'exemple principal est fourni par le cours de la rivière rendue navigable ou qui a même été directement canalisée. Cette rivière deviendra également chose publique et propriété de l'Etat, mais seulement à partir du moment de sa mise en fonction, c'est-à-dire à partir du moment où elle a

(5) Il ne faut pas confondre avec l'affectation les actes administratifs qui sont accomplis, surtout pour les choses publiques naturelles, en vue de fixer leurs limites à l'encontre des propriétés riveraines. Ces actes de délimitation ne créent pas des choses publiques, comme le fait l'affectation ; ils n'en opèrent pas non plus l'augmentation : ils ne font que constater le fait de leur existence et de leur étendue actuelle ; nous en parlerons tout à l'heure au n. 2.

été — solennellement ou non — livrée à la navigation. Ici encore apparaît quelque chose comme une affectation.

Ainsi, pour toute espèce de chose publique, le fait matériel de l'utilité publique est tellement essentiel qu'il n'y a pas de chose publique avant le moment où ce fait existe. Ce fait doit reposer en même temps sur la volonté du sujet d'administration publique qui dispose de la chose. D'ailleurs, cette volonté peut se manifester non seulement par un acte formel ou même solennel, — qu'on désigne de préférence par le mot affectation, — mais aussi tacitement par les dispositions prises à l'égard de la chose ; enfin, pour les choses publiques naturelles, cette volonté forme même un accessoire des faits matériels auxquels elle est enchaînée. Jamais la déclaration d'affectation la plus solennelle ne crée, par elle seule, une chose publique si cette chose n'a pas déjà l'état extérieur qui répond au caractère qu'on veut lui donner.

2) Chose publique, ce n'est pas encore propriété publique ; celle-ci suppose que la chose dépend, en quelque sorte, d'un sujet d'administration publique qui doit s'en servir pour faire de l'administration publique. Mais cette dépendance peut n'être qu'un simple fait, une possession. Pour qu'il y ait propriété publique, il faut que la chose publique soit, en même temps, constituée la *propriété* de l'Etat ou du sujet d'administration publique qui s'en sert ; il faut qu'il lui soit acquis sur la chose, selon la notion de la propriété, le droit de domination totale (*umfassende rechtliche Herrschaft über die Sache*).

Cette acquisition pourra se joindre de différentes manières au fait de la chose publique. Elle peut le *précéder*, le *suivre* ; enfin les deux éléments peuvent se produire d'un seul coup.

Le cas régulier, — et qu'on aime à prendre exclusivement pour type, — c'est celui où l'Etat (ou n'importe quel autre sujet d'administration publique) *commence par acquérir la propriété* d'une chose, spécialement d'un immeuble, *pour en faire un chemin, une fortification ou toute autre chose publique.* Cette acquisition se fera par acte du droit civil, contrat d'achat, par exemple, ou par la voie d'expropriation, peu importe ; — le résultat sera toujours, tout d'abord, une *propriété de droit civil* de l'entrepreneur. L'Etat profitera alors de la propriété ainsi acquise pour y faire les travaux nécessaires et qui transformeront l'immeuble en chemin, en fortifications. Ces travaux une fois achevés, l'Etat mettra la nouvelle chose publique en fonction par une déclaration solennelle ou sans formes, peu importe. Et c'est au moment même où cela a lieu que la propriété de la chose est transformée en une propriété de droit public.

Telle est en effet, comme nous venons de le dire, la marche régulière des choses. Mais ce serait une erreur de croire que telle est la marche nécessaire et seule possible. Il n'est pas vrai, comme on aime à l'affirmer, que la propriété publique doive toujours passer d'abord par la phase de la propriété privée de l'Etat ou du Fisc. En fait, très souvent, la formation successive des différents éléments de la propriété publique se produit *dans un sens inverse*, sans qu'on puisse dire que cela soit en désaccord avec le principe ou présente une exception. Il est parfaitement possible que l'Etat soit en possession d'une chose publique sans en être le propriétaire. Nos lois d'expropriation donnent elles-mêmes à une telle combinaison l'occasion de se produire sur une vaste échelle, en autorisant l'envoi en possession provisoire. Grâce à cette mesure, l'Etat qui poursuit l'expropriation entrera, dans le cours de cette procédure, en possession de l'immeuble qui en est l'objet. Cela ne l'en rend pas encore propriétaire ; mais cela lui donne la possibilité d'y commencer immédiatement les travaux projetés et d'en faire une chose publique qui pourra être achevée et entrée en fonction avant que l'expropriation, — qui continue — ne soit arrivée à son accomplissement. Ce n'est qu'au moment de cet accomplissement que l'Etat joindra alors à la possession de la chose publique le droit de propriété, lequel sera un droit de propriété publique.

Le même résultat peut se produire si l'Etat, par erreur ou à la suite d'une procédure vicieuse et déclarée nulle, avait occupé un immeuble et l'avait incorporé dans sa route, sa fortification, sa voie ferrée. Il n'en est pas devenu propriétaire, cela va sans dire ; si, plus tard, l'absence de son droit est constatée, on s'efforcera de régulariser la situation ; rarement, cela pourra se faire par la restitution de l'immeuble ; d'ordinaire, l'Etat se rendra encore propriétaire après coup, soit à l'amiable par un contrat d'achat, soit par la voie toujours ouverte de l'expropriation. Dans ce cas encore, — qui se présente plus souvent qu'on ne croit, — la propriété publique n'existe qu'au moment où à l'état de la chose publique déjà créé se joint l'acquisition de la propriété.

Notons cependant que, dans tous les cas de cette seconde catégorie, la propriété de l'Etat qui naît en vertu de son acte d'acquisition est, immédiatement et sans interrègne fiscal, un droit de propriété publique. Ce ne peut pas être autre chose ; l'Etat n'a jamais eu sur cet immeuble quoique ce soit comme une propriété privée ; sa possession est transformée en propriété publique sans interruption (6). Enfin, les choses publi-

(6) Notons encore qu'il n'y a pas, à cet égard, à distinguer suivant que l'acquisition de la propriété par l'Etat s'est faite par un acte du

ques naturelles nous offrent l'exemple de la coïncidence nécessaire des deux éléments. Tout ce qui est fleuve navigable ou rivage de la mer est destiné à l'usage de tous ; cela est reconnu comme chose publique dont l'Etat doit être le maître. Et la loi a décidé qu'il l'est en qualité de propriétaire. Donc aux faits matériels s'attache ici de plein droit la propriété publique. De même, dans le cas où les marques extérieures qui constituent ces faits matériels se déplacent, avancent en des endroits qui jusque-là ne les portaient pas, la propriété publique de l'Etat les suit de plein droit. Ici encore, on ne saurait imaginer le passage préalable par une propriété du droit civil.

Il pourra en être autrement si le changement est le résultat de travaux que l'administration a fait faire à cet effet. Il s'agit, par exemple, de donner au fleuve un lit nouveau ; pour pouvoir creuser ce lit, l'Etat fera d'abord, soit par contrat, soit par la voie de l'expropriation, l'acquisition des terrains nécessaires ; il commencera par en être propriétaire selon le droit civil ; cette propriété ne se transformera en propriété de droit public qu'au moment où le nouveau cours du fleuve sera livré à la navigation.

II. — La propriété publique étant donnée, le maître de la chose se trouve placé par là dans le courant des intérêts matériels, lesquels se heurtent et se présentent avec des variations infinies ; il entre ainsi dans des rapports complexes avec d'autres, de même qu'un propriétaire du droit civil. Ce qui fait la différence, c'est qu'ici ces rapports sont complètement réglés par les

droit civil, ou par un acte du droit public, par un contrat de vente ou par une expropriation pour cause d'utilité publique. Cela prouve encore que la nature juridique de la propriété acquise ne dépend pas du tout de la nature de l'acte d'acquisition et ne forme pas une partie intégrante de la notion de cet acte ; elle dépend de circonstances indépendantes de cet acte. Comp. § 34, I, n. 4 ci-dessus.

principes du droit public. Dans l'ensemble de ces rapports se manifeste pleinement ce qu'on appellera *le contenu de la propriété publique*. Les nombreuses institutions du droit public qui s'y attachent trouveront, en grande partie, des explications détaillées et systématiques dans d'autres parties de cet ouvrage. Nous les réunissons toutes ici, — autant que cela est nécessaire, — afin d'opposer à la propriété civile le tableau correspondant de la propriété publique.

1) La propriété privée est armée par la loi, dans une certaine mesure, du pouvoir de *légitime défense et du pouvoir de se faire droit elle-même* : Code civil allemand, § 859. Par la nature des choses, ce pouvoir est développé à un degré de beaucoup supérieur lorsqu'il s'agit d'une propriété publique. A vrai dire, il ne s'agit, ni dans l'un ni dans l'autre cas, de la propriété proprement dite ; il s'agit plutôt de ses avant-postes. De même que le § 859 du Code civil attache les mesures de protection par lui prévues à la simple possession de la chose, de même les institutions correspondantes du droit public prennent pour point de départ le simple fait de la *chose publique*. Or la propriété publique, réalisée par la possession effective, en offre l'exemple principal ; d'un autre côté, il n'y a pas de propriété publique qui n'ait pas pour objet une chose publique. Dès lors, la *protection de la chose publique* forme une partie essentielle de son droit propre et sans laquelle ce droit ne peut pas se comprendre.

La protection propre à la chose publique dérive de la qualité qui forme le centre de sa conception, à savoir d'être elle-même une manifestation directe de l'administration publique. Or l'administration publique se maintient dans son bon état contre les particuliers par les moyens de la puissance publique. L'ensemble de ces mesures rentre dans l'idée générale de la *police*; dans cette application spéciale, cela s'appelle la *police de la chose publique*.

Nous avons vu au t. II p. 139 ss. ci-dessus comment la défense de la chose publique a lieu par l'emploi de la force contre toutes les attaques, troubles, obstacles qui, émanant de l'existence individuelle, peuvent menacer l'intégrité et le bon fonctionnement de la chose. Cet emploi de la force est considéré comme un cas de contrainte de police directe. Il a ceci de particulier qu'il n'y a pas besoin d'un fondement spécial législatif pour l'autoriser ; cet usage de la force est considéré comme allant de soi et trouvant sa justification dans l'idée même de la police.

Mais s'il s'agit de créer des obligations juridiques, d'émettre des règles de droit ou des actes administratifs avec des commandements et des défenses obligatoires pour les sujets, cette base du droit naturel ne suffit plus ; il faut un fondement légal exprès (comp. t. II p. 36 ci-dessus). Toutefois, ce fondement, pour les ordres tendant à protéger les choses publiques, on le trouve, d'une manière suffisante, dans les autorisations très générales par lesquelles la loi charge les autorités d'émettre des règlements de police et des ordres individuels dans l'intérêt de la sûreté, de la tranquillité et du bon ordre publics (comp. t. II p. 10 ci-dessus). Les moyens ordinaires de l'exécution de police par contrainte (comp. t. II p. 109 ss.) sont la suite de la désobéissance (7).

(7) Il se peut que le maintien de cette police soit attribué à la compétence d'une autorité autre que celle qui gère l'administration courante de la chose. Il se peut même que cette police soit exercée au nom de l'Etat, tandis que la rue, la place, la fontaine appartiennent à la commune et sont administrées pour tout le reste au nom de la commune. Cela s'explique par les idées générales du droit d'administration propre, lequel peut réserver à l'Etat une certaine part dans les affaires du corps qui lui est subordonné. Vue du dehors, la propriété publique conserve néanmoins son caractère d'unité. Il n'y a aucune

Pour donner plus de force à cette protection, la loi y ajoute des sanctions pénales qui frappent les infractions à ces différents ordres ou répriment directement les faits nuisibles aux choses publiques.

Ainsi toute une atmosphère de police entoure ces choses ; ces moyens variés dispensent l'administration de former des recours devant les tribunaux civils pour mettre ces choses à l'abri des troubles qui pourraient entraver leur utilité, et pour se maintenir en possession.

Les formes juridiques de la police de la chose publique sont celles que nous connaissons (comp. t. II § 18 ss.) Nous n'aurons pas d'institutions nouvelles à ajouter ici ; il nous suffira de constater l'application spéciale des institutions générales de la police. Il n'y a qu'une seule particularité à relever. Elle vient de ce que la police est ici liée d'une manière caractéristique à un certain *lieu*, à l'existence et l'étendue de la chose publique qui forme son assiette. *Déterminer la chose publique*, c'est déterminer ici le champ d'activité propre à la police.

Cette détermination ne peut se faire que par la voie administrative. C'est le pouvoir de police lui-même

raison pour qu'elle dégénère, dans ce cas, en propriété du droit civil. *Ubbelohde*, Forts. v. Glücks Pand. livres 43 et 44, IV, 1 p. 110, qui établit cette thèse, a cédé à la tentation de présenter ici une construction conforme à celle qui résultait de l'ancienne doctrine du Fisc : le Fisc, propriétaire selon le droit civil, serait représenté ici par la commune, tandis que l'Etat pur se manifeste par les commandements et les contraintes propres à la police. — Dans les villes fortifiées, on rencontre encore une autre combinaison de pouvoirs : l'autorité militaire exerce la police de ses choses publiques, des fortifications, et y pourvoit par l'emploi de la force dont elle dispose ; lorsqu'il s'agit d'ajouter à cela une protection au moyen d'ordres de police et de pénalités attachées à l'infraction de ces ordres, l'autorité militaire manque de la délégation nécessaire de la loi ; l'autorité civile vient alors à son aide ; nous voyons ainsi figurer l'alliance de ces deux autorités sur les poteaux qui portent des défenses de l'accès des remparts et glacis.

qui se manifeste en fixant, vis-à-vis du sujet, son rayon d'action spécial, *sa possession propre* (comp. la note 21 du § précédent).

A l'opposé des affectations dont nous avons parlé au § 35 I, n. 1 ci-dessus, et qui n'ont pas le caractère d'actes juridiques et spécialement d'actes administratifs, les déterminations de choses publiques sont de véritables actes administratifs. En fixant le champ de l'activité future de la police, elles déterminent, en même temps, des rapports juridiques entre l'administration et les individus spécialement intéressés. Cela peut se faire de deux manières :

Ou bien l'acte de détermination déclare chose publique un terrain dont la qualité pourrait être contestée dans l'intérêt privé : par exemple, un chemin, qu'un propriétaire prétend lui appartenir à titre de chemin privé ; une rivière qui est considérée par les riverains comme n'étant plus navigable à partir d'un certain point et comme étant par conséquent soumise à leurs droits privés. L'acte qui tranche la question au profit de la chose publique, c'est-à-dire en faveur de la possession de la police, s'appelle la *réclamation de la qualité de chose publique* (*Anspruchnehme als öffentliche Sache*) (8).

Ou bien l'existence de la chose publique elle-même n'est pas douteuse ; c'est son étendue qui est en question, ses limites par rapport aux propriétés voisines. La fixation de ces limites, qui détermine les pos-

(8) C'est en ce sens que la législation de la Prusse décide que les autorités administratives devront décider « si un chemin devra être réclamé comme chemin public » : Kr. Ord. § 135 ; Inst. Ges. § 56. Cela est considéré comme « une fonction de police », comme un « *interimisticum* » : O. V. G. 17 févr. 1877 (Samml. X, p. 236). Si cette réclamation a lieu par la voie contentieuse administrative, la partie poursuivante n'aura pas à prouver qu'elle est propriétaire ; « on aura seulement à examiner si le chemin est public ou non » ; O. V. G. 11 mars 1885.

sessions réciproques, est un acte administratif qui s'appelle *acte de délimitation* (Abgränzungsact) (9).

Ces actes de détermination sont des actes d'autorité qui, à moins qu'une loi expresse n'en décide autrement, ne sont pas soumis au contrôle des tribunaux civils. Ils n'ont pas besoin de leur approbation, parce qu'ils sont mis à exécution et maintenus par les voies de contrainte de police. D'un autre côté, comme tous les actes de la police de la chose publique, ils ne décident rien sur la question de la propriété de la chose.

Il se peut qu'en vertu de dispositions spéciales des effets plus décisifs se joignent à ces actes de détermination : effets de servitude et de transfert de propriété. Nous en parlerons au § 40 ci-dessous.

Nous nous réservons également de traiter les questions d'indemnité pouvant s'élever à l'occasion de ces actes ; comp. t. IV, §§ 53 et 54 ci-dessous.

2) Le droit réel sur la chose trouve son expression la plus forte dans le pouvoir qui appartient à son maître ; celui-ci en *dispose* pour créer des droits au profit de tiers, ou, pour mieux dire, — car cette formule semblerait ne comprendre que des dispositions

(9) Comp. sur les *actes de délimitation* du droit français : *ma* Theorie des Franz. V. R., p. 250 ss. — Ces actes de délimitation pourront directement servir de base à des mesures de prise de possession ou de défense de la chose publique par des voies de fait ; C. C. H. 13 oct. 1873 (J. M. Bl., 1874, p. 39) : « une mesure de police dans l'intérêt de la viabilité ». Comp. aussi O. V.G., 1er mars 1876 ; Bl. f. adm. Pr., 1874, p. 372.

Ces actes jouent un rôle spécial dans le cas où il s'agit de constater les changements de limites qui se sont opérés dans une chose publique naturelle ; comp. note 5 ci-dessus. Ils pourront aussi servir à fixer les limites futures d'une chose publique ; tels sont les actes administratifs qui donnent l'alignement des rues et places ; ils contiennent alors, en même temps, l'imposition d'une servitude de droit public dont nous traiterons au § 40 ci-dessous. Dans ces cas, il pourra aussi être question d'une indemnité due aux propriétaires riverains comp. au t. IV, les §§ 53 et 54 ci-dessous.

par convention — dans le fait que *des droits de tiers pourront être constitués sur la chose par des faits juridiques ayant effet à l'encontre du maître de la chose.*

C'est ici que la propriété publique apparaît avec le caractère spécial qui la distingue des autres formes juridiques de la chose publique (comp. § 35, IV, n. 2 ci-dessus) ; elle présente, en même temps, justement à cause de l'affinité extérieure, le contraste le plus frappant avec la propriété civile.

On s'est habitué à formuler ce contraste dans cette proposition : la chose qui est dans le domaine public est hors du commerce , la *res publica* est *extra commercium*.

Cette définition est manifestement insuffisante. Veut-on exclure seulement le *commercium* des aliénations par contrat auxquelles on sera tenté aussi d'assimiler la prescription ; alors cette formule ne dit pas tout : l'inaccessibilité de la chose publique pour tous, — ce qui règle les droits réels, — va plus loin. Et d'un autre côté, — chose plus importante, — la formule dit trop : il existe en effet, ici aussi, la possibilité de transférer le droit ; des droits et des jouissances au profit des particuliers peuvent être constitués sur la propriété publique même.

Ces deux propositions qui, à première vue, semblent être tout à fait contradictoires, se concilient parfaitement et de la manière la plus simple, dès qu'on veut bien se résoudre à faire entrer, en cette matière qui donne tant de travail à nos civilistes, l'idée nouvelle du droit public.

D'une part, la chose qui est dans la propriété publique est *soutraite au droit civil.* L'Etat, en administrant le droit qu'il a sur elle, n'agit pas comme un simple particulier ; il prend en considération, dans cette situation même, les convenances et les nécessités de l'administration publique ; il reste ici ce qu'il est par nature : la puissance publique ; dès lors, ce qu'il fait et accomplit en cette qualité ne peut pas être soumis au droit civil. Par conséquent, il est impossible de constituer contre lui des droits de tiers, droits qui seraient régis par les règles du droit civil. Or, la doctrine du droit civil qui, pendant longtemps, s'était exclusivement occupée de cette matière ne connaît pas d'autres droits que ceux qui dépendent du droit civil ; elle ne connaît pas d'autre commerce que celui qui est régi par ce même droit civil. Ne pouvant constater ici rien de pareil, elle est logique en déclarant qu'il n'y a pas ici de commerce et qu'il n'existe pas de droit sur la chose ; celle-ci est *extra commercium* et *res nullius*

Mais en dehors de la doctrine du droit civil, il y a encore du droit ; il y a des rapports juridiques et des actes juridiques que le droit civil ignore. C'est la sphère du droit public à laquelle appartient la propriété publique. Nous opposons donc à la première proposition la seconde, qui en forme le complément nécessaire : la *propriété publique est soumise au droit public*. C'est dans la sphère du droit public que ces choses sont dans le commerce. Elles peuvent être aliénées conformément aux règles du droit public ; elles subissent des charges de toutes sortes au profit de tiers, et des restrictions qui leur sont propres. Tout cela correspond aux différentes institutions qui s'attachent à la propriété privée ; naturellement, il faut bien se garder de les confondre (10).

(10) *Neuner*, Privatrechtsverhältnisse, p. 131, pour désigner cette double face des *res publicae*, s'exprime de la manière suivante : « par leur signification négative (*extra commercium esse*), elles sont enlevées à la sphère du droit civil ; par leur signification positive (propriété de l'État ou de la commune, droit de jouissance de tous), elles sont attribuées au droit public ». Dans ce sens aussi, O. Tr., 22 déc. 1873 (Str. 90, p. 345) : « les routes sont des *res publicae* dont on ne peut disposer que selon les principes du droit public ».

Il ne faut pas non plus perdre de vue que ce qui est aujourd'hui chose publique ne l'a peut-être pas toujours été et pourra cesser de l'être ; aussi, ce qui est chose publique ne l'est pas nécessairement dans la forme de la propriété publique ; il peut également y avoir chose publique sous la forme de la servitude de droit public ou de la simple possession administrative (comp. § 35, IV n. 2 ci-dessus). Cela explique beaucoup de phénomènes qui, mal interprétés, forment un obstacle sérieux à la complète intelligence de la nature de la propriété publique.

Un coup d'œil jeté sur les différents rapports qui sont ici en question confirmera ce que nous venons de dire.

La chose publique, avons-nous dit, est soustraite au droit civil.

Est donc exclue d'abord l'*aliénation* de la propriété publique par contrat ou autre acte juridique du droit civil.

Il ne faut pas se laisser déconcerter par le fait qu'on voit très souvent l'Etat vendre des terrains ayant appartenu à une fortification qui a perdu ce caractère, ou à un chemin déclassé. Un immeuble peut perdre la qualité de chose publique ; la propriété de l'Etat cesse par cela même d'être une propriété publique ; le droit civil deviendra applicable purement et simplement (Comp. n. III ci-dessous) (11).

(11) Si la loi n'a pas prescrit de formalités spéciales (enquête préalable, publication, etc.), la déclaration de déclassement peut se faire tacitement ; elle peut donc aussi être contenue implicitement dans l'acte d'aliénation même. Quand il s'agit d'une chose publique appartenant à un corps d'administration propre, la validité du déclassement pourra dépendre de l'approbation de l'autorité supérieure ; encore cette condition pourra-t-elle être censée être tacitement remplie, quand cette autorité aura donné son approbation à l'aliénation de la chose. Le déclassement et l'approbation qui pourra être néces-

Une chose publique pourra aussi être constituée en vertu d'une servitude de passage, par exemple, et par le seul fait de la possession administrative, — la propriété de l'immeuble appartenant à un particulier. Cette propriété n'a pas le caractère d'une propriété publique ; elle pourra être vendue, donnée, etc., dans les formes ordinaires du droit civil ; elle ne nous intéresse pas (12).

Il y a aussi de véritables actes de transmission de

saire montreront surtout leur importance dans le cas où l'aliénation, par elle-même, ne nécessiterait pas une approbation. Un exemple est rapporté dans Bl. f. adm. Pr., 1874, p. 374. Un propriétaire, désirant faire déplacer le chemin public, achète à la commune, par devant notaire, le terrain du chemin à remplacer. L'autorité administrative (Bezirksamt) ordonne que ce chemin restera ouvert, et sa décision est approuvée par l'instance supérieure pour le motif que « l'obligation imposée à ce terrain de servir à la communication publique continue à être une charge de ce terrain, même après cette convention de droit privé, aussi longtemps que la suppression du chemin public n'aura pas été prononcée d'une manière reconnue valable par les autorités administratives ». Ainsi, le terrain n'a pas pu perdre la qualité de chose publique par l'effet de l'acte d'aliénation ; cet acte a-t-il cependant transféré la propriété de manière à ne laisser subsister la chose publique qu'à titre de possession administrative, provisoire par sa nature ? La décision de l'autorité bavaroise ne le dit pas ; mais elle s'expose à être ainsi comprise, quand elle parle d'une « charge » restreignant l'effet de la convention du droit civil. Ce serait la manière de penser conforme à l'ancienne théorie du Fisc. Mais dès que l'on abandonne cette théorie, il faut dire que la convention ne peut pas transférer la propriété de la chose publique ; elle est nulle à cet égard ; elle ne pourrait être considérée comme valable que si l'on admettait qu'elle est faite sous la condition tacite d'un déclassement ultérieur.

(12) Il est évident que la possibilité de constituer des droits privés, — qui se présente dans cette combinaison, — ne doit pas être étendue au cas où il y a une véritable propriété publique, embrassant la chose tout entière. Il semble cependant que, d'ordinaire, on ne distingue pas ; sans cela, on ne pourrait pas généraliser, comme le fait, par exemple, *Ulbrich*, öff. Rechte, p. 49 : « Que des droits privés puissent être constitués sur des choses publiques, cela est hors de doute, non seulement d'après le droit Romain, mais selon le droit privé moderne ». Cette confusion s'explique, d'une part, par l'influence de la doctrine du Fisc, qui découvre une propriété du droit civil derrière toutes les choses publiques : d'un autre côté, elle est le résultat d'un malentendu concernant les différentes facultés de jouir et de faire usage accordées aux particuliers selon le droit public et qu'on prend pour des droits subjectifs civils.

la propriété publique. En particulier, les chemins publics en offrent des exemples. Ils peuvent appartenir à différentes personnes morales du droit public : à l'Etat, à la province, à la commune. Il se peut alors qu'un certain chemin ou même toute une catégorie de chemins cessent d'appartenir à leur maître actuel pour être placés sous la dépendance d'une autre personne morale. La propriété d'un chemin n'ayant rien de lucratif, le point de vue principal sous lequel se fait cette attribution est celui du partage des charges publiques entre l'Etat et les corps d'administration propre constitués à cet effet. Il va sans dire qu'avec la charge la propriété du chemin est aussi transférée, en règle et sauf disposition contraire, au sujet d'administration publique qui désormais sera chargé des frais de son entretien (13). Cependant on ne voudra pas

(13) Nous en trouvons un exemple remarquable dans la loi Prussienne du 8 juillet 1875, § 18 al. 2, transférant aux communautés inférieures les chaussées de l'Etat avec tous les droits et devoirs y relatifs. — Il y a certaines choses publiques qui, par leur destination, sont intimement attachées au territoire dans les limites duquel elles se trouvent, et, par conséquent, doivent appartenir à la personne morale établie sur ce territoire ; par suite, à cet Etat, à cette organisation territoriale inférieure : province, cercle, commune (comp. t. IV, § 56 n. 3 ci-dessous). Tout changement dans le territoire les fait passer dans la propriété du nouveau maître territorial, mais elles restent des choses publiques, par suite, dans la propriété publique de l'Etat qui acquiert ce territoire de la commune, etc. Ce ne sont pas toutes les choses publiques qui doivent ainsi suivre nécessairement le territoire : des cimetières communaux, par exemple, peuvent très bien se trouver sur le territoire d'une commune voisine. Mais ce rapport nécessaire se produira surtout pour les fortifications qui suivront forcément la cession du territoire d'Etat à Etat, et pour les chemins publics qui changeront de propriétaire entre Etats, communes, etc. d'après le même principe. Dans le cas, par exemple, où une commune est réunie à une autre (*Incommunalisirung, Eingemeindung*), la commune à laquelle elle est réunie acquiert ses chemins publics « avec le titre juridique en vertu duquel elle les possédait, de plein droit et sans qu'il y ait besoin d'en faire une mention expresse » ; O. V. G., 20 février 1884 (Samml., X, p. 2 ss.). — C'est donc avec raison, que dans ce sens *Ubbelohde*, Forts. zu Glücks Pand., t. 43 et 44, IV, p. 88

voir là une vente, ni même une donation du droit civil. C'est un acte translatif de propriété qui dépend entièrement du droit public. Il trouvera sa place dans le système général, lorsque nous traiterons de la détermination des charges et compétences des corps d'administration propre (comp. t. IV § 60 ci-dessous).

Les concessions de chemins de fer, de chaussées, de ponts publics pourront donner lieu à des faits analogues. Non pas la concession originaire; en effet, il s'agit alors seulement d'une chose publique future que le concessionnaire est autorisé à créer. Mais le concessionnaire pourra, du consentement de l'Etat, céder son entreprise; ou bien il pourra en être déclaré déchu par l'Etat qui la transmettra à un autre entrepreneur, y compris la propriété de la voie ferrée, de la chaussée, du pont. C'est un acte administratif qui opérera ici le changement de propriétaire. Nous y reviendrons au t. IV, § 50 ci-dessous.

Est exclue également l'institution civile de la *prescription acquisitive* (14). Cela veut dire que la pro-

ss., affirme que les choses publiques peuvent subir une translation de propriété. Il remarque aussi : « Il n'arrivera pas très souvent, il est vrai, qu'un Etat transfère à un autre une chaussée pour elle-même. Pourquoi cependant cela ne pourrait-il pas se faire à l'occasion d'une rectification de frontière, en ce sens qu'avec le territoire cédé est cédé en même temps le droit de supériorité ». Cela ne nous paraît pas faire question ; nous ne voyons vraiment pas comment une pareille rectification pourrait se faire autrement. — *Stobbe*, D. Pr. R. § 434, I, semble vouloir viser une autre espèce d'aliénation : « Les chemins publics sont la propriété de l'Etat ou de la commune et peuvent passer dans la propriété des particuliers, dans la mesure où la Constitution de l'Etat l'admet ». Mais, évidemment, l'auteur, dans ces termes obscurs, ne prétend que faire un renvoi général au domaine inconnu du droit public.

(14) *Dernburg*, Preuss. Priv. R., I § 67 ; *Förster-Eccius*, Preuss. Pr. R., III § 177, note 13 ; O. V. G., 3 juin 1882 (Samml., IX, p. 218). — *Ubbelohde*, Forts. zu Glücks Pand., livre 43, p. 75, explique l'exclusion de la prescription par une règle spéciale du droit positif (« *eine positivrechtliche Bestimmung* »). Mais cette règle, appartenant, bien entendu, au système du droit civil, aurait disparu chez nous depuis la

priété publique ne se prescrit pas. Mais il peut y avoir prescription, même quand il s'agit d'une chose publique, en ce sens qu'on peut acquérir par prescription la propriété civile qui, comme nous le savons, peut subsister derrière la servitude et la possession publiques. Celui auquel cette prescription profite, ce sera naturellement le maître de la chose publique ; lui seul, se servant de la chose pour l'utilité publique à laquelle il l'a destinée, est en possession et remplit ainsi la première condition

promulgation du Code civil Allemand. — Oberlandesgericht Braunschweig, 21 oct. 1894 (*Eger*, eisenbahnrechtl. Entsch., t. XI, p. 6) refuse la prescription contre une voie ferrée, parce que, « en présence d'un intérêt public important, comme celui de la communication par chemin de fer, on ne saurait admettre que l'opinion pouvait se former d'exercer un droit privé » ; ainsi on écarte encore la prescription en niant l'existence des conditions moyennant lesquelles elle devrait se produire d'après le droit civil. — Un pas vers le droit public dans R. G., 10 janv. 1883 (Samml. VIII, p. 158) : la propriété de l'Etat ou de la commune sur le chemin public ne se perd pas par la prescription, parce que « le droit de l'usage de tous ne s'éteint pas selon les règles du droit civil, comme, par exemple, les servitudes par le non-usage ». Ainsi l'usage de tous, appartenant au droit public, sauverait la propriété publique de la prescription du droit civil ; c'est un détour maladroit et inutile. — C'est d'abord aux fortifications que la véritable idée de la propriété publique et sa conséquence nécessaire — l'exclusion de la prescription, — a pu se faire jour ; O. Tr., 31 mars 1853 (Entsch., 57, p. 92) : Un ravelin des fortifications de Memel avait été utilisé pendant 50 ans par le propriétaire voisin ; ce dernier invoque la prescription ; il n'y a pas de texte de loi qui déclare les fortifications hors du commerce ; mais le Tribunal considère que « le devoir principal du Chef de l'Etat est de maintenir la sûreté extérieure, et il est de ses droits de majesté d'ordonner la défense de l'Etat contre des ennemis extérieurs. C'est à cet intérêt que les fortifications doivent servir ». Dès lors, il suffit, quant aux fortifications en question, que « l'Etat, en vertu de son droit de supériorité, se les soit appropriées et entende les conserver. Ce serait une atteinte portée à ce droit de supériorité, que de vouloir permettre à des personnes privées d'acquérir, par la prise de possession et par la durée de cette possession, une partie des fortifications, et de forcer ainsi l'Etat à ne plus laisser exister la forteresse ». Par suite, la fortification est hors du commerce. C'est très clair et très bien motivé. Et dire qu'on a voulu prétendre, au nom d'une méthode soi-disant exacte, que, d'après le droit Prussien, les choses publiques sont tout simplement soumises au droit civil ! comp. la note 24 du § 35 ci-dessus.

de la prescription. Quand, par l'accomplissement de la prescription, le pouvoir juridique général sur la chose se joint à ce pouvoir de fait, alors la propriété publique prend naissance et celle-ci ne pourra plus être perdue au profit d'un tiers par la voie de la prescription.

Si le droit civil est incapable d'opérer le changement du sujet de la propriété publique, il ne pourra pas non plus la frapper de *charges et de restrictions*, de quelque nature que ce soit.

D'ailleurs, cela ne veut pas dire, qu'il ne puisse pas exister, sur une chose publique, des servitudes de droit civil ou d'autres droits réels spéciaux. L'immeuble, qui aujourd'hui sert de chose] publique, pourra avoir été grevé de servitudes ou d'hypothèques avant de devenir chose publique. L'affectation ne purge pas de plein droit ces choses préexistantes ; certes, l'exercice de ces droits rencontre désormais des obstacles et des restrictions, conséquence nécessaire du fait de la chose publique ; mais les droits subsistent (15). Et même, — théoriquement tout au moins, — la création de charges nouvelles reste possible dans le cas où la chose publique se trouve constituée en vertu d'une simple servitude ou d'une simple possession, la propriété civile de la chose appartenant à un tiers : ce tiers pourra concéder sur cette propriété des hypothèques et des servitudes etc.,

(15) R. S. 17 mars 1887 (Samml., IV, p. 279) : le fisc avait obtenu du propriétaire la cession d'un immeuble grevé d'une hypothèque ; il y avait construit une route, qui fut ouverte à la communication publique. Le créancier hypothécaire poursuivant l'expropriation forcée de cet immeuble, est repoussé quant à cette demande, conformément au Règlement Pruss. du 15 mai 1869 sur les ventes par autorité de justice § 39. Il en est de même pour la demande en délaissement qu'il forme en vertu de son droit hypothécaire pour faire sortir l'immeuble de la voirie. Son droit existe, mais « en tout cas, la réalisation du gage est impossible ». Il ne reste que la question d'indemnité.

sans préjudice, bien entendu, du droit de la chose publique dont la disparition seule rendra à ses droits civils leur plein effet. Jusqu'à ce moment, les droits devront se contenter de profiter de ce que leur laisse l'intérêt public prépondérant qui est en possession de la chose

Tout cela n'est pas en contradiction avec la règle fondamentale, d'après laquelle le droit de l'Etat sur la chose publique ne peut pas être modifié par des droits de tiers, que lui imposerait le droit civil. Toutefois, ce droit de l'Etat s'allie parfaitement avec des droits de jouissance qui seront constitués sur la chose publique dans les formes et selon les règles du droit public. Nous avons vu tout à l'heure comment la propriété de la chose publique, — en particulier, celle d'un chemin, — peut être transmise d'*un sujet d'administration publique à un autre*, ce qui se fait à la suite d'un acte déterminant et distribuant entre ces sujets leurs charges et compétences réciproques. Il arrive également que, par exemple, les chemins publics appartenant à des personnes morales diverses se rencontrent et se croisent en certains points. Il en résulte alors des *possessions en commun*, trouvant leur expression juridique dans une sorte de servitude de droit public constituée sur l'un de ces chemins au profit de l'autre. L'acte juridique qui sert de base est, soit le consentement des sujets d'administration publique intéressés, soit l'ordre de l'autorité supérieure, acte de droit public, cela va sans dire (16).

Il y a aussi, sur les choses publiques, des droits de

(16) *Prazak*, R. der Enteignung, p. 76 note 61 ; *F. Seydel*, Ges. über d. Enteignung, p. 7 note 6 ; Décret du Min. des trav. publ. Pruss. du 8 mars 1881 réglant l'utilisation des chaussées et autres chemins publics pour la construction de chemins de fer secondaires. — Comp. aussi *mon* article dans Arch. f. öff. R., t. 15, p. 511 ss. Nous reviendrons sur cette matière au § 40 ci-dessous.

jouissance accordés *aux particuliers* et dépendant du droit public : tels que l'usage de tous, la permission spéciale, le droit concédé. Nous traiterons de ces différentes formes et institutions par lesquelles les particuliers sont admis à l'usage des choses publiques, dans les §§ 37-39 ci-dessous.

C'est du formalisme pur, pourrait-on nous objecter, que d'exclure, d'un côté, les charges et restrictions qui pourraient être imposées à la propriété publique, par le motif qu'elles entraveraient l'accomplissement du but d'utilité publique auquel ces choses doivent être exclusivement vouées, et d'admettre cependant ces restrictions sous le titre du droit public. L'objection ne porte pas. En effet, les institutions du droit public que nous allons exposer ci-dessous en détail sont, par leur nature même, adaptées à l'intérêt public qu'il s'agit de sauvegarder. L'autorité administrative qui est préposée à cet intérêt est, en même temps, appelée à déterminer et à surveiller les droits de jouissance qui vont être accordés aux particuliers. Aussi ces droits, à la différence des droits subjectifs du droit civil, portent tous, en eux-mêmes, la condition nécessaire et bien garantie d'être compatibles avec l'intérêt public que la chose doit représenter en première ligne. Telle est la raison d'être de ces institutions ; voilà pour nous l'intérêt pratique qu'il y a à insister pour qu'elles soient bien distinctes et maintenues (17).

(17) Il n'est pas possible de méconnaître l'intérêt éminemment pratique dont nous parlons au texte. Cependant la doctrine a eu beaucoup de difficultés à donner une expression simple et directe aux formes juridiques dans lesquelles se réalise cet intérêt. On ne s'en étonnera pas, quand on se rendra compte que c'est exclusivement la doctrine du droit civil qui, pendant longtemps, s'est occupée de cette matière. Pour elle, il va sans dire que les charges et restrictions dont les choses publiques pourront être grevées ont un caractère du droit

Ce que nous venons de dire s'applique en première ligne aux charges ou restrictions établies spécialement par acte juridique. Mais il y a, parmi celles qui

civil ; par conséquent, l'intérêt public se réalise, à l'encontre de ces choses, par certaines limites qui lui sont imposées.

Quand on tient encore tout à fait pour l'ancienne théorie du Fisc, on se tire d'affaire par la formule qui, par elle-même, semble être très claire et très simple et qui consiste à admettre la constitution de n'importe quel droit privé sur la chose publique ; ce droit est complet et valable, comme s'il s'agissait d'une chose ordinaire ; seulement, quand on veut procéder à son exercice et le faire valoir en fait, on rencontre des difficultés qu'oppose la police de la chose publique ; le droit civil et les tribunaux qui appliquent ce droit ne sont pas assez forts pour vaincre cette résistance. En ce sens, la Cour d'appel de Dresde s'est encore prononcée en 1863 ; comp. Eisenbahnvereinszeitung, 1863, p. 286.

Une doctrine civiliste plus récente et qui était presqu'unanimement adoptée reconnaissait une limite de droit civil pour les droits à constituer sur la chose publique : ils ne pourront rien contenir qui serait propre à entraver la destination principale de la chose publique. Ce qui excède est nul. Les tribunaux civils, lorsqu'ils auront à statuer sur ces droits civils, veilleront sur cette limite, en refusant leur protection, quand, dans l'espèce, elle ne sera pas observée. En ce sens : *Stobbe*, Deutsch. Priv. R., I, p. 600 ; *Windscheid* (Kipp), Pand. I, p. 636 ; *Dernburg*, Preuss. Priv. R., I, p. 138 ; le *même*, Pand. I, p. 168 ; *Förster-Eccius*, Preuss. Priv. R., III, § 157 n. 4, § 177 n. 13 ; *Bekker*, Pand., I, p. 345 ; *Ubbelohde*, Forts. zu Glücks Pand., livre 43, p. 68 ; *Regelsberger*, Pand., I, p. 425. O. Tr. 13 déc. 1859 (Str., 35, p. 342) ; 24 oct. 1863 (Str. 53, p. 4) ; 17 nov. 1863 (Str. 61, p. 225) ; 11 janv. 1871 (Str. 80, p. 204) ; 17 nov. 1874 (Str. 100, p. 19). R. G., 5 mai 1882 (Samml., 7, p. 136) ; 4 déc. 1884 (Samml., 12, p. 284) ; 29 juin 1886 (Samml., 16, p. 159). Cette doctrine donne au juge civil un rôle qui ne lui convient pas ; c'est non pas à lui, mais à l'administration d'apprécier ce qui est compatible ou non avec l'intérêt public de la voirie, avec le bon état des fortifications, etc. Aussi les tribunaux consciencieux ont-ils la tendance de rapprocher le plus possible leur décision de ce que l'administration aura reconnu elle-même. Ainsi, R. G., 16 févr. 1887 : L'acquisition par prescription d'un droit de quasi-servitude (« servitutarischen Rechts ») sur la rue, d'y faire stationner des voitures et instruments aratoires est déclarée valable ; car : « comme, dans l'espèce, cela ressort de l'autorisation accordée, moyennant rétribution, à d'autres personnes de faire un usage particulier de certaines parties de la rue, la nature de la rue publique ne s'oppose pas à ce qu'elle ne serve à la communication publique qu'autant qu'il n'existe pas de droits de certains particuliers restreignant cette communication ; par conséquent, l'acquisition de droits particuliers de cette espèce devra également pouvoir se faire par la voie de la prescription ». Ainsi, le tribunal l'admet, parce que l'administration l'a admis dans d'autres cas ; quant à savoir si tous ces cas ont même valeur, ce serait une question très délicate et qu'il vau-

dépendent du droit public, des charges ayant plutôt un caractère général et qui sont imposées de plein droit aux choses publiques : par exemple, l'usage de tous. Le droit civil établit aussi des servitudes légales et des restrictions légales de la propriété. Elles figurent surtout sous la rubrique : *droits de voisinage*. C'est dans l'intérêt de la coexistence paisible des propriétaires que la loi leur ordonne de supporter réciproquement certains troubles et de s'abstenir de faire certains actes d'usage de la propriété qui porteraient préjudice au voisin. Ce droit de voisinage a uniquement en vue des propriétés du droit civil ; il règle, d'une manière équitable, les rapports économiques de leurs propriétaires. Il ne s'applique pas aux rapports du propriétaire de la chose publique ; ces rapports appartiennent exclusivement au droit public. On n'a, du reste, qu'à se représenter les dispositions matérielles de ce droit de voisinage pour voir combien leur application serait contraire à la nature même des choses publiques (18).

La propriété immobilière, ainsi que tous les droits spéciaux qui pourront être constitués sur un immeuble, ont trouvé une organisation systématique par le

drait mieux réserver également à l'administration. — Un autre expédient se trouve dans R. G. 7 nov. 1882 : Un industriel prétend avoir acquis, à titre de servitude, le droit d'avoir un embranchement sur la ligne du chemin de fer ; le tribunal reconnaît que ce droit est inadmissible, en tant qu'il porterait atteinte au but principal du chemin de fer : il ne l'admet donc qu'en principe, en réservant à l'administration le droit de fixer les limites dans lesquelles il pourra être exercé. Ici encore, la justice fait une sorte d'abdication au profit de l'administration.

Notons cependant que tout ce système de droits civils spécialement qualifiés est tombé de lui-même avec la promulgation du Code civil allemand qui l'a rendu juridiquement impossible.

(18) Code civil allemand, § 906-919. Peut-on imaginer l'application du droit des constructions dépassant les limites (§ 912) au profit des riverains de la route, ou l'application du droit de passage forcé (§ 917) contre une fortification ?

livre foncier (*Grundbuch*). Tous ces droits ne s'acquièrent que par l'inscription sur ce registre ; le contenu du registre est présumé être exact au profit de celui qui, de bonne foi, se rend acquéreur conformément à ce contenu. Le livre foncier est une institution auxiliaire du droit civil. C'est seulement la propriété du droit civil et les autres droits immobiliers du droit civil, qu'on a voulu entourer par là d'une garantie formelle, en faisant dépendre, d'un autre côté, la protection de ces droits de l'accomplissement de ces mêmes formalités. La propriété publique, d'une part, n'a pas besoin de ces garanties, attendu que les actes juridiques contre lesquels elles devraient la protéger ne la toucheront quand même pas ; d'un autre côté, le préjudice résultant de l'omission de l'inscription, ne visant que la propriété privée, ne lui est pas non plus applicable. Cela n'empêche pas qu'on fasse cependant inscrire aussi les choses publiques dans le livre foncier ; on y établit leur « feuille ». Seulement, cette inscription ne peut avoir que le caractère d'une mesure d'ordre ; on veut que le livre foncier représente l'ensemble des immeubles sans lacune, et qu'il donne ainsi une espèce de publicité à la propriété publique elle-même. Mais, au fond, les formalités du livre foncier n'auront aucune importance juridique pour cette dernière ; elle en est exempte par sa nature (19).

(19) Comp. pour l'ancien droit : *Dernburg*, Preuss. Priv. R., I, § 193, 1 ; *Burkhard* dans Grünh. Zeitschr. 15, p. 638 ss. (où l'on s'efforce inutilement de faire une distinction, à cet égard, entre le domaine public de l'Etat et le domaine public municipal ; comp. § 35, note 38 ci-dessus). — Très important surtout R. G. 10 janvier 1883 (Samml., 8, p. 152) : D'après la loi de Hambourg du 4 déc. 1868, relative à la propriété immobilière et aux hypothèques, il faut que les droits réels sur la chose soient inscrits ou que l'inscription en soit tout au moins demandée avant la vente forcée ; sinon, ces droits périssent par l'effet de l'adjudication. Le Tribunal de l'Empire déclare que cette règle ne

Tout cela reçoit enfin un nouveau complément dans une autre direction. L'exclusion du droit civil, qui se produit ici, pourra se réduire à cette formule : dans la propriété publique, l'Etat ne se présente pas comme *Fisc*. D'après ce que nous avons exposé sur la notion de *Fisc* au t I, § 11, III, n. 2 ci-dessus, on comprendra ce que cela veut dire. Le cas de la propriété publique est même spécialement propre à élucider cette notion. Il y a surtout un point que nous avons relevé plus haut et que cette propriété fait ressortir d'une manière très claire ; c'est que l'importance de cette situation particulière de l'Etat ne s'épuise pas par l'exclusion du droit civil. Le droit public, avons-nous dit, réagit sur l'Etat aussi bien que le droit civil. Les institutions du droit administratif se retournent contre l'Etat. Ainsi, l'Etat propriétaire, de même qu'il est exposé à la prescription ou aux servitudes légales du Code civil, doit aussi subir l'expropriation pour cause d'utilité publique. Il est donc

s'applique pas à un égout public se trouvant sous une maison adjugée, « cette prescription ne concernant que des rapports de droit privé ». Comp. aussi R. G. 28 avril 1899 (dans Gruchot Beitr., VI, p. 3).

Le Code civil allemand et le règlement du livre foncier du 24 mars 1897 laissent les législations particulières libres de faire inscrire les choses publiques ou non. Comp. *Böhm*, Reichsgrundbuchrecht, p. 477. La législation particulière étant souveraine pour déterminer le sort juridique des choses publiques pourrait leur ôter leur caractère spécial et les soumettre au droit civil commun ; c'est ce qu'elle ferait en ordonnant que cette inscription aura, pour les choses publiques, la même importance juridique que pour les autres choses. Mais ces lois ne doivent pas être présumées avoir voulu établir ce régime ; dans le doute, l'inscription, pour les choses publiques, devra être considérée uniquement comme une mesure d'ordre. Du moins, tel sera le cas aussi longtemps que le Tribunal de l'Empire maintiendra sa jurisprudence, telle qu'elle a été consacrée dans les arrêts que nous venons de citer. Notons cependant que le règlement du livre foncier ne semble pas s'être rendu compte du caractère juridique des choses publiques ; il les réunit avec les autres choses de l'Etat dans son § 90, qui est simplement motivé par cette observation, que, d'habitude, ces choses « restent *en fait* étrangères au commerce du droit civil » (Motifs du projet, p. 38).

logique que, pour sa propriété publique, l'un soit exclu comme l'autre ; comp. § 33, III, n. 1 ci-dessus. De même, d'autres charges et restrictions du droit public qui frappent les immeubles n'auront pas lieu dès qu'il s'agit d'une chose publique ; comp. les § 40 et 41 ci-dessous. L'exclusion de toutes ces institutions du droit public laisserait une lacune sensible, si elles n'étaient pas remplacées par d'autres mesures plus conformes à la nature de la chose publique. C'est encore l'autorité préposée au service de cette chose, qui décide, en dernier lieu, sur ce qui pourra être accordé, au nom de ce service, à l'entreprise qui en aura besoin ; comp. § 33 note 34 et 35 ci-dessus.

Le droit spécial de la chose publique a partout une tendance à faire valoir souverainement l'intérêt public auquel elle sert, soit à l'encontre des actes du droit civil qui y sont indifférents, soit même à l'encontre des institutions du droit public, quand elles sont de nature à avoir une portée générale, sans distinguer. A l'exclusion du droit civil s'associe très logiquement l'exclusion *des parties du droit public qui visent la propriété privée.*

3) La propriété publique manifeste encore — comme tout autre droit — son caractère, d'une manière très expressive, lorsqu'il s'agit de régler une *contestation* dont elle est l'objet.

Il est facile de dire comment, en principe, ces contestations devront être réglées. Le fait de la propriété publique étant donné, la contestation ne pourra porter que sur deux sortes de questions.

Ou bien c'est la question de savoir lequel des *deux sujets d'administration publique* devra être considéré comme le maître de la chose publique. Une pareille contestation se produira fréquemment, lorsqu'il s'agira d'une chose qui, comme les chemins, les routes, les ponts, etc., peut appartenir à une commune ou à un entrepreneur concessionnaire, aussi bien qu'à l'Etat lui-même. Alors ce sera toujours en vertu d'un titre du droit public que la chose sera réclamée, soit le titre du droit d'administration propre, soit le titre de l'acte de concession ; si l'on fait valoir un acte de haute surveillance par lequel cet état de choses doit avoir subi des changements, la contestation ne sort pas pour cela du terrain propre du droit public. Il en sera de même lorsque la contestation aura pour objet l'existence ou l'exercice d'un droit de possession en commun, comme cela peut avoir lieu entre chemins de fer, routes ordinaires et fleuves navigables. L'acte constitutif dont dépend la décision est un acte de droit public.

Ou bien il s'agit de droits de jouissance pouvant être constitués sur des choses publiques au profit d'un particulier, par exemple la concession d'une prise d'eau ou d'un terrain de sépulture. La réclamation aura alors le caractère d'une *actio confessoria* dirigée contre la propriété publique ; encore ici, le titre appartient entièrement au droit public.

Ainsi, dans tous ces cas, il ne s'agit pas d'une contestation de droit civil au sens de la législation de l'Empire (comp. t. I, p. 276 ss.), et qui tomberait dans la compétence ordinaire des tribunaux civils. Le juge naturel sera, au contraire, l'*autorité administrative* préposée à la branche dont dépend la chose publique en litige, à moins qu'une disposition de la loi n'ait attribué l'affaire à une justice administrative spécialement organisée. La loi pourra même renvoyer l'une ou l'autre contestation de ce genre à la compétence des tribunaux ordinaires ; cela ne changera encore rien à leur caractère matériel de questions de droit public. Cela les expose seulement au danger que ce caractère soit méconnu par les tribunaux ordinaires (20).

Mais la question ne se posera pas toujours d'une manière aussi nette. Une chose publique, nous l'avons vu, peut exister sans être l'objet d'une propriété publique, en vertu d'une servitude ou d'une simple possession administrative. De là résulte la possibilité d'une autre espèce de contestation sur la propriété d'une chose publique, contestation qui sera de sa nature une question de droit civil. Supposons qu'un chemin, un passage public, traversant une propriété privée, soit constitué de cette manière, et que ce fait soit reconnu par tout le monde. Alors la propriété elle-même, à travers laquelle passe ce chemin public, appartiendra à un particulier quelconque; une contestation peut s'élever entre particuliers, sur le point de savoir lequel des deux est propriétaire. Alors c'est évidemment une affaire purement civile qui n'intéresse nullement la chose publique, ni son maître. Les tribunaux civils seront compétents pour statuer sur la question et faire exécuter sans réserve leur sentence entre les parties en cause. Cela n'offre pas de difficulté (21).

(20) O. Tr. 7 juillet 1854 : un chemin communal est, à l'occasion de la construction d'une route de l'Etat, obstrué par le remblai ; demande en revendication de la part de la ville contre le Fisc. L'autorité administrative ayant déclaré que « le rétablissement du chemin communal coupé est non seulement inadmissible au point de vue de la police, mais aussi inutile à ce point de vue », le tribunal rejette la demande comme « mal fondée ». N'aurait-il pas mieux fait de reconnaître qu'il n'est pas compétent, plutôt que de se laisser dicter sa décision par l'autorité administrative ? Comp. aussi R. G. 13 avril 1880 (Samml. I, p. 420).

Naturellement, la justice civile aura aussi une tendance à s'emparer des contestations concernant les concessions ou autres droits de jouissance sur les choses publiques, qu'elle traitera de droits civils subjectifs ; nous y reviendrons aux §§ 39 et 40.

(21) La situation juridique ne sera pas changée par le fait que, sur la demande, — au pétitoire ou au possessoire, — le défendeur répond

La question de savoir qui est le propriétaire, peut se poser tout autrement. Elle peut exister entre le maître de la chose publique, qui prétend que la chose lui appartient en *propriété publique*, et un tiers qui prétend que la chose, — l'immeuble dont s'agit — lui appartient en *propriété privée*, et que c'est à tort qu'elle est en ce moment occupée par l'administration ou réclamée par elle pour servir de chemin, de fortification, etc. C'est la difficulté et la question si souvent discutées en doctrine et traitées avec si peu de fermeté par la jurisprudence.

Tout d'abord, il convient de se rendre compte des circonstances dans lesquelles une contestation de ce genre se présentera. En règle et à raison de la situation juridique, elle n'apparaîtra que sous forme de *rei vindicatio* dirigée par le tiers contre l'administration en possession de la chose publique.

Cela résulte clairement du pouvoir qui appartient à cette dernière de se maintenir dans sa situation par les moyens de la police, comme nous l'avons exposé au n. I ci-dessus.

Dès lors, l'autorité administrative non seulement se fait droit elle-même quand il s'agit de défendre une chose publique, mais elle dit aussi souverainement ce qui, en fait, est chose publique et doit être réclamé par elle de cette manière (comp. II, n. I ci-dessus). Ainsi, elle n'a jamais besoin de se présenter comme demandeur en revendication devant le tribunal civil. Elle n'a pas besoin non plus de recourir à une action possessoire pour prendre la situation

qu'il s'agit d'une chose publique. Cela signifie que le demandeur ne doit pas avoir qualité pour poursuivre la chose, et, peut-être aussi, que l'acte attaqué doit avoir été autorisé par l'usage de tous et, par conséquent, être considéré comme légitime : O. Tr. 12 janvier 1852 (Str. 4, p. 248).

qui lui convient (22). D'un autre côté, son adversaire ne peut pas intervertir les rôles, en commençant lui-

(22) L'action possessoire du maître de la chose publique est inutile grâce à la police de la chose publique ; mais cela ne veut pas dire qu'elle soit impossible La possession n'a pas le caractère d'un droit formel du droit civil ; c'est un fait qui peut produire ses effets dans l'une aussi bien que dans l'autre des deux grandes sphères du droit. De même qu'on admet la prescription de la propriété au profit du maître de la chose publique par le fait de sa possession (voir au texte de ce §, II, n. 2), de même on devra admettre au profit de ce dernier la possibilité d'invoquer pour ce même fait la protection des tribunaux. Il faut convenir toutefois qu'une administration qui y aura recours au lieu d'agir elle-même, comme elle en aurait le droit, fait toujours preuve d'une certaine faiblesse. Mais il est des cas où cette faiblesse s'explique. Nous en trouverons un exemple dans O. Tr. 28 mars 1873 (Str., 88, p. 341) : L'administration militaire, en entourant d'une clôture un terrain fiscal, avait empiété sur la rue communale. La ville actionne le « Fisc militaire » à raison du trouble apporté à sa possession. Evidemment, contre cet adversaire, la ville ne se sent pas armée d'une manière suffisante par son pouvoir de police. Mais il va sans dire que l'action possessoire n'aurait pas été possible si, de l'autre côté, il y avait non pas un immeuble ordinaire, mais une chose publique à laquelle devait servir la clôture, un terrain des fortifications, par exemple, lequel est protégé lui-même par la police de la chose publique (comp. la note suivante).

Il y a des villes dans lesquelles la police des rues a été confiée à une autorité spéciale agissant au nom de l'Etat (direction de la police, présidence de la police, comp. la note 7 ci-dessus). Supposons que cette autorité refuse d'user du pouvoir de police pour protéger une certaine parcelle de la rue ; l'autorité communale pourrait-elle y pourvoir au moyen d'une action possessoire ? Question très délicate ! Pour respecter la distribution des compétences, on devrait, nous semble-t-il, répondre négativement.

Quant à la *demande en revendication*, elle devrait être refusée au maître de la chose publique ; à la différence de la possession, elle suppose un rapport de droit civil qui n'existe pas dans ce cas.

La question est encore embrouillée par les idées de la doctrine du Fisc, d'après laquelle il y a, derrière le domaine public, une propriété privée de l'Etat et qui jouit de la protection ordinaire des tribunaux. Que cette protection soit insuffisante, cela ressort d'un arrêt de la Cour d'appel de Kassel du 18 février 1843, le fisc c. Treyan (*Strippelmann*, Samml., III, p. 260). La Cour a débouté le Fisc de sa demande en revendication d'une portion d'une route, considérant que « les chemins peuvent, il est vrai, être dans la propriété privée de l'Etat et revendiqués au moyen des actions ordinaires fondées sur la propriété ; cependant, le plaignant ne base pas sa demande sur une propriété pareille ; il prétend seulement que l'Etat (sic !) a, depuis quelques années, classé la portion de chemin en question parmi les grandes routes et dans l'administration et l'entretien, dont lui, le Fisc, est

même par une action possessoire à l'effet d'être maintenu ou réintégré par les tribunaux en possession de la chose. Il n'y a pas d'action possessoire contre la police de la chose publique. Certes, l'autorité administrative, en vertu de son pouvoir de police, ne peut pas faire ce qu'elle veut. Mais ce ne sera pas aux tribunaux civils à statuer sur la question de savoir si, en retenant ou en réclamant l'immeuble comme chose publique, l'administration est sortie ou non de ses limites (23).

Dès lors, le tiers qui se prétend propriétaire devra faire valoir ses droits au pétitoire. Sa demande tendra, en première ligne, à ce que sa propriété soit reconnue. Comme il s'agit, dans cette demande, d'une propriété du droit civil, la matière est de la compétence des tribunaux civils. Peu importe que l'administration que le tiers attaque prétende, de

chargé ; de ce fait, il ne résulte qu'un droit public exercé au nom de la puissance de l'Etat sur les portions de chemin en question, droit qui n'est désigné sous le nom de propriété que dans un sens impropre et qui ne peut pas être protégé par les actions pétitoires du droit civil ».

Indépendamment de la doctrine du Fisc, les tribunaux admettent encore parfois ces demandes avec la louable intention de procurer au droit individuel une protection que, à leur avis, il ne trouverait pas ailleurs. Ainsi, O. Tr. 31 déc. 1863 (Str., 51, p. 332) : La commune s'est portée demanderesse à raison d'un empiètement sur son chemin par un mur avancé ; le premier juge avait décidé que « l'autorité de la police des chemins est exclusivement compétente ; mais le Tribunal supérieur admet la voie judiciaire, « *in favorem* de la commune », comme il le dit. La Cour supérieure Bavaroise a décidé, dans une question de conflit d'attributions, par arrêt du 17 déc. 1872, que la commune qui réclame la restitution de son chemin carrossable dans la largeur originaire devra s'adresser, non pas aux autorités administratives pour avoir la protection de la police, mais aux tribunaux par la voie de la *rei vindicatio*. La Cour avait ainsi abandonné sa jurisprudence antérieure à la suite d'une controverse très vive soulevée par *Luthardt* et dont nous parlerons tout à l'heure (note 26 ci-dessous). Comp. Bl. f. adm. Pr., 1873, p. 127.

(23) La thèse reconnue dans le droit Prussien — que contre des dispositions de police il n'y a pas de *possessorium*, — s'applique spécialement à l'exclusion de l'action possessoire contre le maître de la chose publique ; *Foerstemann*, Pol. R., p. 472 ss.

son côté, que c'est une propriété du droit public. La compétence dépend de la base que le demandeur a donnée à sa demande ; elle ne sera pas changée par le seul fait que le défendeur répond en alléguant la fausseté de cette base (24).

Si le tribunal civil, en statuant sur la demande, donne gain de cause au demandeur, il le reconnaît propriétaire de la chose, du chemin, de la fortification etc., que l'administration retient comme chose publique. Ce jugement fait droit entre les parties ; il aura donc pour effet de détruire la prétention émise par l'administration d'avoir sur cette chose un droit de propriété publique. Mais il n'a pas pour effet d'enlever à cette chose le caractère de chose publique ; elle pourra conserver ce caractère en vertu d'un droit de servitude publique ou en vertu de la simple possession administrative. Cette possession, le tribunal ne peut pas la détruire par son jugement, ni même ordonner qu'elle cesse. En effet, il va sans dire que le tribunal ne peut pas faire au pétitoire ce qui, en vertu des principes généraux, comme nous venons de le voir, ne lui est pas possible au possessoire. La règle du Code civil § 985, d'après laquelle « le propriétaire peut exiger du possesseur la restitution de la chose », ne trouve pas une application directe lorsqu'il s'agit d'une « possession de la police ». Ce sont d'autres principes qui règlent la restitution ; comp. le § 41 ci-dessous (25). Ainsi, le jugement qui décide

(24) Comp. le t. I, § 16, III, n. 3.

(25) *Stölzel*, Rechtsprechung d. Preuss. Comp. Confl. Hofs, p. 293 ss. *Gleim*, Recht der Eisenbahnen, I, p. 390 ; *Seuffert*, Arch., t. 31 n. 108 ; *Förster-Eccius*, Preuss. Priv. R., I, p. 112 n. 24. — La règle se manifeste d'ordinaire par l'incompétence des tribunaux pour condamner l'administration à la restitution de la chose publique ; mais cette incompétence n'est que le résultat de la particularité du droit matériel qui existe pour les choses publiques C'est ce qui a été très bien expliqué dans un arrêt du Trib. sup. de la Prusse du 12 juillet 1875

que le demandeur est reconnu propriétaire n'implique pas une condamnation de l'administration à faire la restitution de la chose. Si le tribunal y ajoute cette condamnation expressément, elle ne sera pas exécutoire, sans aucun doute : comment contraindre l'administration, par ministère d'huissier, à abandonner une portion de la route ou de la voie ferrée ou à céder un morceau de la fortification? Il est évident que cela n'aura pas lieu. Mais alors il ne serait pas digne du tribunal d'ordonner une chose qu'il n'est pas en son pouvoir de faire respecter. Il est encore moins digne de raisonner comme on le fait parfois sous l'influence des idées du régime de la police, et de dire : le tribunal commande au nom de la loi une chose qui est matériellement impossible pour l'administration ; mais l'administration, qui ne respecte ni la loi ni les jugements, usera de la force pour ne pas se soumettre ; ainsi tout s'arrangera. Telle n'est pas non plus la véritable situation. L'administration ne se soumettra pas à un pareil jugement, parce que ce jugement excède les pouvoirs de la justice civile ; l'administration seule est appelée à dire comment pourra se faire la restitution d'une chose publique à son propriétaire, c'est-à-dire comment la police de la chose publique devra lui céder la place (26).

(Entsch. t. 75, p. 154 ss.) : « La demande en restitution du terrain employé à la construction du corps de la route est incompatible avec la destination d'une voie de communication... C'est *en vertu de la force prépondérante du droit public* que le droit à la restitution des terrains qui ont été pris malgré elle a été enlevé à la demanderesse et que cette dernière est réduite à ce que peut prétendre uniquement le propriétaire lésé, à savoir l'indemnité ».

(26) Dans Bl. f. adm. Pr., 1870, p. 361 ss. sont rapportées une série de décisions de la Cour supérieure Bavaroise, qui statuent sur des demandes en revendication dirigées contre des choses publiques ; la Cour a toujours refusé d'ordonner la restitution. *Luthardt*, — l'éditeur des Bl. f. adm. Pr. — ajoute des observations très intéressantes, dans lesquelles il

III. — La manière dont la propriété publique *prend fin* correspond à la forme juridique de son origine. Si cette origine s'attache au moment où se trouvent réunies toutes les conditions de la propriété publique, la fin se produira aussitôt que disparaîtra l'une de ces conditions. Parmi ces conditions, il en est une, — le pouvoir général sur la chose, c'est-à-dire la propriété, — qui, d'après les règles existantes du droit de la chose publique, ne pourra guère disparaître elle seule : tant que la chose reste chose publique, il n'y a pas moyen d'en séparer juridiquement la propriété, alors que son maître en a été une fois investi.

Dès lors, la propriété publique finira seulement par le fait que la chose cessera d'être une chose publique, c'est-à-dire cessera de servir directement à l'utilité publique à laquelle elle avait été destinée, — soit qu'elle perde la qualité matérielle qui y est

plaide en faveur de la compétence des tribunaux, attendu qu'il s'agit d'une question de propriété. Mais il ne s'agit pas seulement de reconnaître la propriété ; il s'agit aussi d'en tirer une conséquence qui touche à la sphère de l'administration publique. — La distinction à faire a été très bien relevée par Comp. Confl. Hof, 4 févr. 1854 (Just. Min. Bl., 1854, p. 325) : « Quand un tiers prétend que son immeuble a été incorporé à la voie ferrée et en demande la restitution, il faut que la question de propriété soit d'abord jugée entre les parties dans la voie ordinaire de la justice civile... Mais pour qu'il ne puisse pas arriver que, par suite d'une décision rendue en faveur du demandeur, il y ait nécessité d'abandonner l'immeuble, il a fallu partager les conclusions du demandeur ». En conséquence, il est décidé : « Que la voie judiciaire est admise dans cette cause en ce qui concerne la contestation sur la propriété ; par suite, le conflit élevé à cet égard est mal fondé ; en ce qui concerne, au contraire, les conclusions tendant au déguerpissement, la voie judiciaire n'est pas admise, et le conflit élevé doit être considéré comme bien fondé ».

Si, des circonstances, il résulte que la demande ne tendait à la reconnaissance de la propriété que pour la forme et afin d'y trouver une base pour la compétence des tribunaux, cette propriété étant en réalité hors de contestation, il n'y aura pas lieu à un pareil partage ; le tribunal appréciera la demande entière d'après la seconde partie qui seule est sérieuse ; par conséquent, il se déclarera incompétent pour le tout.

nécessaire, soit que l'administration ne veuille plus son affectation à cet intérêt.

La déclaration par laquelle se manifeste cette décision de l'administration s'appelle le *déclassement* de la chose publique, de la route, de la fortification, quel que soit le genre d'utilité publique que représentait la chose (27). Le déclassement est fait par l'autorité préposée à la chose publique : direction des routes, autorité militaire, autorité municipale. Elle peut être remplacée, en cette matière, par tout entrepreneur qui, en vertu d'une concession, aura l'administration d'une chose publique.

Le déclassement correspond à l'affectation ; elle a, comme cette dernière, la nature d'un arrangement de la chose ; ce n'est pas un acte administratif (28).

A côté du déclassement, la perte de la qualité nécessaire est d'une importance beaucoup moindre comme cause mettant fin à la propriété publique. Tout au moins, quand il s'agit de choses qui, pour être propres à servir au but, ont besoin d'être spécialement préparées et entretenues — et tel est le cas pour la plupart, — il y aurait des inconvénients à les mettre en dehors de la sphère du droit public à raison d'un délabrement quelconque ou du mauvais état qu'on pourrait constater. Il ne serait pas logique non plus de procéder ainsi ; c'est qu'en effet une mauvaise administration est cependant encore une administration. Le fait que le chemin, la fortification, etc., se présentent dans un état défectueux

(27) La terminologie allemande n'est pas fixée à cet égard ; on parle de *Declassierung*, *Kassierung*, *Auflassung*, *Einziehung*, *Ausreihung*, *Unterdrückung*.

(28) Même sans être un acte administratif, le déclassement est, comme le classement, une mesure administrative qui ne peut pas être attaquée par la voie judiciaire : R. G. 17 mars 1881 (Samml., IV, p. 279).

n'aura ici d'importance qu'autant qu'il en résulte l'autre cause qui fait cesser la chose publique, à savoir le déclassement : de cela, cet état de la chose formera toujours une présomption suffisante. Nous n'y verrons donc qu'un *déclassement tacite* à côté du déclassement formel, qui est la règle (29).

Seules, les choses publiques naturelles présentent le cas d'une cessation de cette qualité, résultant directement d'un changement de leur état extérieur. Il s'agit plutôt ici d'un déplacement des limites : le terrain abandonné par le fleuve par suite d'un changement survenu dans son cours d'eau, ou le terrain qui cesse de faire partie du rivage de la mer, celle-ci s'étant retirée, n'a plus le caractère de chose publique. C'est le fait extérieur qui, par lui-même, produit cet effet, sans qu'il y ait besoin de recourir à une interprétation ou à une présomption de volonté.

C'est d'après les différentes manières dont peut prendre fin la chose publique, que se déterminera le *moment* où ce changement doit être considéré comme étant parfait. Le déclassement repose-t-il sur un acte de la volonté de l'autorité, il produira son effet au moment où cette décision se manifeste extérieurement. Cela pourra se faire par un avertissement donné au public, ou par l'enlèvement des marques qui indiquaient la destination de la chose ; quand il s'agit d'un chemin, cela résultera du fait qu'il est fermé définitivement à la communication ; s'agit-il d'une fortification, au contraire, c'est l'accès

(29) Dès lors, la décision rapportée dans Bl. f. adm. Pr., 1874, p. 374, et dont nous parlions dans la note 11 ci-dessus, admet avec raison, comme seule manière de faire cesser la qualité de chose publique ; « la suppression du chemin public prononcée dans une forme reconnue par les autorités administratives ».

libre accordé au public qui aura cette signification. Il faut seulement que la volonté de l'administration se fasse connaître d'une manière quelconque ; les formes de la notification de l'ordonnance ou de l'acte administratif ne sont pas rigoureusement exigées ici.

Le moment décisif sera moins facile à reconnaître lorsqu'il s'agit du déclassement tacite, résultant du fait par l'administration de négliger la chose publique et de la laisser se délabrer. C'est par une simple présomption, que nous supposons la volonté de déclasser ; on ne saurait donc l'invoquer, aussi longtemps que ce fait pourra autrement s'expliquer. La solution dépendra donc du degré de délabrement dans lequel se trouve la chose, et surtout de la durée de cet état.

De même, pour les choses publiques naturelles, le changement de la situation n'aura d'effet, quant à leur caractère juridique, qu'autant qu'il peut être considéré comme définitif : l'île née dans le fleuve, le rivage de la mer devenu libre, ne cesseront d'appartenir au domaine public qu'au moment où le nouvel état de choses semble être fixé à perpétuité (30).

Il importe de savoir la manière dont cesse la qualité de chose publique : cela aura des conséquences *pour le droit qui appartient à l'Etat sur la chose.* Ces conséquences diffèrent suivant la forme juridique qu'avait le droit, et dans laquelle la chose servait

(30) Pour les fleuves navigables, la doctrine qui les considérait comme *res nullius* s'est conservée relativement plus longtemps que pour les autres choses publiques. C'est pour cela que l'attribution de la propriété du lit abandonné et de l'île née a eu des solutions différentes. Comp. *Regelsberger*, Pand., I, p. 435 ; O. Pr. 24 nov. 1870 (Str. 81, p. 73). Aujourd'hui, sauf disposition contraire d'une loi particulière, il faut leur appliquer les mêmes règles qu'aux autres choses publiques.

à l'administration en vue de l'utilité publique. Nous avons distingué trois de ces formes.

La chose pouvait servir à l'utilité publique seulement en vertu de la possession de fait que l'administration exerçait sur elle dans ce but. Cette possession perd alors, avec le déclassement, sa raison d'être et la force juridique grâce à laquelle elle s'imposait à la propriété. On doit présumer que, par le déclassement même, l'administration renonce au fait de la possession et aux actes de police par lesquels elle la retenait. Dans le cas contraire, cette possession aura maintenant complètement perdu son caractère de police et d'administration publique. L'obligation de restituer la chose au propriétaire produira son effet librement ; on pourra la faire valoir par une demande en restitution dirigée contre le Fisc devant les tribunaux civils.

Existait-il sur la chose une servitude de droit public, le déclassement aura pour résultat que cette servitude de fait cesse d'être exercée. Il se peut que cela implique, en même temps, une renonciation au droit même de la servitude. Mais ce droit de servitude, dès qu'il ne s'agit plus d'une chose publique, appartient lui-même au droit civil ; pour y renoncer, le Fisc doit remplir les formes prescrites par le droit civil. Comp. le § 40 ci-dessous.

Enfin, si la chose était soumise, d'une manière générale, au sujet d'administration publique dans la forme de la propriété publique, cette propriété perdra maintenant le caractère qui l'avait fait appartenir au droit public. Elle suit sa tendance naturelle ; tous les rapports qui en dépendent seront désormais réglés par le droit civil.

Celui qui, jusqu'à ce moment, en était le propriétaire continue à en être le propriétaire. C'est lui qui maintenant pourra faire des actes d'aliénation et, d'une manière générale, disposer de la chose selon les règles du droit civil.

C'est mal comprendre la transformation qui s'opère ainsi, que de s'imaginer qu'il y a simplement une propriété privée qui, jusqu'à ce moment, disparaissait derrière l'intérêt public et qui, maintenant, se dégage : personne, en effet, n'avait, jusque-là, sur cette chose, un droit de propriété privée (31).

Il y a une autre conception, — plus logique, il est vrai, — mais qui révèle toute la naïveté d'une doctrine exclusivement civiliste : on parle d'un acte d'acquisition de la propriété. Du point de vue du droit civil, il n'y avait rien jusqu'à ce moment, cela se comprend — et de ce rien, le déclassement fait naître une propriété que le droit civil reconnaît et règle. Si la doctrine du droit public avait la même force absorbante, quant à la manière de penser de ses adeptes, ces derniers devraient, avec la même raison, formuler la thèse suivante : l'Etat perd sa propriété par le déclassement, attendu qu'il n'a plus de propriété publique.

En réalité, ce qui est l'essentiel de la propriété, — à savoir le pouvoir juridique général sur la chose, — reste intact dans ce cas. Seul est changé le système des règles régissant les rapports qui s'y attachent ultérieurement.

(31) *Rüttimann*, dans sa consultation sur l'affaire des remparts de la ville de Bâle, p. 17, parle, en ce sens, d'une « propriété latente, en quelque sorte dormante » que le canton avait sur les remparts, et qui, par suite du déclassement, s'éveille pour devenir disponible. Cette propriété lui semble être imparfaite, considérée sous le point de vue d'une propriété civile. Mais en réalité, il y avait là une propriété publique à laquelle rien ne manquait.

§ 37

Droits d'usage sur les choses publiques ; l'usage de tous.

Les choses publiques servent à l'administration pour des buts d'utilité publique. Certaines remplissent cette destination tout *en rendant service aux particuliers*. Quand la destination principale est remplie autrement, la chose pourra, — du moins accessoirement, — être rendue utile aux particuliers. Dans la première catégorie rentrent les chemins publics, dans la seconde les fortifications.

La forme dans laquelle ces avantages sont procurés juridiquement aux particuliers est évidemment liée étroitement aux principes qui dominent la notion même de la chose publique et régissent la situation du maître de la chose.

A l'époque actuelle du droit administratif, la nature juridique de la chose publique exige qu'elle appartienne à l'Etat ou à un sujet d'administration équivalent par un rapport dépendant du droit public.

Quant à ce qui doit être procuré par la chose aux particuliers, cela devra être légitimé vis-à-vis des maîtres de la chose ; et la légitimation ne pourra se faire que *dans les formes du droit public*.

Nous avons déjà visé ces conséquences dans les explications données au § 35, II et au § 36, II n. 2. Si maintenant nous examinons de plus près les avantages que les particuliers peuvent retirer des choses publiques, nous devons commencer par faire une distinction. Il ne sera pas question ici de toutes les utilités que la chose publique pourra prêter aux particuliers. Le régime exclusif du droit public embrasse uniquement ce qui touche la chose en *elle-même et immédiatement* ; il en est autrement des accessoires extérieurs et des parties destinées à en être séparées.

Les objets de cette dernière espèce pourront être aliénés dans la forme du droit civil et mis à la disposition d'un acquéreur. L'acquéreur pourra même être autorisé à s'emparer lui-même des objets à séparer. On parlera alors d'un droit concédé sur la chose publique ; c'est le *droit de percevoir les fruits de la chose*. Ces droits de percevoir les fruits sont créés par un contrat de vente ou par un bail à ferme du droit civil. C'est ainsi, par exemple, que la coupe des herbes sur les bords des chemins, sur les rivages de fleuves, sur les talus des canaux et même sur les fortifications est vendue ou donnée à bail. Le produit des arbres fruitiers plantés le long de la route, l'exploitation des saulaies dans le lit de la rivière ou sur ses bords, les glaces à retirer d'un canal sont traités de la même manière. Ajoutons le droit de chasse et de pêche sur les choses publiques. Le gain qui résulte de ces opérations forme un avantage accessoire pour le maître de la chose. Tout cela ne nous intéresse pas ici.

Ce qui doit former l'objet de nos explications, c'est seulement cette autre espèce d'avantages accordés aux particuliers — et qui est de beaucoup la plus importante, — celle où la chose elle-même et par son corps offrira ses utilités aux particuliers, lesquels en feront usage dans leur intérêt propre. Ces avantages sont réglés dans les formes du droit ; nous parlons donc de *droits d'usage sur la chose publique*. Cette expression ne doit nullement préjuger la question de savoir s'il s'agit ici de véritables *droits subjectifs* dans le sens strict. Nous verrons que l'expression embrasse des droits subjectifs publics dont l'« individualisation » est parvenue à des degrés différents ; comp. ce que nous avons déjà dit sur ce point au t. I, § 9, p. 132 ss. ci-dessus.

Les droits d'usage sur la chose publique se présentent, selon la diversité de leur fondement juridique, sous trois formes différentes. Nous distinguerons : l'*usage de tous*, la *permission spéciale* et la *concession*. C'est par la première catégorie que nous commencerons.

I. — Certaines choses publiques, — il s'en faut de beaucoup que ce soient toutes les choses publiques, — sont soumises au droit de l'usage de tous. *Quelle est la nature de ce droit ?*

Nous devons prendre pour point de départ un ordre de choses dans lequel la solution de cette question semble avoir été donnée de la manière la plus simple. Les choses publiques les plus importantes apparaissent originairement comme des institutions communes d'associations locales : les chemins, places, ponts, fontaines publiques sont une propriété sociale. Les membres de l'association, en se servant de la chose selon sa destination, ne font qu'exercer sur cette chose leur droit direct d'associés. Comp. § 35, I, n. 1 ci-dessus.

Ce système disparaît avec la formation définitive des grandes personnes morales du droit public, en particulier de l'Etat lui-même avec sa double personnalité. Le Fisc est le propriétaire des choses publiques ; mais l'Etat l'oblige à en laisser l'usage aux sujets et veille à l'accomplissement de ce devoir. Ainsi le Fisc est lié ; mais, de la part de l'Etat, il ne s'agit que d'un *bienfait*, d'une *faveur* qu'il accorde par l'entremise du Fisc. De cette manière, l'usage de tous est le contraire d'un droit qui appartiendrait aux individus en propre. Ils n'ont pas d'action contre le Fisc, lorsque celui-ci leur refuse ou leur retire la faculté de faire usage de la chose ; ils peuvent simplement invoquer contre lui l'intervention des autorités administratives, afin qu'elles lui enjoignent de remplir le devoir dont l'a chargé l'Etat dans l'intérêt public (1).

Le droit Romain offre peu de ressources en cette matière. On parle des différents *interdicta* destinés à protéger l'usage que les particuliers pourront faire des *res publicae,* mais ces *interdicta* ne protègent que les particuliers entre eux et contre les troubles qu'ils pourront s'apporter réciproquement. On essaie bien de les tourner également contre le Fisc et contre l'Etat ; mais on n'arrive pas à un résultat satisfaisant ; la souveraineté de la police doit l'emporter, d'après l'esprit du système (2).

Depuis le commencement de l'époque de l'Etat régi par le droit, il est de nouveau sérieusement question d'un *droit à l'usage de tous*, droit valable même à l'encontre de la puissance publique (3).

(1) Nous trouvons dans R. G. 23 février 1880 (Samml. I, p. 366) un exemple très instructif de cette manière de voir : l'Etat force le Fisc à tenir les rivages de la mer à la disposition du public pour y faire certains travaux ; les intéressés pourront provoquer son intervention : Comp. § 35 note 10 ci-dessus. Il y a, dans le droit moderne, une analogie dans la situation juridique de l'indigent que la commune est obligée de secourir ; cette obligation n'existe que vis-à-vis de l'Etat : l'indigent peut invoquer l'Etat pour qu'il force la commune à obéir à l'obligation qu'il lui a imposée, mais il n'a pas de droit propre lui permettant d'exiger de la commune ces services. Comp. t. IV, § 60, III, n. 2 ci-dessous.

(2) *Ubbelohde*, Forts. z. Glücks Pand., liv. 43 et 44, IV, 1 ; *Regelsberger*, Pand., I, p. 421 ; R. G., 13 janv. 1882 (*Reger*, III, p. 93).

(3) Bl. f. adm. Pr., 1870, p. 337 : « Faire usage de la rue, c'est exer-

Mais il s'agit alors de savoir avant tout d'où vient ce droit, sur quoi il repose.

A première vue, l'explication la plus simple a été d'admettre *un acte constitutif* par lequel l'Etat lui-même aurait créé ce droit. C'était l'Etat qui, sous l'ancien régime, permettait cet usage comme une faveur dépendant de sa bonne volonté ; c'était, pouvait-on croire, continuer directement ces idées, que de revêtir ce que donnait l'Etat de la forme correcte du système nouveau, à savoir la forme d'un droit individuel. Mais nous savons que l'Etat peut créer des droits qui devront être respectés par le pouvoir exécutif, c'est-à-dire par lui-même. Il existe deux formes dans lesquelles se produit cet effet : c'est, d'une part, la loi prescrivant des règles de droit ; l'acte administratif, d'autre part. Ni l'une, ni l'autre forme ne peuvent nous être ici d'aucun secours.

Tout d'abord, en ce qui concerne la loi, il y a bien des textes qui semblent sanctionner l'usage de tous et dont on veut faire grand cas. On cite, notamment, quelques anciennes codifications du droit civil particulier, telles que le Code général de la Prusse et le Code civil de l'Autriche de 1811 (4). Mais il n'y a là qu'une apparence très futile, et qui ne doit pas nous tromper. Le Code général de la Prusse surtout est renommé pour l'habitude qu'il a d'employer des phrases purement descriptives et doctrinaires, et qui sont loin de vouloir ordonner quelque chose. Le texte du § 7 de A. L. R. II, 15 décrit le rôle à jouer

cer un pouvoir concédé par l'Etat ». *Burkhardi* dans Ztschr. f. Reichs. u. Landes R., I, p. 107. Parmi les auteurs de l'époque antérieure, il faut citer surtout *Maurenbrecher*, Deutsch. Priv. R., § 156.

(4) A. L. R. II, § 15 § 7 : « L'usage libre des grandes routes est permis à chacun pour voyager et pour transporter ses choses ». Oesterreich. R. G. B., § 287 : « Celles (de ces choses de l'Etat), qui ne leur (aux membres de l'Etat) sont permises que pour l'usage s'appellent biens publics ».

par les grandes routes, tout comme le § 10 A. L. R. II, 17, décrit celui de la police ; comp. sur ce § 10 ce que nous avons dit au t. I, p. 157, note 4. L'usage de tous a existé sur les grandes routes de la Prusse avant ce § 7, et il n'a pas changé de nature à la suite de ce texte. Il existe de la même manière pour des genres d'usage que ce paragraphe ne mentionne pas (comp. la note 4 ci-dessous). Il existe de la même manière dans des territoires, où il n'y a aucun texte de loi qui en fasse mention, par exemple dans les pays de droit français (5).

Il existe encore des lois plus récentes, — comme, par exemple, la loi Bavaroise sur l'utilisation des eaux, du 24 mai 1852, — qui traitent de l'usage de tous, mais seulement dans l'intention bien marquée d'en déterminer plus exactement le contenu ; l'existence de ce droit est toujours supposée, et, par conséquent, en dehors d'une attribution légale.

Il ne resterait donc, pour créer ce droit, que l'acte administratif. Le fait qui donnerait à ceci une certaine apparence, c'est la mise en fonction de la chose publique ; l'affectation ou la « publication » serait l'acte par lequel la volonté créatrice de l'Etat trouverait son expression. Mais tout d'abord, dans la réalité de l'organisation de notre Etat, il ne suffit pas d'établir la présomption vague d'une volonté de l'Etat, que tel ou tel droit existe ; il faut encore que cette volonté se manifeste dans des formes déterminées. Or, ce n'est pas la forme de l'acte administratif de s'adresser purement et simplement à « tout le monde », à une multi-

(5) L'interprétation que nous donnons de la loi Prussienne est aussi la seule possible pour le § 287 du Code Autrichien, cité à la note précédente. *Anschütz*, Ersatzansprüche, p. 110 note 120, sans s'expliquer autrement, affirme qu'il ne peut passer si légèrement sur le texte du § 7, A. L. R., II, 15. C'est pour lui un parti pris ; comp. § 35 note 24 ci-dessus.

tude indéfinie de personnes inconnues ; comp. t. I § 8, III ci-dessus. Si l'on tient quelque peu à une conception nette de l'acte administratif, il faut renoncer à vouloir trouver dans ce cas un acte de ce genre. Du reste, même matériellement, cette volonté créatrice de l'Etat sera difficile à trouver. Il y a des choses publiques, — telles que les fleuves, les rivages de la mer, — qui servent à l'usage de tous, sans qu'il y ait jamais eu quoi que ce soit qui ressemble à une affectation spéciale. Pour d'autres choses, l'affectation s'effectue par le simple fait par l'Etat de les construire et de les aménager de façon à ce qu'elles puissent servir au but d'utilité publique auquel elles sont destinées ; l'affectation ne fait que résumer toute cette activité en faisant connaître l'opinion de l'administration, que tout est prêt et que le service doit commencer. Il n'en est pas autrement, lorsque ce moment est marqué par une déclaration plus ou moins solennelle d'ouverture. Surtout, l'objet principal de cette manifestation sera le même lorsqu'il s'agira d'une chose publique n'admettant pas l'usage de tous, — par exemple une fortification, un cimetière. Ce que l'Etat déclare, c'est toujours l'entrée en fonction de la chose pour l'utilité publique à laquelle elle doit servir. Pour certaines choses, cette utilité comprend — non pas exclusivement, mais entre autres avantages, — la communication à laquelle elles pourront servir d'une manière générale. Dès qu'une pareille chose est entrée en fonction, le droit de l'usage de tous s'empare de la faculté qui lui est offerte, pour s'exercer sur cette chose. Mais alors il est faux de dire que l'usage de tous est créé par l'affectation de la chose ; ce qui est ainsi créé, ce n'est qu'une nouvelle occasion de se manifester. L'Etat ne constitue pas cet usage, il prépare les conditions extérieures de sa réalisation.

Le droit de l'usage de tous est, par rapport à tout ce que l'Etat accomplit sur les choses publiques, un droit préexistant (6).

Ce n'est donc pas sans raison qu'on a cru se rapprocher mieux de la véritable nature de ce droit, en remontant plus haut. Au lieu de le rattacher à un acte constitutif de l'Etat, on le fait découler, comme dans les temps primitifs, de l'idée de l'association ; ainsi, ce n'est pas un droit acquis, dérivé de l'autorité de l'Etat ; c'est un droit préexistant, inné à l'individu. Il appartient à ce dernier en sa qualité de *membre de la collectivité* ; — que cette collectivité s'appelle commune ou Etat, la nature du titre sera la même. Mais, dans cette doctrine, on a dû s'apercevoir bientôt que, dans le monde actuel, les intérêts publics ne sont plus organisés sur la base étroite de l'association. On s'est vu forcé de transiger avec la réalité, de manière à abandonner entièrement ce point de départ ; on n'en a pu garder qu'une manière de s'exprimer (7).

(6) Cette vérité éclate même dans la doctrine qui voudrait faire reposer l'usage de tous sur une attribution faite par l'Etat ; les partisans de ce système parlent d'une attribution que l'Etat est obligé de faire. Ainsi, *Maurenbrecher*, Deutsch. Pr. R., § 156 : « les choses publiques sont la propriété de l'Etat, mais l'Etat est obligé (« *muss* ») d'en abandonner l'usage aux sujets ». Cette nécessité juridique pour l'Etat ne pourrait s'expliquer que par un droit préexistant.

(7) *Dernburg*, Preuss. Priv. R., I, p. 597 : « faire usage des chemins communaux, c'est un droit inhérent à la qualité de membre de la commune ». *Ubbelohde*, Forts. z. Glücks Pand., liv. 43 et 44, IV, 1, p. 38, 46 : l'usage des « choses publiques de l'Etat appartient aux individus, non pas en vertu d'un droit privé personnel, mais en vertu de leur droit de cité ». Bl. f. adm. Pr., 1874, p. 23 : vis-à-vis de toutes les personnes morales possédant des choses publiques, l'individu a le droit de s'en servir « comme membre de l'universalité ». Récemment encore, *Rosenfeld*, d. Wesen des Rechts auf Gemeingebrauch, p. 23 s., s'associe à cette manière d'expliquer l'usage de tous. L'étranger, d'après lui, n'en jouit que par une faveur spéciale (*Verstöhung*) ; elle lui est accordée par le fait qu'il n'en est pas expulsé. Mais de la même manière, on pourrait aussi constater un droit spécial octroyé à l'étranger de respirer notre air !

Est-il nécessaire d'être membre d'une certaine communauté — telles que les communautés sont organisées actuellement — pour participer au droit de l'usage de tous sur les choses publiques appartenant à cette communauté ? Evidemment non. C'est dans l'intérêt même des membres de l'Etat, de la commune, etc., que les voies de communication nationales, communales sont ouvertes aux étrangers, absolument de la même manière et sans autre condition. On a donc élargi le cercle de l'association dont doit découler le droit à l'usage de tous ; l'on a substitué aux communautés restreintes cette grande société qui, sous le nom de « public », se trouve placée vis-à-vis de la puissance publique C'est *au public*, déclare-t-on, qu'appartient le droit à l'usage de tous ; l'individu exerce ce droit au nom du public et à titre de membre de cette société (8).

Cette notion du public représente la dernière étape de l'ancienne idée de l'association, c'est là qu'elle s'évanouit complètement. En effet, le public n'est pas plus un sujet de droit qu'une collectivité définie ; c'est évident. Il a donc fallu se résoudre à reconnaître la simple vérité qui se cachait derrière cette phraséologie : à savoir que ce droit appartient tout simplement à *tout le monde*, à l'*homme comme tel* (9). Ainsi, droit

(8) *Wappäus*, dem Rechtsverkehr entzogene Sachen, p. 112, 113. *Ihering*, dans sa consultation sur l'affaire des remparts de Bâle, p. 38, après avoir fait absorber la propriété de la chose publique par l'usage de tous, attribue très logiquement cette propriété au « public » ; comp. § 35 note 14 ci-dessus. Comp. aussi O. Tr. 12 juin 1852 (Str., 4, p. 244) ; O. Tr. 28 mars 1873 (Str., 88, p. 341). Les auteurs français aiment aussi s'exprimer ainsi ; *Proudhon*, Domaine public, I, n. 220 : « un droit d'usage ou d'usufruit établi sur ce fonds au profit du public ».

(9) R. G. 13 janv. 1882 (*Reger*, III, p. 53) : « le droit appartenant à tout le monde sur les chemins publics, qui, tout en étant de nature *publicistique*, est, selon le droit commun, protégé également contre des troubles par des moyens du droit civil ». *Bekker*, Pand., I, p. 341 : « des droits qui appartiennent à tous ».

originaire, non pas attribué, mais existant de lui-même au profit de tout le monde, droit inné, droit de l'homme à l'usage des choses publiques ! Comment tout cela doit-il se comprendre ?

On croit souvent avoir résolu la difficulté en disant que cela doit être, bien entendu, un droit « publicistique », une prétention du droit public, du droit administratif. On s'en contente avec l'arrière pensée, évidemment, qu'un pareil droit n'a pas besoin d'une conception plus exacte. C'est une voie dans laquelle nous refusons de nous engager (10).

Les auteurs civilistes s'efforcent consciencieusement de donner à ce droit une forme déterminée ; ils cherchent à y adapter la notion de la servitude. Cela ne pourrait être qu'une servitude personnelle, celle-là aussi sans sujet, sans personne déterminable à laquelle elle appartiendrait. Mais il manque encore à ce droit un objet déterminé, et cela doit dépasser ce qui est permis à une servitude, même impropre, même « analogue », même « quasiment appelée ». Car, à y regarder de près, le droit ne vise pas du tout, comme il convient à un droit réel, l'usage d'un immeuble déterminé. La chose peut être enlevée à tout moment par une disposition arbitraire du maître de la chose, qui déclassera la rue, etc. Avec la même facilité, une nouvelle chose pourra toujours être soumise à ce droit. Les objets déterminés varient donc ; le droit ne leur est point inhérent. Il ne s'attache toujours qu'aux rues, places, canaux etc. existant pour le moment (11).

(10) R. G., 13 janv. 1882 (comp. la note précédente) ; R. G., 23 février 1880 (Samml., I, p. 366) : « un pouvoir dépendant du droit public » ; Bl. f. adm. Pr., 1870 p. 337 : « non pas un droit privé, mais ce qu'on peut exiger par le droit administratif » ; eod., 1874, p. 43 : « non pas un droit privé à poursuivre judiciairement, mais seulement (!) un pouvoir administratif ».

(11) *Ubbelohde*, l. c, p. 174 : « un droit réel, très semblable à un droit

Et quelle est la signification de ce droit à l'égard de ces choses ? Il ne signifie pas qu'on puisse exercer sur elles une influence positive, y apporter des changements ou des innovations ou en disposer d'une manière quelconque. Toute sa force apparaît uniquement en ceci : celui qui a le droit, c'est-à-dire tout homme, ne peut pas être empêché par le maître de la chose, agissant en cette qualité, de circuler sur la chose et de s'y comporter, à certains égards, comme si cette chose était à lui. Les bornes que la propriété d'autrui oppose ailleurs au libre mouvement de l'individu semblent ici ne pas exister dans une certaine mesure. La puissance publique — par cela même que c'est elle qui, sous le nom de police, doit maintenir ces bornes et défendre la chose contre les empiètements — est obligée de respecter, dans ces limites, ce que l'individu pourra faire et entreprendre sur la chose publique. Elle n'est pas la seule. Le même droit existe, dans la même mesure, vis-à-vis de tout le monde. Je puis exiger de tout le monde qu'on ne m'empêche pas de faire usage de la chose publique, de circuler sur le chemin public, d'y aller en voi-

de jouissance ou à une servitude » ; p. 175 : « des quasi-servitudes, avec cette différence essentielle des servitudes proprement dites, qu'elles s'éteignent d'elles-mêmes, aussitôt que l'autorité supprime l'usage de tous ». *Bekker*, Pand. p. 382, s'exprime avec plus de réserve : « l'objet du droit, dans le cas que nous envisageons, est une chose ; donc le droit lui-même est un droit réel. Mais c'est un droit d'une nature particulière, puisqu'il ne peut pas être acquis ni perdu par l'individu ». — Cette servitude joue un rôle très important pour expliquer la situation juridique spéciale des maisons construites le long de la rue ; il paraît que, dans ce cas, la servitude doit être quelque chose de nouveau et de spécialement sérieux comme si l'on ne l'avait pas déjà admis pour l'usage de tous en général. Comp. IV, n. 2 ci-dessous. — Les auteurs français se servent également ici de la notion de servitude et même d'une façon plus décidée ; *Proudhon*, Dom. publ. I, n. 16 : « ils (les immeubles) sont affectés au profit de tous indistinctement à un véritable droit d'usage, servitude personnelle dont l'exercice est réglé par les lois de police ». Dans ces questions de terminologie juridique, il ne faut pas toujours les prendre pour modèles.

ture, etc. S'il en était autrement, on porterait à mes droits une atteinte que je suis autorisé à repousser par la force, contre laquelle je puis invoquer la protection du pouvoir de police, ou bien m'adresser à la justice civile afin d'obtenir l'interdiction du trouble ainsi que des dommages-intérêts (12).

Il semble donc qu'il y ait un *droit absolu* qui ne vise pas une personne déterminée, mais qui ne signifie pas non plus une espèce de pouvoir juridique sur une chose déterminée. Il a son centre fixe dans la personne de l'individu, dont il est inséparable : on ne peut pas y renoncer ; il ne s'aliène pas entre vifs ; il ne se transmet pas non plus par succession. Mais chacun l'a pour soi, originairement, nécessairement, comme une conséquence de sa qualité d'homme.

Tel est le droit d'usage de tous, que nous étudions. On ne peut pas hésiter sur la nature de ce droit. Il ne répond à aucune des formes bien déterminées

(12) *Landsberg*, Injuria und Beleidigung, p. 104 : « aujourd'hui encore, celui qui trouble une personne quelconque dans la jouissance ou l'usage des choses soumises à l'utilisation publique, pourra être poursuivi au moyen de l'*actio injuriarum aestimatoria* ». *Ubbelohde*, l. c., p. 201, tient l'*actio injuriarum* pour superflue, attendu qu'aujourd'hui tout trouble apporté à l'usage de tous tomberait sous une prescription du Code pénal ; si aucune autre disposition n'est applicable, « on verra toujours dans une conduite pareille une incontinence grave » (grober Unfug ; Str. G. B., § 360 n. 11). Mais il nous semble que cette pénalité entraînera, en outre, elle-même une demande en indemnité de la part de la personne lésée. Tout dépend ici du système consacré par le droit civil sur la responsabilité à raison du dommage causé d'une manière plus ou moins large. Comp. sur cette question les excellentes observations de *V. Sarwey*, öff. R. V. u. R. Pfl., p. 427 ss., p. 501 ss. — Il y aurait, sans doute, une lacune dans notre droit civil, si le droit à des dommages intérêts ne pouvait être justifié qu'au moyen de cette malencontreuse disposition du § 360 n. 11 du Code pénal, qu'*Ubbelohde* se plaît à invoquer. Il faut maintenant chercher la solution dans les § 823 ss. du Code civil Allemand. Le § 825 al. 2 ne sera pas toujours applicable, la disposition sur l'« incontinence grave » n'étant pas une loi « visant la protection d'un tiers ». Mais quand on sera en présence d'un agissement intentionnel, on pourra invoquer le § 826 : « Quiconque aura causé un dommage à autrui intentionnellement et d'une manière contraire aux bonnes mœurs, etc. »

du droit civil, ni à la stricte notion du droit subjectif public, telle que nous l'avons développée au § 9, III du t. 1er. La faculté de se servir, dans une certaine mesure, des choses publiques existantes n'est pas autre chose qu'une partie intégrante de la liberté individuelle et économique qui, dans notre société, est censée être l'apanage naturel de l'homme, de la *liberté sociale* (13). La détermination de ce qui est compris dans cette liberté sociale n'est pas faite originairement par la loi positive ; c'est l'*opinion commune*, la *conviction générale* qui lui donne son fondement et son contenu. Cette opinion et cette conviction se manifestent dans les applications qui en sont faites par les autorités, ainsi que par les témoignages des auteurs qui constatent les principes qui en découlent. Cette opinion n'est pas immuable : les idées sur la liberté sociale varient selon les époques et selon les lieux. Cette opinion n'est pas souveraine : la liberté naturelle, telle qu'elle devrait être d'après les idées générales, cède devant les prescriptions de la loi positive qui définissent, restreignent ou même élargissent la sphère de la liberté sociale. Dès lors, ces idées ne font que remplir les lacunes de la loi positive. Mais jamais la loi positive n'arrive à les écarter complètement et à rendre superflu le travail délicat de la conscience sociale.

(13) Ce qui a été écrit de mieux sur ce point se trouve dans *V. Sarwey*, Öff. R. u. V. R. Pfl. p. 429 ss. : « lorsque quelqu'un est exclu, sans motif suffisant, de la participation aux institutions de la vie commune, et qui sont généralement ouvertes à toute personne comme telle », cela implique un refus de reconnaître la personnalité ; par suite, il y a lésion d'un droit. « Il faut y comprendre l'usage des chemins publics, des eaux publiques, etc. ». Si l'exclusion de l'individu résulte d'une disposition de l'autorité administrative, nous avons alors « une lésion de la personnalité de l'individu », « une atteinte, sans fondement légal, à un droit subjectif ». C'est là l'idée fondamentale de l'usage de tous ; quant à l'expression « un droit subjectif », il nous sera permis de faire des réserves.

L'état de la liberté sociale de chaque époque se fait connaître par certains effets juridiques qui se produisent au profit des individus. Ces effets n'ont pas directement la forme de droits subjectifs. Il en résulte tout d'abord un ensemble d'intérêts à respecter, une sphère protégée contre les atteintes arbitraires et non spécialement légitimées. C'est seulement dans le cas où cette barrière aura été méconnue que de véritables droits de l'individu prennent naissance, droits civils ou droits publics; ils tendent à procurer à l'individu une satisfaction : cessation du trouble, restitutions, indemnités, châtiments. Que, derrière notre droit organisé, existent ces éléments naturels que ce droit suppose et avec lesquels il faut compter, c'est là un fait incontestable. Le jurisconsulte bien discipliné se plaît à les combiner en les classant dans une catégorie quelconque du droit positif où leur caractère s'efface. Mais on ne peut pas s'en passer.

Le droit civil suppose une sphère protégée de cette espèce, surtout dans son système des *faits illicites* entraînant l'obligation d'indemniser. Cette sphère entoure la personnalité ainsi que son état économique. On devient responsable quand on y porte atteinte sans y être légitimé par un droit spécial. Celui qui se prétend « lésé dans ses droits », selon l'expression usitée parmi nos jurisconsultes, n'a pas besoin d'exhiber les titres d'un droit formulé. Il existe de simples intérêts dont la personne est entourée et qui sont protégés de la même manière. Quels sont ces droits? Cela dépend de l'opinion qui s'est formée dans notre société et qui détermine ce cercle d'une manière plus ou moins large. Mais, d'un autre côté, celui qui cause le dommage sera couvert non seulement par un droit formel, mais encore on l'excuse, on le considère comme ayant fait usage d'un « droit » lorsqu'il a agi dans les limites de ce qui, d'après l'opinion, est permis dans la lutte générale pour l'existence. Il peut invoquer la liberté sociale ! Quant aux limites, c'est le juge qui, à défaut d'une prescription positive, l'établit sur les bases naturelles de cette liberté, telles qu'il les comprend et qui ont ainsi une importance juridique très accentuée.

Le droit à l'usage de tous appartient à la même catégorie et produit ses effets de la même manière (14).

Le droit public auquel il appartient doit compter, comme le droit civil, avec des sphères naturelles de mouvement libre et d'intérêts respectés, sphères qui sont reconnues aux individus même à l'encontre de la puissance publique. Nous savons que, d'après les principes de nos Constitutions, les *atteintes à la liberté et à la propriété* ne sont admises qu'en vertu d'une loi. Quelle est l'étendue de la sphère ainsi protégée de l'individu ? Qu'est-ce que la liberté ? En partie, cela peut se trouver déterminé expressément par des textes constitutionnels et par des règles établies par les lois. Mais ces prescriptions elles-mêmes sont puisées dans certaines opinions générales sur ce que, dans notre société et vis-à-vis de notre puissance publique, l'homme apporte au monde comme sphère de liberté innée, et sur les limites naturelles de cette sphère. Ces opinions continuent à compléter toutes ces prescriptions ; ce serait une erreur pleine

(14) La doctrine du droit civil, poussée par le besoin d'une certaine uniformité de ses matières, a inventé, pour ces différentes manifestations de la liberté protégée, le nom de droits d'individualité (*Individualrechte*). Ce n'est qu'un mot. Toutefois, c'est très logiquement que *Kohler*, le partisan le plus ardent de ces « droits d'individualité », comprend dans leur nombre l'usage de tous : Autorrecht, p. 130, 133. — Rentre tout à fait dans le cercle de ces idées ce que le code civil All. prescrit dans son § 826 : on doit des dommages-intérêts pour ne pas avoir observé les limites que les bonnes mœurs semblent avoir tracées.

de conséquences très fâcheuses, que de croire qu'on peut trouver tout cela dans les textes.

Nous avons déjà fait une application de ces principes au t. II, § 19, I, n. 1 sur le *pouvoir de la police* et sur la sphère de liberté naturelle dont ce pouvoir est exclu, conformément à la notion de la *vie privée* et à d'autres idées formées par l'opinion commune. Nous sommes ici en présence d'un cas analogue : contre le pouvoir de police qui règle l'usage des choses publiques et les défend contre les individus, il existe un certain degré de libre expansion de la vie individuelle ; et cela comprend des actes qui devront être accomplis sur la chose publique. De même que la liberté dépend entièrement de la volonté de la loi, qui en principe peut la restreindre ou même la supprimer, ou autoriser le pouvoir exécutif à le faire dans les limites de l'autorisation, de même pour la liberté traditionnelle de la vie privée d'une part, pour la liberté existante de l'usage de tous sur les choses publiques, d'autre part. Mais en tant que de pareilles restrictions ne sont pas établies, la liberté existe dans ses limites naturelles, telles qu'elles sont reconnues par l'opinion ; elle est protégée d'après les organisations de la procédure administrative.

Si nous parlons ici d'un *droit* à l'usage de tous, c'est pour nous conformer à la manière peu exacte dont on s'exprime d'ordinaire en cette matière. Il n'y a pas de conséquences à tirer de cette expression.

Au contraire, nous aurons de nombreuses conséquences à tirer de la notion de l'usage de tous, telle que nous venons de la développer. Dans ce but nous allons déterminer plus exactement les contours de ce droit à différents points de vue.

II. — Le *contenu* du droit de l'usage de tous est soumis, comme toutes les manifestations de la liberté, à la réglementation de la loi. Toutefois, la loi, — et ce qui la remplace, — ne se prononce que rarement en cette matière, et jamais avec l'intentien de l'épuiser.

Par conséquent, il faut recourir à d'autres moyens pour connaître ce contenu.

Le premier moyen, c'est la qualité spéciale de la chose publique elle-même, telle qu'elle est déterminée par la nature ou par les travaux qui y ont été faits, et l'affectation finale. Dans les limites des possibilités ainsi ouvertes, l'opinion commune sur ce qui devra être admis donne une définition plus exacte. Cette opinion se fait connaître par ce qui se fait communément soit de la part des particuliers qui, tous, dès qu'ils sont dans le cas de se servir de la chose publique de telle ou telle manière, n'hésitent pas à en faire tel usage, soit de la part des autorités administratives qui laissent les individus agir, soit enfin de la part des tribunaux qui refusent de sévir contre ces agissements et d'appliquer les prescriptions pénales interdisant d'abuser de la chose.

Ainsi, pour connaître le contenu de l'usage de tous, il faut s'en tenir aux réalités de la vie sociale : il y a là un travail d'*observation* à faire.

Pour en donner un résumé, nous commencerons par les *chemins publics*, l'objet le plus important de l'usage de tous.

Les chemins publics n'ont pas tous le même caractère ; ils se divisent, justement quant à l'usage de tous, en plusieurs catégories : chemins carrossables, sentiers, trottoirs, chemins de halage ; aujourd'hui, nous devons encore distinguer non seulement les chemins spéciaux pour cavaliers, mais aussi pour bicyclettes, bientôt peut-être aussi pour automobiles.

Chacune de ces catégories secondaires fixe un nouveau cadre général pour ce qui y est compris, en vue surtout d'exclure certaines manières de s'en servir, et en vue d'en favoriser d'autres. Il en résulte, pour chaque catégorie, une classification des différentes sortes d'usage selon leur *rang*, classification dont le maintien ressortit à la police de la chose publique ; comp. III n. 2 ci-dessous.

Voilà ce que nous apprennent déjà la désignation officielle donnée aux différents chemins ainsi que la destination spéciale qui s'y manifeste.

Mais, si nous recherchons maintenant ce que l'on peut faire sur ces chemins, quels sont les différents actes d'usage compris dans leur cadre respectif, c'est vainement que nous chercherions des prescriptions positives pour nous renseigner. Les textes de lois s'abstiennent de faire des indications ; ou, s'ils en font, ils sont d'une insuffisance incontestable. Ainsi, d'après A. L. R. II, § 15, § 16, l'usage qui, sur les grandes routes, est accordé à tout le monde, consiste à « voyager et transporter ses choses » ! Ce serait une situation impossible, si, s'en tenant à ce texte, on devait ne se croire autorisé à rien d'autre !

En effet, il se fait, sur les chemins, beaucoup plus de choses reconnues généralement comme parfaitement légitimes en ce sens que ce serait un attentat à la liberté que de les empêcher, attentat illégal qu'il faudrait repousser et redresser.

Le chemin, dit-on, sert à la *communication générale*. C'est plus large que la définition légale que nous venons de rapporter ; mais cela ne comprend encore pas tout, cela ne désigne que la masse principale des manières de s'en servir. Le chemin est également ouvert pour tout ce qui, *à l'occasion* de cette communication, pourra être nécessaire ou agréable et qui devra être compris dans la liberté de la communication, si celle-ci doit avoir pour l'individu toute son utilité. Le chemin est encore ouvert pour beaucoup de choses qui ne *rentrent plus dans la communication.*

Cela résulte très clairement dans les manières variées de faire usage qui existent au profit des immeubles riverains, notamment au profit des édifices, et, parmi ces derniers, de préférence au profit des *maisons d'habitation* dans les villes et villages.

L'habitant prend son accès du côté de la rue et place des portes ; il s'y pourvoit d'air et de lumière et ouvre des fenêtres ; il y dirige les eaux qui découlent de son immeuble ; tout cela sans permission spéciale, en vertu du droit de l'usage de tous, par cela seul qu'il y a une rue publique (15).

De plus, il s'exerce même une action directe, du côté des maisons riveraines, sur la sphère de la rue : on place au-dessus de la rue, par suite dans l'espace

(15) *Bekker*, Pand., p. 341 ss., distingue : des droits résultant directement de l'usage de tous et, par conséquent, appartenant à tout le monde, et des droits de préférence « qui ont l'usage de tous pour point de départ, mais qui doivent être acquis spécialement et, par suite, n'appartiennent qu'à ceux qui les ont acquis ». Ces droits de préférence sont alors (p. 343) subdivisés en « droits de riverains » — ce sont essentiellement ceux dont nous parlons au texte — et « droits spécialement acquis par riverains ou non-riverains », par lesquels *Bekker* vise surtout les droits acquis par une concession. Mais alors les « droits des riverains » ne seraient donc pas des droits spécialement acquis ; dès lors, selon la distinction fondamentale, ce seraient des droits résultant directement de l'usage de tous. *Bekker* les appelle lui-même : « une série d'avantages, d'utilités de l'usage de tous ». S'il les qualifie de droits de préférence, c'est seulement pour le motif qu' « ils ne peuvent jamais appartenir de la même manière à celui qui n'est pas propriétaire... Entre autres, la *possibilité*, etc. » Il nous semble donc que ce ne sont que des préférences de fait, mais non des droits de préférence. Il est bien évident, en effet, que celui qui n'a pas de maison ne peut pas avoir de fenêtres sur la rue. De la même manière, celui qui n'a pas de voiture ne peut pas passer par la rue en voiture, celui qui n'a pas de cheval ne peut pas y passer à cheval. Ou bien faut-il dire que les propriétaires de voitures ainsi que les propriétaires de chevaux de selle auraient aussi des « droits de préférence » sur la rue ? Il sera plus juste de dire que toutes ces personnes tirent, de l'existence de la rue, des avantages que d'autres n'en tirent pas, parce qu'ils n'ont pas les moyens réels pour le faire. Mais le droit qu'on peut ou qu'on ne peut pas exercer, c'est toujours l'usage de tous, sans distinction ni préférence.

qui lui appartient, des cages d'oiseaux, des planches avec des pots à fleurs, des drapeaux, on y fait jouer des volets, des jalousies — tout cela serait illicite s'il s'agissait d'un immeuble privé ; c'est l'usage de tous vis-à-vis de la rue (16).

Le sol de la rue même, qui est devant la maison, est utilisé d'une manière qui excède de beaucoup l'intérêt de la communication. Des voitures s'y arrêtent pour être déchargées, du bois à brûler y est déposé, peût-être même scié. Cela pourra gêner la communication ; et cependant, cela se fait sans permission en vertu du droit naturel de l'usage de tous (17).

Il est impossible d'établir une règle générale pour

(16) *Ubbelohde*, Forts. v. Glücks Pand., l. c. p. 111, rapporte un différend qui s'est produit entre la ville de Marburg et l'autorité administrative. Un riverain veut construire en saillie sur la rue. La commune, propriétaire de la rue, s'y oppose. La direction de police, autorité royale, autorise le propriétaire, alléguant que le propriétaire de la rue est cependant obligé de souffrir des drapeaux, des jalousies, des fenêtres s'ouvrant en dehors, « en tant que cela n'entraîne pas d'inconvénients ». Cette dernière phrase signifie que la limite de cette liberté est tracée par le but principal de la rue et sera maintenue par la police de la chose publique dont est chargée l'autorité royale. Comp. § 36 note 7 ci-dessus. Les constructions en saillie, il est vrai, ne devront pas être assimilées aussi simplement aux autres actes d'usage de la rue ; en principe, elles ne sont pas comprises dans l'usage de tous ; nous y reviendrons aux §§ 39 et 40 ci-dessous.

(17) St. G. B., § 366 n. 9, d'après son texte, semble déclarer punissable purement et simplement : « celui qui, sur des chemins publics, aura placé, jeté ou laissé des objets propres à gêner la libre communication ». On se demande s'il n'y a pas lieu d'ajouter le mot « illicitement ». Il est certain qu'un pouvoir de droit privé ne pourra être ici d'aucun secours ; il n'existe pas de pouvoirs de ce genre vis-à-vis du fait de la rue publique. Mais la concession, la permission spéciale et l'usage de tous fournissent effectivement des pouvoirs qui doivent compter ici *Olshausen*, Stf. G. B., au § 366 n. 9 *b*, cite un arrêt du O. L. G. Darmstadt du 28 nov. 1880 où « l'acquittement a eu lieu essentiellement pour le motif que le trouble de la communication publique, occasionné par le stationnement d'un véhicule dans une impasse étroite, n'a pas duré plus longtemps qu'il n'était nécessaire pour en décharger le foin ». L'inculpé était, dans cette mesure, légitimé par le droit de l'usage de tous.

ces manières de se servir de la portion de rue qui est devant la maison. Ici, les mœurs et les habitudes dont dépend le droit varient selon les lieux. Plus une localité est petite et à l'ancienne mode, plus la nature originaire de la rue d'être « *allmend* », c'est-à-dire simplement chose commune, s'est conservée ; une grande partie de la vie privée des habitants se passe dans la rue : on y laisse stationner des voitures et des marchandises ; le soir, on place des bancs devant la maison pour y prendre l'air ; les enfants y jouent, et même les travaux de l'artisan s'exercent dans la rue qui en partie leur sert d'atelier ; le maréchal-ferrant — alors que, pour tous les autres, le cercle de l'usage de tous s'est rétréci, — reste souvent le dernier qui maintienne l'ancien usage ; il présente alors au jurisconsulte une situation juridique qui semble difficile à qualifier. Les rues nouvellement construites sont beaucoup plus sévères vis-à-vis de ces manifestations de la liberté individuelle ; de plus en plus, les rues ne servent exclusivement qu'à la véritable communication. Dans la même ville, l'usage de tous présente ainsi des diversités, dans la vieille ville d'une part, et dans la nouvelle, de l'autre.

Ce qui est d'usage, de coutume, d'habitude, d'opinion générale sur les limites de la liberté, voilà ce dont tout dépend ici ; c'est en vain qu'on s'efforce de pousser la vie si variée qui s'y développe, dans les formules étroites d'un droit coutumier, d'une acquisition par prescription, etc. (18).

(18) Bl. f. adm. Pr., 1886, p. 129 ss. Un maréchal ferrant a devant sa maison un pont de ferrage. La Cour déclare : « C'est une antique opinion dans le droit germanique que le passage ou trottoir longeant les maisons est à considérer comme une partie de la rue » ; souvent, il est permis aux artisans de s'en servir pour y faire leurs travaux, mais cela n'a lieu que d'une manière « précaire ». La Cour voit là un *precarium* dans le sens technique ; comme toute autre convention, il

Parmi les autres choses publiques, les *places publiques* et les *ponts* sont celles qui ressemblent le plus aux chemins ; l'usage de tous a ici un contenu analogue ; et — cela se comprend — il prend, pour les pla-

pourra avoir été fait tacitement. L'avocat du maréchal ferrant avait plaidé dans le sens d'une servitude. Le maréchal ferrant lui même n'avait évidemment songé à aucune de ces institutions juridiques ; il avait cru être dans son droit, en travaillant devant sa maison, conformément aussi à « une antique opinion dans le droit germanique », à savoir en vertu du droit de l'usage de tous. Quant à savoir si ce droit ne doit pas céder aux exigences de la police, c'est une autre question ; comp. III n. 2 ci-dessous. — *Ubbelohde*, Forts. v. Glücks Pand., l. c., p. 149 note 86, raconte le cas suivant : Dans la province du Hanovre, « le directoire régional ne conteste pas aux riverains des chaussées dans les terres basses (*Marschen*) le droit excessivement incommode à l'usage de tous, de décharger sur la chaussée la terre, le limon, etc. obtenus par le curage des fossés longeant la chaussée, la preuve ayant été faite devant cette autorité, que le déchargement s'était ainsi opéré de tout temps, de mémoire d'homme et dans l'intention d'exercer un droit ». *Ubbelohde* appelle cela un droit réel à un usage particulier empiétant sur l'usage de tous, né en vertu d'un exercice immémorial. Mais tout exercice du droit de l'usage de tous est susceptible de gêner ce qui reste de l'usage de tous, et constitue un empiètement. Cette manière de se servir de la chaussée est évidemment, par elle-même, une partie de l'usage de tous, et elle présente une certaine analogie avec le droit des riverains, — qui y est également compris, — de diriger sur la route l'écoulement de leurs eaux. De droit réel, il ne peut pas être ici question ; l'exercice immémorial n'est que la preuve certaine de l'opinion générale qui admet cette utilisation de la route comme émanant du droit de l'usage de tous. — Nous devrons aussi comprendre le cas dont il est question dans R. G., 16 février 1887 (*Reger*, VIII, p. 309). Le tribunal parle d'une acquisition par prescription du droit de placer dans la rue des voitures et des ustensiles aratoires ; il croit devoir admettre une prescription, puisqu'il s'agit d'une jouissance continue et ayant un caractère de préférence, à l'opposé des utilités passagères comprises dans l'usage de tous, — jouissance exclusive aussi à l'encontre des tiers qui voudraient placer leurs voitures aux mêmes endroits. Mais d'autres individus n'ont-ils pas, devant leurs maisons, le même droit exclusif ? C'est cependant alors le droit de l'usage de tous. En vertu de ce droit, chacun est autorisé à placer ces choses devant son immeuble ; de là l'exclusivité. Nous n'avons pas besoin d'admettre une prescription contrairement à la nature de la chose publique. Les diversités qui pourront exister entre les différents immeubles s'expliqueront facilement par l'action régulatrice de la police, laquelle ne laisse subsister cette forme spéciale de l'usage de tous qu'aux endroits où cela semble être compatible avec l'intérêt principal de la rue, avec la communication publique.

ces, une extension peut-être encore plus grande, tandis que, à l'inverse, il se rétrécit pour les ponts.

Pour les *fleuves*, la navigation est l'élément le plus important de l'usage de tous; il vient avant tous les autres. Mais il y faut encore ajouter l'usage qu'on peut en faire pour boire, puiser de l'eau, abreuver les bestiaux, se baigner, laver, patiner, passer à gué, et aussi les utilisations multiples qui se font des berges et rivages formant partie du fleuve. Il serait difficile d'en faire l'énumération complète ; mais ce serait aussi une peine inutile. Dans le cas spécial, on ne pourra guère douter si cela rentre ou non dans l'usage de tous. L'opinion commune le dira avec une netteté suffisante (19).

Les *canaux navigables*, à la différence des fleuves, sont des choses publiques artificiellement préparées comme la voirie terrestre, mais qui ressemblent plutôt aux fleuves par leur nature et par leur destination.

(19) Très significative est la tentative d'énumération faite dans la loi Bavaroise sur l'utilisation des eaux, du 28 mai 1852, art. 9 : « Chacun est admis à se servir des eaux d'une rivière publique pour puiser de l'eau et se baigner, pour laver et abreuver, en se conformant toutefois aux prescriptions de police ». Ceux qui veulent faire découler l'usage de tous d'une permission de l'Etat, pourrait croire trouver ici un bon appui. Mais alors l'usage de tous devrait être renfermé complètement dans le texte de cette permission. Il est facile de voir que, même ici, il ne faut pas y songer. *Pözl*, Komment., p. 62, observe : « Comme étant compris dans l'art. 9 al. 1, il y a lieu d'ajouter encore : le patinage sur l'eau gelée, le lavage des brebis, le rinçage de la lessive ; enfin, on peut s'en servir pour y laisser aller des oies et des canards ». Dans une note, il ajoute aux mots : « lavage des brebis » — « En est-il de même des cochons ; cela, pour nous, est douteux ». Et pour les chiens ? Ce sont cependant eux qui, de tous les animaux, sont le plus souvent envoyés dans l'eau. *Pözl* ne les cite pas ; c'est évidemment parce que cela ne lui paraît pas assez sérieux. Mais il est de la nature même de la liberté, qu'il lui soit indifférent de savoir comment est estimée généralement la valeur de l'action de l'individu. Laissons la question de savoir si l'énumération de *Pözl* est complète. L'essentiel est ceci : Où prend-il l'autorisation d'ajouter au texte de la loi des choses pareilles ? Ce n'est évidemment que dans l'opinion générale dont dépend en principe la détermination du contenu de l'usage de tous et que la loi n'a pas voulu écarter par l'énumération de quelques exemples.

Ils sont, pour la plupart, d'origine récente ; par suite, il ne s'est pas formé pour eux une condition propre qui détermine l'étendue qu'a l'usage de tous ; mais il faut dire, en principe, pour eux, tout ce qui existe à cet égard pour les fleuves. Il n'y a qu'une différence : ici, à cause de l'entretien plus difficile, la protection assurée par le pouvoir de police doit être relativement plus rigoureux ; par conséquent, la liberté naturelle doit être soumise de ce chef à des restrictions plus graves (20).

Enfin, on se sert, dans une certaine mesure, du *rivage de la mer*, pour y aller à pied et en voiture, pour y attérir, etc. ; bref, il sert à des choses qu'on pourrait peut-être comprendre dans la notion de communication publique. Mais il est encore d'autres choses qui peuvent s'y faire et qui n'ont pas cette nature. Elles sont admises sans qu'il y ait un titre positif quelconque, sans qu'elles aient été désignées quelque

(20) Cela reçoit une expression très énergique dans la loi Bavaroise sur l'utilisation des eaux de 1852, art. 8 : « Les canaux construits par l'Etat ne sont ouverts à l'usage de tous qu'autant que cela est ordonné par le gouvernement ». On pourrait croire qu'ici l'usage de tous est entièrement affaire de faveur réservée au gouvernement qui l'accordera d'une manière générale ou individuelle. Il n'y aurait pas alors sur les canaux Bavarois d'usage de tous au sens juridique du mot. La loi, en effet, comme nous le savons, peut exclure cette manifestation de la liberté et la remplacer par d'autres formes qui, matériellement, satisferaient le même intérêt. Mais telle n'est pas ici l'intention. On a seulement voulu donner au gouvernement l'autorisation de restreindre pour les canaux l'usage de tous existant pour les eaux publiques en général, et de le restreindre dans une mesure dépendant entièrement de la libre appréciation du gouvernement. Dès lors, en tant que le Gouvernement ne l'aura pas restreint, cet usage de tous existera aussi pour les canaux. Cette interprétation est confirmée par la manière dont l'ordonnance Bav. sur les canaux du 9 janv. 1842, contenant les prescriptions gouvernementales visées par la loi dans son art. 9, a réglé l'usage des canaux : la navigation, naturellement, représentant l'intérêt principal, est libre ; une série d'autres sortes d'usages, — libres pour les rivières publiques, — sont défendus expressément (Kanalordnung, § 63 ss. ; *Pözl*, Komment., p. 491). En vertu de cette défense, l'usage de tous, qui est admis ailleurs, se trouve directement supposé. Tout ce qui ne tombe pas sous la défense est donc censé être légitime de plein droit.

part, parce qu'elles sont de droit naturel d'après l'opinion générale ; par exemple, les pêcheurs doivent être libres d'y étendre leurs filets pour les faire sécher (21).

Le contenu de l'usage de tous a la même richesse de formes que celui de la liberté en général.

III. — Le droit de l'usage de tous a des *limites*. Les dépasser, c'est empiéter sur l'existence de la chose publique. Le côté de la puissance publique qui tend à repousser de semblables atteintes nous est connu comme police des choses publiques ; c'est, en même temps, la *police* de *l'usage de tous*. En cette qualité, elle vise tout trouble pouvant être apporté au bon ordre de la chose publique par la façon dont s'exerce l'usage de tous. Elle combat ces troubles par des ordres et assure l'exécution de ces ordres par la contrainte directe et par des pénalités (22).

(21) R. G., 23 février 1880 (Samml., I, p. 366).

(22) Voyez surtout Stf. G. B., § 366, n. 9 : « Quiconque, sur des chemins publics, aura placé, jeté ou laissé des objets propres à gêner la libre communication... ». Mais il faut se garder de voir dans cette prescription un règlement complet et exclusif des limites de l'usage de tous. Il y a bien des choses qui, quoique gênant en quelque façon la libre communication, restent cependant dans la sphère reconnue à l'usage de tous et qui, par suite, échappent au § 366 n. 9, dont le texte semble les comprendre ; comp. la note 17 ci-dessus.

D'un autre côté, le pouvoir de police, à l'effet de protéger la rue publique, s'attaque à bien des choses qui, sans apporter de trouble à la communication publique et sans tomber par conséquent sous le coup du § 366 n. 9, excèdent l'usage de tous. Bl. f. adm. Pr. 1876, p. 317 : Le fait d'avoir placé des objets dans la rue n'est pas toujours frappé par le § 366 n. 9 ; il suffit, pour que ce § ne soit pas applicable, qu'on ait laissé assez d'espace pour la communication. Dès lors, dans ces conditions, ce n'est pas même pour y avoir installé une boutique, qu'on encourrait la peine et qu'on aurait à subir la contrainte de police dirigée contre le fait punissable (*Riedel*, Comment. z. P. Stf. G. B., p. 146 ; comp. aussi t. II, § 24, II, p. 143). La boutique pourra cependant être enlevée de la rue, comme excédant par sa présence l'usage de tous. On affirme que l'administration pourrait obtenir cela « tout au plus, par la voie d'une action civile ». En réalité, l'autorité de police ne songera pas à s'adresser aux tribunaux. Elle fera une sommation de démolir ; faute par le propriétaire de s'exécuter, elle fera démolir elle-même afin de se maintenir en possession de la rue. Cela n'est pas douteux ; comp. t. II, § 24, I, p. 139.

La loi omnipotente peut supprimer l'usage de tous en tout ou en partie ; elle peut changer les limites naturelles de la liberté.

Les autorisations générales données aux autorités administratives ne contiennent pas un pouvoir de ce genre. Elles peuvent supprimer des choses publiques, déclasser des chemins, etc. ; il n'en est pas question ici. Mais elles ne peuvent pas, tant qu'une chose publique garde ce caractère, en exclure l'usage de tous pour tout le monde (ce qui ne pourrait guère se faire sans changer en même temps la nature de la chose même), ou, ce qui est plus pratique, pour certaines catégories de personnes ou même pour certains individus. Les autorités administratives ne sont admises qu'à faire la police de l'usage de tous, c'est-à-dire à laisser cet usage exister en lui-même et à l'empêcher seulement de nuire à la chose publique ; celle-ci, en effet, doit être conservée propre à sa destination, en tant que cela est compatible avec un usage bien ordonné. Des mesures qui excéderaient ce but ne seraient plus comprises dans l'autorisation ; par suite, elles devaient être considérées comme des atteintes illicites à la liberté (23).

Cette police de l'usage de tous se manifeste dans les trois directions principales suivantes :

(23) Voyez un exemple d'une restriction illicite dans Bl. f. adm. Pr., 1874, p. 369 : Une prescription de police locale avait décidé qu'il serait défendu à tous autres qu'aux habitants de la localité de passer en voiture par une certaine ruelle. Cela a été jugé inadmissible : « l'usage général — qui est la qualité principale de tout chemin public, — cesserait ». Si l'on voulait protéger la ruelle et ne faire vraiment que de la police de l'usage de tous, on pouvait faire une distinction objective, concernant la forme de l'usage même et exclure, par exemple, les véhicules lourds. — Un autre cas de ce genre dans Bl. f. adm Pr., 1872, p. 359 : défense avait été faite aux « étrangers » de se servir d'un chemin vicinal de la commune. Cette prescription de police locale fut annulée, parce qu'un chemin public appartient à tout le monde, indépendamment de la qualité de membre de la commune. Ce sont les anciennes idées du droit de l'association qui reparaissent dans ces tentatives.

1) Pour les choses publiques préparées artificiellement, l'usage de tous entraînera toujours une certaine *détérioration*. C'est inévitable.

Mais la police peut prendre des mesures pour écarter certaines manières d'exercer cet usage, propres à augmenter outre mesure ces détériorations ou à provoquer des destructions immédiates.

Il faudrait mentionner ici les prescriptions concernant la largeur exigée des jantes, la défense de traîner des charrues ou des troncs d'arbre, le maximum de poids admis pour passer sur un pont, l'application de moteurs battant l'eau pour faire marcher les bateaux sur les canaux.

De même, les immondices jetées sur le chemin ou dans les eaux publiques pourront les rendre moins propres au service auquel ces choses sont destinées et devenir ainsi l'objet de la police des choses publiques ; toutefois, il y a ici d'autres intérêts publics à sauvegarder : intérêts de la police sanitaire, de la police de sûreté, etc.

2) Dans un autre ordre d'idées, la police de la chose publique saisit encore plus directement l'usage de tous et la manière dont cet usage s'exerce. Cet usage doit pouvoir se faire par un grand nombre d'individus sur le même objet et simultanément. Il convient donc d'y mettre de l'ordre, afin que la *coëxistence* soit possible sans préjudice pour l'utilité générale de la chose. C'est à la police de la chose publique à y pourvoir. Elle règle le maximum de vitesse permise aux cavaliers et aux véhicules ; elle dit comment on doit se garer et se laisser dépasser; elle oblige les passants à continuer leur route au lieu de s'arrêter à certains endroits où cela pourrait gêner la circulation.

L'établissement de chemins spéciaux pour les différents moyens de transport et de circulation facilite cette tâche. A côté de ces affectations spéciales, il y aura encore des exclusions spéciales : dans l'intérêt de la communication générale, certains moyens seront défendus pour des parties déterminées de la voie publique, surtout pour des ponts et des rues étroits ou trop fréquentés : on en exclut les bicyclettes et les automobiles, parce que, par leur nature, ces véhicules sont disposés à aller trop vite ; on en exclut les lourds camions, parce qu'ils marchent trop lentement et barrent le passage (24).

En principe, plus une forme de communication est générale, plus elle est favorisée par rapport aux autres moyens ; ceux-ci devront céder, au cas où se produirait une collision d'intérêts D'un autre côté, tout ce qui est communication, but principal de la chose publique, doit l'emporter sur les autres espèces d'usage de tous qui réclameraient leur part. Beaucoup de ces formes d'usage, étant surannées, doivent disparaître peu à peu devant l'accroissement d'activité de la communication qui s'écoule par nos rues. La police de la chose publique, — en tirant les conséquences et en restreignant par ses ordres, en tant que de besoin, les usages secondaires, — accomplit l'œuvre du progrès naturel qui s'effectue ainsi dans nos mœurs sociales et dans l'aspect de nos rues (25).

3) Il est enfin dans les attributions de la police de la chose publique de pouvoir *exclure temporairement*

(24) *Ubbelohde*, Forts. v. Glücks Pand., l. c., p. 149, appelle ce qui fait la particularité des chemins spéciaux « une catégorie privilégiée de l'usage de tous ». — Pour les exclusions spéciales, nous trouvons un exemple d'une mesure très rigoureuse dans O. V. G., 9 mai 1881 (Samml., VIII, p. 292) : l'autorité de police est libre de défendre de pratiquer des issues sur la rue publique, pour certaines parties de cette rue ou pour certaines espèces d'édifices, lorsque cela paraît être exigé par les intérêts publics qui sont confiés à cette autorité. Cela équivaudrait donc à la suppression de l'exercice d'une partie importante de l'usage de tous au profit des autres utilités de la rue.

(25) Comp. les notes 17 et 18 ci-dessus.

l'usage de tous même dans son exercice essentiel, en *interdisant* l'usage de la chose.

Cela se justifie de la manière la plus naturelle par l'intérêt de l'*entretien* de la chose ; on fait des travaux de réparation sur la rue ; ou bien le canal de navigation a besoin d'être mis en état : la communication publique est interdite par ordre de police.

L'interdiction temporaire d'un chemin public pourra aussi être motivée par l'intérêt de la communication publique même, afin de résoudre un *conflit* pouvant exister entre les différents services auxquels le chemin est destiné. Tel est le cas des rails d'un chemin de fer qui traversent la rue à niveau: la rue sera barrée en cet endroit, lorsqu'il s'agira de laisser passer le train ; de même, le passage sur le pont de bateau doit cesser temporairement, lorsqu'il faudra rompre ce dernier afin de faire place aux navires qui descendent le fleuve.

Il se peut aussi que le terrain de la rue soit réclamé temporairement par un *intérêt public supérieur* ; dans ce cas, la rue sera interdite pour toute communication publique afin de la réserver exclusivement à cet intérêt supérieur. C'est encore à la police à décider en pareil cas. Il y a des circonstances dans lesquelles cette interruption de l'usage de tous semble être naturelle et ne sera pas contestée dans sa légitimité. Ainsi, la rue dans laquelle a éclaté un incendie sera barrée afin de faciliter le travail des pompiers. Pour d'autres choses. tout dépend, en première ligne, de la coutume et de la tradition, l'usage de tous ne reniant pas son caractère à cet égard : il est des localités où l'on trouve naturel que la communication soit interrompue par des manifestations du culte s'étalant dans la rue ; dans d'autres localités, on y verrait un attentat à la liberté. La police, ici encore, intervient par des ordres afin de concilier les intérêts, et surtout pour assurer sa part à la communication devenue plus importante. Il existe encore une cause particulière d'interruption de la communication : troupe qui passe, ou revue militaire qui occupe les rues et les places. La communication, — partie la plus essentielle de l'usage de tous, — en souffre d'une manière souvent très sensible. On ne peut pas dire que son exclusion repose ici sur une opinion commune qui reconnaîtrait dans ce cas une limitation naturelle à la liberté. C'est uniquement l'œuvre franchement positive de la puissance publique ; cette puissance n'est pas représentée ici par les autorités ordinaires de police ; ce sont les autorités militaires qui font la police à leur manière.

Malgré ces irrégularités, tout cela rentre encore dans la police de la chose publique et de l'usage de tous ; il s'agit de disposer du service de la rue dans l'intérêt public, tel qu'on le comprend.

Il va sans dire que l'usage de tous pourra encore être soumis à d'autres restrictions et réglementations, surtout dans l'intérêt de la police générale, et celle-ci se servira des formes mêmes du pouvoir de police. Ainsi, la police de sûreté pourra défendre de passer devant un édifice menaçant ruine, ou bien de se baigner dans une rivière publique à des endroits spécialement dangereux. Mais cela ne fait pas partie du droit public relatif aux choses, dont nous nous occupons ici.

IV. — A l'usage de tous se rattachent des droits à des *prestations en argent*. Ces droits sont fondés et réglés selon les principes de certaines institutions d'un caractère plus général et qui ne reçoivent qu'une application spéciale dans l'ensemble de l'exercice, de l'ouverture et de la cessation de l'usage de tous sur une chose déterminée. Nous ne nous en occuperons que dans la mesure où, de cet ensemble, résultent des particularités pour les institutions appliquées.

1) Le droit à l'usage de tous ne repose pas sur une attribution faite par l'Etat à ses sujets. La condition réelle pour que ce droit puisse s'exercer, — à savoir la chose à ce destinée, — est livrée par l'Etat ; en tout cas, elle est maintenue par lui dans l'état approprié. Cela entraîne pour lui une dépense qui ne profite pas également à tous les sujets. Des considérations d'équité et de justice distributive exigent qu'à ceux qui tirent de ce service un avantage spécial soit imposée une *prestation rémunératrice spéciale*. L'intérêt des finances se prévaudra de ce raisonnement pour faire établir des impositions de ce genre.

Selon la nature de l'avantage pour lequel il sera donné, l'équivalent prendra aussi des formes différentes.

L'existence même de la chose publique, le fait qu'elle est préparée et entretenue, et qu'elle offre ainsi des possibilités illimitées pour l'exercice de l'usage de tous, représentent déjà des avantages pour certains individus ou pour certains groupes d'individus, de préférence à d'autres moins directement intéressés. L'équivalent est donné sous forme de *rétributions*. Nous en trouvons un exemple principal dans la rétribution à payer par les propriétaires pour la rue à construire devant leur propriété (*Strassenbeiträge*). Il en sera parlé au tome IV, § 48, I ci-dessous. Ces prestations ne s'attachent pas assez directement à l'usage de tous pour en retirer une particularité juridique. L'équivalent pourra aussi s'attacher au fait de l'exercice de l'usage de tous dans un cas particulier, et à l'avantage que cela présente. Il revêtira alors la forme de la *taxe*. Cette taxe est, par nature, intimement liée aux conditions spéciales qui lui sont données par l'usage de tous (26).

(26) Sur la distinction entre les rétributions et les taxes, comp. t. II,

La taxe sur l'exercice de l'usage de tous se retrouve chez les choses publiques de toute sorte, destinées à servir à la *communication publique* ; elle s'attache à tout acte de communication, individuellement. Dès lors, elle ne frappe pas, d'une manière générale, tout ce qui est exercice de l'usage de tous. De même, elle ne frappe pas toujours tout acte de communication ; il se peut qu'on ait choisi les catégories les plus importantes. Le péage d'un pont frappe peut-être toute sorte de communications ; le péage des chaussées ou des rues pavées peut ne frapper que le passage en voiture ; la taxe des canaux, des ports, ainsi que la taxe sur la navigation fluviale, ne concernent d'ordinaire que les navires et radeaux d'une certaine dimension. Les tarifs seront proportionnés à l'intensité de l'usage selon le poids du véhicule, les dimensions du navire, la nature de force motrice employée.

Ainsi, les taxes sur l'usage de tous ont, pour elles, une tradition historique ; mais leurs formes juridiques ont dû varier selon les changements qui se sont produits dans les bases de notre droit public en général.

Dans le régime primitif, ces taxes font l'objet d'un droit de supériorité spécial du prince. Les péages des routes, des rivières, des ponts comptent parmi les

§ 27, p. 190. Toutes les deux sont, comme nous l'avons remarqué, des notions de la science des finances.

Les auteurs qui ont écrit sur les finances montrent plus ou moins d'indifférence pour les questions de formes juridiques qui nous intéressent exclusivement ; il y aura pour nous peu de profit à les suivre. *V. Stein*, Finanzwissenschaft, I, p. 345, remarque à propos de l'exposé du système des taxes qui se trouve dans le livre, — d'ailleurs excellent, — de *Sax*, Die Verkehrsmittel in Volks. u. Staatswirtschaft : « il ne manque que le côté juridique » ; il nous semble que ce jugement devrait être généralisé et appliqué surtout aux développements de *V. Stein* lui-même.

régales, et parmi les régales basses, pouvant passer aux communes ou à des particuliers, par convention ou par possession immémoriale (27).

Aux privilèges compliqués et en partie préjudiciables qui en résultaient pour l'intérêt public, l'Etat du régime de la police cherche à opposer les mesures systématiques de son administration. Il impose des réductions aux taxes existantes ; ou bien il les supprime tout à fait, d'ordinaire contre indemnité. Il se réserve le droit exclusif d'établir des taxes nouvelles (28).

L'Etat constitutionnel, enfin, place aussi l'établissement de taxes sous la réserve de la loi. Les règlements de date antérieure, quand ils ont été publiés, sont considérés comme des lois constitutionnelles, selon l'habitude générale (comp. t. 1er § 10, p. 156). Des taxes nouvelles ne peuvent être imposées qu'*en vertu d'une loi.*

Mais ce principe n'est applicable, dans toute sa rigueur, qu'à notre taxe sur l'usage de tous. C'est ce qui fait la particularité juridique de cette taxe, en comparaison de la plupart des autres taxes qui se rattachent aux différents services publics. Nous savons, en effet, que le fondement légal exigé en principe, pour toutes les charges et restrictions que l'Etat pourra imposer à ses sujets, peut être remplacé par la soumission volontaire des sujets (comp. t. 1er § 9, p. 123). Or, en principe, cette soumission résultera de plein droit du fait par l'individu de pro-

(27) *Klüber*, Öff. R., §§ 408, 409 (régalité des routes) ; § 460 (régalité des cours d'eau) ; dans la régale est toujours compris le droit de fixer le taux de la taxe.

(28) Ce développement se trouve exposé, en ce qui concerne la Prusse, dans *V. Roenne u. Simon*, Verf. und Verord. des Preuss. St. VI, 4 Sect. 2 (police des chemins) p. 481 ss. ; pour Bade, dans *Bär*, Die Wasser. und Strassenbauverwaltung in dem Grossherzogtum Baden, p. 370 ss.

fiter d'un service public et de se rendre l'objet de son activité. Cela peut prendre la forme d'une convention civile par laquelle l'Etat stipule le prix de sa prestation. Mais, même en dehors de ce cas, l'individu qui, par son fait, provoque cette prestation, se soumet par là même aux règlements et aux tarifs par lesquels l'Etat en a fixé d'avance les conditions ; il devient ainsi débiteur de la taxe en vertu de son consentement, sans qu'il y ait besoin d'une loi. Nous donnerons les détails de cette théorie au t. IV, § 52, II ci-dessous.

Ici nous n'avons pas ce qui pourrait remplacer la loi. L'usage de tous est une manifestation de la liberté personnelle. On est autorisé à cet usage sans avoir besoin du consentement de l'Etat; ce dernier, la chose publique une fois donnée, n'a plus rien à accorder. Dès lors, pour l'exercice de l'usage de tous, on n'a pas de conditions à accepter. L'imposition de la taxe sur l'usage de tous est bien, économiquement, motivée par l'idée d'un équivalent ; mais, juridiquement, elle a lieu spontanément, sans l'intermédiaire d'une soumission ; c'est une atteinte portée à la liberté par la puissance publique (29). Par conséquent, le fondement légal est indispensable.

Notre taxe présente donc, en principe, une grande ressemblance avec les *contributions*. La base économique qui distingue la taxe des contributions est juridiquement indifférente. Mais cette base pourra cependant devenir d'une certaine importance juridique à raison d'une autre particularité que nous

(29) En ce sens, le péage des ponts, le péage des chaussées, la taxe des ports sont désignés à l'opposé d'autres taxes, de « Allgemeine Anlagen » (tailles) dans le sens du A. L. R., II, 14 § 78 et 79 (C. C. H. 8 oct. 1870 ; J. M. Bl., 1870, p. 352) ou de « Abgaben » (contributions) : C. C. H. 9 déc. 1865 ; J. M. Bl., 1866, p. 125.

offre la taxe. Pour les contributions, nous l'avons vu, on n'admet pas que la loi délègue son pouvoir au gouvernement : la loi se réserve, par principe, la fixation du taux et de la proportionnalité de l'impôt (comp. t. II, p. 192, 193). Au contraire, en ce qui concerne les taxes, des autorisations de ce genre données au gouvernement ne sont pas rares, soit qu'elles reposent sur des lois anciennes qui ont été conservées, soit qu'elles aient été données à une époque récente. La différence s'explique clairement par ce fait que la taxe, à l'opposé de l'impôt, apporte déjà, dans sa conception économique, la détermination de son objet naturel, — à savoir le cas individuel de l'usage fait, — ainsi que la détermination de son maximum naturel, — à savoir la dépense totale faite pour la chose dont on use, dépense qui devra être remboursée et qu'il s'agit seulement de répartir sur la masse des actes d'usage. Ce qui excède cette mesure dépasse en même temps la sphère naturelle de la taxe et empiète sur la sphère de l'impôt, pour laquelle la loi, d'habitude, ne donne pas d'autorisations de ce genre.

Ainsi, une autorisation donnée au gouvernement, d'une façon même tout à fait générale, à l'effet d'imposer des taxes, reçoit cependant tacitement une limite légale : une imposition excédant cette mesure ne serait pas censée être couverte par cette autorisation ; par conséquent, elle ne serait pas valable (30).

(30) La science des finances cherche quelquefois à se servir de cette limite naturelle de la taxe comme d'un élément nécessaire de la notion. Ainsi, il peut arriver qu'une seule et même imposition soit appelée *taxe* jusqu'à un certain montant, et *contribution* pour ce qui l'excède. Il va sans dire que nous ne pouvons en faire aucun cas ; pour nous, la taxe reste une taxe, même quand elle est exagérée ; il nous suffit que son point de départ soit dans une prestation de l'Etat, qui donne à la taxe le caractère formel d'un équivalent. — La limite naturelle, comme nous l'établissons au texte, n'a que la valeur d'un devoir moral qui, pour la loi, ne peut pas être juridiquement obliga-

Par la nature même des choses, il ne pourra être usé de ces autorisations que sous la forme d'ordonnance : la règle de droit est la seule forme pour frapper, d'une manière générale, quiconque ne fait que se servir de sa liberté quand il exerce l'usage de tous. Au point de vue de la doctrine, on pourrait imaginer une imposition, dans le cas individuel, par acte administratif ; mais, en réalité, cela ne serait guère faisable ; encore est-il douteux que cela soit compris dans l'autorisation, en supposant que la réglementation générale aille de soi.

Ainsi, toute imposition de taxes sur l'usage de tous — qu'elle ait lieu directement par la loi, ou, avec son autorisation, par ordonnance, — a pour point de départ la forme d'une règle de droit. Avec ce point de départ, elle se place encore à côté des contributions dont, pour tout ce qui suit, elle partage simplement les formes. Selon la distinction que nous avons établie au tome II, § 27, III, entre contributions directes et indirectes, ce sont, bien entendu, seulement ces dernières dont les formes de perception sont conformes à la nature de notre taxe. Tout ce que nous avons dit des formes de perception des contributions indirectes s'applique à cette taxe. Spécialement, la législation, en vue de garantir la perception, a établi ici différentes sortes d'ordres de finance et de peines de finance qui doivent frapper la fraude (31).

toire ; c'est seulement pour le gouvernement, pour le pouvoir exécutif, qu'elle peut devenir un lien juridique, en indiquant la limite, expressément ou tacitement voulue, que fixe son autorisation. Comp. *Neumann*, Die Steuer, p. 303 ss. — Le principe de la limite naturelle est affirmé, entre autres, dans l'Ord. Pruss. du 16 juin 1838, concernant les droits sur la communication. La Constitution de l'Empire l'a rendu obligatoire pour la législation particulière en ce qui concerne les taxes des ports, les péages fluviaux et les droits de navigation (art. 54, al. 2 et 3).

(31) Par exemple, dans A. L. R., II, 15, §§ 123, 129.

2) D'un autre côté, les rapports naissant pour l'individu de l'usage de tous auquel il participe, pourront aussi entraîner pour ce dernier un *dommage* spécial. Ces dommages n'auront une importance juridique que dans le cas où ils pourront être censés avoir été occasionnés par un fait de l'administration, laquelle en sera responsable. Dans ce cas, en effet, il y a aura à appliquer les principes de l'indemnité, — laquelle est particulière au droit public. L'individu a droit à une bonification en argent pour tous les sacrifices particuliers qu'il éprouvera par l'effet de l'activité de l'administration publique. Les règles générales de cette institution juridique seront exposées plus explicitement au t. IV, §§ 53 et 54 ci-dessous. Nous n'en relèverons ici qu'une application spéciale.

Des dommages de ce genre peuvent ici frapper l'individu de deux manières différentes qui correspondent, en quelque sorte, aux deux manières différentes dont l'usage de tous peut procurer des avantages spéciaux et qui ont trouvé leur expression dans la distinction des taxes et des rétributions spéciales.

Le dommage spécial peut s'attacher à un *acte de l'exercice de l'usage de tous*, notamment au fait individuel de se servir de la chose publique pour la communication, dès lors au même fait qui pourrait donner lieu à la perception d'une taxe. Dans ce cas, les règles du droit public sur l'obligation d'indemniser trouveront leur application pure et simple, sans que l'usage de tous y ajoute aucune particularité. L'Etat ou l'autre sujet de l'administration publique qui, en tant que maître de la chose publique, notamment du chemin, est à sa place, sera responsable lorsque le dommage aura sa cause dans sa façon d'administrer la chose, dans l'état défectueux où se trouve la chose ou dans les arrangements fautifs qui ont été pris : le pont mal entretenu s'écroule sous la voiture qui le traverse ; le passant tombe, pendant la nuit, dans l'ouverture d'un égout de la rue qu'on a oublié de fermer et de protéger. L'administration paiera les dommages-intérêts. Mais il en sera de même si le dommage a été causé par des faits analogues, sans qu'il soit question de chose publique, ni d'usage de tous (32). L'usage de tous ne jouant pas ici de rôle particulier, nous renvoyons pour toute cette question à la théorie générale de cette indemnité.

Il se peut aussi que, correspondant à l'avantage consistant dans la préparation et dans la mise en fonction de la chose publique, dès lors dans la possibilité ouverte de l'usage de tous, le dommage spécial consiste dans le déclassement de la chose publique ou dans des changements inopportuns qui y sont apportés, par conséquent, dans l'*enlèvement de la possibilité de l'usage de tous*. L'indemnité qui serait due ici correspondrait à la rétribution. L'exemple le plus important est le déplacement, l'exhaussement ou l'abaissement d'une rue ; par là est enlevée aux voisins, notamment aux maisons d'habitation riveraines, la possibilité de se servir de la rue pour l'accès et certains autres avantages de l'usage de tous.

(32) Pour les tribunaux, cette distinction s'efface : dans l'un et dans l'autre de ces cas en effet, ils condamnent le Fisc à payer des dommages-intérêts, en vertu des règles du droit civil sur la responsabilité pour délits ou quasi-délits. R. G. 4 avril 1882 (Samml., VII, p. 288) : le demandeur, en traversant le fossé de la chaussée, est tombé dans une tranchée de canalisation pratiquée à cet endroit et s'est cassé la jambe ; l'Etat est déclaré responsable de sa chose en vertu de l'art. 1384 du code civil Français. Cette chose, dans ce cas, était donc une chose publique. D'un autre côté, le Tribunal de l'Empire (Jurist. Wochenschr. 1902, p. 192) constate la même responsabilité pour le cas où un ouvrier s'est blessé en tombant dans un fossé qui a été creusé par les agents des chemins de fer près d'une rotonde. Ici c'est une propriété du droit civil dont le mauvais état rend l'administration passible des suites pécuniaires de l'accident, également selon les règles du droit civil.

Pour nous, l'identité du résultat de ces deux cas s'expliquera, au contraire, par les principes de l'indemnité du droit public applicables dans l'une comme dans l'autre hypothèse.

Le problème qui, dans ce cas, semble se présenter, a eu une influence néfaste sur toute la théorie de l'usage de tous et de la propriété publique en général. En effet, sur la nécessité d'indemniser les propriétaires intéréssés, on a été bientôt d'accord. Mais on n'a pas su comment justifier cette décision ; dans cet embarras, on s'est efforcé de tirer du droit civil des arguments de nature à jeter une grande confusion dans toute la matière (33).

Un raisonnement qui a été employé très souvent, part de la thèse que les riverains doivent avoir acquis sur la rue une servitude de droit civil ou un droit spécial de quasi-servitude. On ouvre ainsi la porte à l'opinion qui fait créer sur le chemin public toute sorte de droits réels dépendants du droit civil ; toute la conception de la propriété publique s'efface.

Mais il y aurait là une servitude d'un caractère un peu singulier. Aussi longtemps, en effet, que la rue existe, cette servitude n'aura aucun effet qui ne résulte pas déjà de l'usage de tous. Si, au contraire, la rue est déplacée ou si le terrain qui servait de rue devient, d'une autre manière, accessible à la constitution de droits civils, il n'y aura encore rien d'une servitude ; il y aura seulement un droit à indemnité à raison du dommage éprouvé. C'est uniquement pour expliquer cette indemnité, qui seule préoccupe, que l'on recourt à ce détour en affirmant l'existence d'une servitude qui elle-même n'apparaît jamais (34).

(33) *Ubbelohde*, l. c. p. 175 ss., traite de toutes ces propositions d'une manière très détaillée.

(34) Très rarement l'on ose soutenir qu'une servitude continue d'exister après le déclassement de la rue. O. Tr. 27 avril 1869 (Str. 74, p. 278) : A Bonn, la ville avait cédé une parcelle du terrain de l'ancienne rue pour la construction d'une maison particulière ; le voisin, dont la maison était ainsi privée d'une belle vue, actionna le

De plus, comment cette servitude aurait-elle été créée ? A cet égard, on avance certaines choses qu'il nous est difficile d'admettre. La servitude doit naître par une convention. L'Etat, la commune, par la construction de la rue, ont invité les riverains à y établir des maisons d'habitation et ont consenti, pour ce cas, la servitude. Par la construction d'une maison, on accepte tacitement cette offre tacite (35) ! Les maisons construites antérieurement ont, il est vrai, le même droit ; mais le jurisconsulte avisé saura, pour ce cas aussi, trouver la convention tacite nécessaire ; il lui suffira d'invertir la suite des déclarations respectives (36).

propriétaire en démolition de cette construction. La Cour d'appel de Cologne a débouté le demandeur, par le motif qu'il s'agit d'une « mesure de police » qui ne donne droit qu'à une indemnité ; c'est la formule bien connue ! Le Tribunal supérieur a confirmé, mais par d'autres motifs : « Le droit du riverain est restreint à la charge frappant le domaine public et qui, formant la condition indispensable pour que la maison soit habitable, peut être présumée avoir été tacitement acceptée par l'administration. La vue n'y est pas comprise. Or le défendeur n'est pas obligé à plus que ne le serait la ville, si elle avait construit elle-même ». Ainsi, dans cette espèce, l'usage de tous qui grève la rue est traduit tout simplement en servitude du droit civil pour le cas de déclassement de la rue. C'est un exemple tout à fait exceptionnel, et qui s'explique peut-être par le fait que le tribunal, dans les circonstances de la cause, trouvait le moyen de refuser quand même toute efficacité à cette prétendue servitude.

(35) R. G. 13 février 1883 (Samml., X, p. 271 ss.) : Le fait, par l'administration, de déclarer un certain terrain rue municipale, implique l'invitation d'y construire des maisons. De cette manière, un rapport de convention tacite se forme entre la commune et les propriétaires qui répondent à cette invitation. Il en résulte « des droits de jouissance privés, ayant le caractère juridique de servitudes ». Cette décision vise un cas qui était régi par le droit Français ; pour le Code général Prussien, la même thèse est soutenue par R. G., 7 mars 1882 (Samml., VII, p. 213), 21 sept. 1895 (Samml., XXXVI, p. 273), 28 mars 1895 (Samml., XXXVII, p. 253), 18 avril 1899 (Samml., XLIV, p. 282). De même, O. Tr. 10 avril 1866 (Str. 62, p. 273) s'en est servi ; comp aussi la décision citée à la note précédente. — Chez les auteurs Français, cette manière de s'exprimer était toujours usitée : *Demolombe*, XII, n. 699 ; *Aubry et Rau*, III, p. 70 ; comp. ma Theorie des Franz. V. R., p. 328 ss.

(36) Cela paraît être l'opinion du Tribunal de l'Empire dans les décisions que nous venons de rapporter : si la maison, dit-il, existait

Si, cependant, on a besoin d'une convention tacite, il est certes plus raisonnable d'aller directement au but et de dire tout simplement que l'Etat est censé avoir *promis* aux riverains *une indemnité* pour le cas de déplacement ou de changement de la rue ; on appellera cela une *promesse de garantie* ou autrement. Que cette promesse produise son effet au profit de tout successeur du premier riverain, cela, au besoin, est compatible avec les principes généraux des obligations civiles envers une *persona incerta* ; comp. t. Ier, § 21, p. 67, note 11 (37).

Mais ce qui s'oppose d'abord à toutes ces conventions, c'est qu'elles ne répondent pas à la réalité des choses. En réalité, l'Etat, la commune ne songent pas

déjà et si la construction de la rue publique survient ensuite, « la situation ne diffère pas essentiellement ; en effet, le propriétaire est également obligé de se soumettre aux restrictions de sa propriété que nous venons de mentionner » (Samml., VII, p. 213) ; ou encore il s'exprime ainsi : la maison entre, dans cette hypothèse, « dans le *nexus* du droit, tel qu'il a été créé ». C'est un peu obscur, il est vrai ; notamment, le « nexus du droit » semble constituer un véritable être mythologique des jurisconsultes.

Du reste, dans les derniers temps, et surtout depuis qu'on voyait venir la nouvelle codification du droit civil par l'Empire, on abandonna peu à peu cette construction par trop risquée. Le code civil Allemand, en exigeant dans son § 873, à peine de nullité, pour la constitution de droits réels sur un immeuble, l'inscription sur le livre foncier, a coupé court, pour l'avenir, à tous ces expédients.

Nous ne pouvons qu'approuver cette nouvelle attitude. Malheureusement, après avoir été forcé de renoncer à ce moyen désespéré, on croit maintenant qu'il n'existe plus aucun moyen pour accorder une indemnité au propriétaire lésé par le déplacement de la rue (*Auschütz*, Entschädigungspflicht, p. 111 ss. ; R. G., 30 avril 1902, Samml., II, p. 251 ss.). C'est qu'on ignore le véritable fondement juridique de cette indemnité. Cela amène des inégalités manifestes et viole l'équité.

(37) Une promesse de garantie tacite de cette espèce est, par exemple, admise dans une décision rapportée dans Seuff. Arch. XXII, p. 144, et approuvée par *Bekker*, Pand., p. 346.

D'autres vont jusqu'à faire intervenir la fiction d'une *cautio damni infecti* qui aurait été fournie par le maître de la rue. Des exemples dans *Ubbelohde*, l. c., p. 183 ss., qui se prononce avec raison contre ces procédés arbitraires.

à assumer volontairement une pareille obligation. Dès lors, s'il y a droit à indemnité, ce ne peut être que l'effet immédiat d'une règle de droit ; il ne peut s'agir que d'une *obligatio ex lege*. Jamais on n'aurait eu recours à des conventions aussi fantastiques, si l'on n'avait pas ignoré complètement la véritable base juridique. Cette base se trouve tout simplement dans notre institution de l'indemnité du droit public, la même qui sert aussi à réparer les dommages éprouvés à l'occasion d'un acte individuel de l'usage de tous.

Il est évident que les éléments dont dépend son application se trouvent réunis ici : mesure de l'administration publique et sacrifice spécial de l'individu. Le déplacement ou changement de la rue, opéré dans l'intérêt public, porte, en même temps, préjudice aux intérêts pécuniaires du riverain, lesquels dépendaient de l'usage de tous et dont le riverain est maintenant privé ; c'est ce dommage dont il lui est accordé réparation (38).

Il nous reste encore à répondre à une question : pourquoi cette indemnité n'a-t-elle lieu qu'au profit du propriétaire riverain et non pas aussi au profit des autres personnes qui pourront éprouver un préjudice à la suite du changement ? On cherche à expliquer cette inégalité en faisant intervenir, pour le riverain seulement, cette convention imaginaire. Mais la véritable explication se trouve dans la nature même de

(38) Pour comprendre ce phénomène dans l'ensemble des idées dont il n'est qu'une manifestation, il faut être capable de sortir du cercle étroit dans lequel nos civilistes ont l'habitude de s'enfermer. C'est ce que *Dernburg* a réussi à faire ; dans Pand., I, § 72, il fait découler l'indemnité due au riverain du « principe du droit moderne, que les mesures d'intérêt public qui causent un dommage à la fortune des particuliers se font aux frais de l'universalité et non pas aux frais de l'individu ». Voilà la thèse ; nous n'avons pas besoin d'autre chose. Il va sans dire que cela n'a rien du droit civil.

l'indemnité du droit public et dans ses règles particulières. L'indemnité ne comprend pas du tout un préjudice quelconque pouvant résulter, pour quelqu'un, des mesures prises par l'administration publique. Le sacrifice que l'indemnité suppose, est l'enlèvement direct d'une valeur, le dommage matériel : il faut qu'on ait pris au plaignant quelque chose qu'il possédait. C'est uniquement dans cette mesure que l'obligation d'indemniser peut exister raisonnablement et qu'elle existe en réalité ; comp. t. IV, § 53, II ci-dessous.

De là, la différence entre le riverain et d'autres intéressés. Le riverain est dans un rapport particulier vis-à-vis de la partie de rue qui se trouve devant lui. L'accès et les autres avantages que la rue procure à son édifice en vertu de l'usage de tous, forment une partie de la consistance juridique de cette portion de sa fortune. Si la maison est privée de la rue, c'est une atteinte portée à cette consistance, et qui en diminue la valeur (39).

Le changement pourra aussi causer un dommage à d'autres individus qui ne sont pas des riverains directs. Spécialement, les voisins du propriétaire à indemniser, devant lesquels la rue reste intacte, pourront, par suite de la suppression de sa prolongation, être forcés de faire des détours, ou se trouveront peut-être placés dans une impasse. Cela ne constitue pas une atteinte à l'état de leur fortune ; il n'y a pas un

(39) L'idée que la rue forme, pour l'immeuble riverain et pour les constructions qui y sont faites, une partie de leur valeur acquise, et que c'est à cause de ce rapport spécial que l'indemnité est due, se trouve exprimée clairement dans C. C. H. 13 oct. 1866 (J. M. Bl., 1867, p. 39) : Un chemin carossable est supprimé ; le demandeur a droit à une indemnité, « parce que son établissement, qui n'était accessible que par ce chemin, est devenu impraticable et sans valeur à la suite de l'interdiction du chemin ; partant, il est censé avoir dû sacrifier une partie de sa propriété privée dans l'intérêt de l'utilité commune ». On vise l'art. 75 de l'introd. au A. L. R.

enlèvement de valeurs ; leur immeuble lui-même reste intact dans toute sa consistance ; notamment, il reste accessible et pourvu de tous les avantages de l'usage de tous dont il jouissait auparavant. D'autres personnes, dans une situation plus éloignée, sont peut-être intéressées, d'une façon analogue, à un degré encore moindre : personne autre que le riverain direct n'éprouve, à raison du changement de la rue, ce dommage direct et matériel qui seul entre ici en compte.

C'est en ce point que repose entièrement la solution de la question de ce qu'on appelle le droit particulier des riverains (40).

(40) *Ubbelohde*, l. c., p. 187, combat la thèse de *Dernburg*, que nous venons de citer à la note 38 ci-dessus ; il tire argument des conséquences que, d'après lui, devrait entraîner l'application de ce principe. Les voituriers dont les intérêts souffrent à la suite de l'ouverture d'un chemin de fer, les propriétaires — et, par conséquent aussi, leurs créanciers hypothécaires, — dont les maisons ont diminué de valeur parce que le public préfère maintenant passer par une autre rue nouvellement construite, les industriels et les agriculteurs qui se trouvent sacrifiés par les clauses d'un traité de commerce, tous ces individus pourraient, d'après *Ubbelohde*, venir réclamer à l'Etat une indemnité ; et, en vertu de ce principe, il serait impossible de la leur refuser. Mais toutes ces craintes disparaîtront, quand on aura appris à connaître un peu mieux l'institution de l'indemnité du droit public. Dans les exemples qu'on met en avant, il y a bien partout un dommage causé par une mesure de l'administration publique, mais ce n'est pas ce dommage *direct et matériel*, ce sacrifice spécial que suppose l'indemnité du droit public. — Grâce à la distinction qu'il faut faire entre le dommage direct et les dommages plus éloignés, nous pouvons très souvent expliquer les contradictions apparentes des jugements de nos tribunaux ; la doctrine, qui n'a pas saisi l'importance de cette distinction, croit pouvoir constater des variations dans la jurisprudence alors qu'il n'y en a pas. En particulier, le Tribunal de l'Empire s'est exposé à cette critique, en déclarant dans certains cas, comme nous l'avons fait voir à la note 35 ci-dessus, qu'en principe une indemnité est due au propriétaire qui éprouve un dommage par la suppression ou par le déplacement d'une rue, et en refusant cette indemnité dans d'autres cas, et aussi par principe. C'est ce qui a été relevé par *Bekker*, Pand., p. 347. Mais les cas de la dernière espèce ont tous ceci de commun, qu'ils ne présentent pas, de la part du propriétaire, un dommage direct et matériel, dans le sens que nous avons indiqué. On n'a qu'à examiner les espèces de près. R. G., 16 nov. 1880 (Samml., III, p. 171) : Une partie de la rue est supprimée jusqu'au point où se trouvent les maisons du demandeur en indemnité ; ce dernier se plaint

Du reste, en y regardant de plus près, on verra que la même distinction doit être faite entre les différents dommages qui pourront résulter des actes individuels de l'*exercice* de l'usage de tous. On n'a qu'à accentuer les exemples que nous avons donnés plus haut. Le pont est défectueux et l'on ne peut y passer sans danger : grand préjudice pour tous les voisins ainsi que pour tous ceux qui devraient s'en servir pour la communication régulière. Le fossé qu'on a creusé à travers la rue et qui, par négligence, a été laissé ouvert pendant un assez long temps, la rend impraticable : tout le monde est forcé de faire des détours ; on manque les départs du chemin de fer ; des pertes sérieuses pourront être démontrées. Personne ne reçoit d'indemnité, excepté celui sous lequel le pont s'écroule ou qui tombe dans le fossé. C'est seulement à celui-ci qu'est causé un dommage direct, répondant au sens de l'institution de l'indemnité du droit public.

de la « restriction » de l'accessibilité de son « immeuble » ; mais le reste de la rue continue à lui offrir un libre accès ; il n'y a qu'une diminution de la commodité de l'accès ; cela n'a pas le caractère d'un dommage matériel ; par suite, le rejet de la demande nous semble bien fondé. Le Tribunal de l'Empire, il est vrai, avait, dans les motifs de l'arrêt, expressément repoussé l'idée d'une servitude constituée sur le sol de la rue, idée que, dans d'autres arrêts, nous l'avons vu, il approuve expressément. Tout cela était superflu. — R. G., 13 janv. 1882 (Samml., VI, p. 159 ss.) : Un chemin est supprimé ; demande en indemnité formée par un propriétaire à cause des détours qu'il devra maintenant faire ; la demande est rejetée comme mal fondée ; décision tout à fait conforme aux principes de l'indemnité du droit public. — R. G., 4 nov. 1881 (Samml., VII, p. 173) : Un propriétaire se plaint que, à la suite des changements apportés par la construction d'une ligne de chemin de fer, la partie de la chaussée qui se trouve devant sa maison n'est plus aussi fréquentée qu'auparavant, et ceci entraîne pour lui une perte notable dans ses affaires. Le tribunal déclare que ce qu'il a perdu, ce sont des « avantages fortuits », pour lesquels il n'est pas dû d'indemnité, lorsqu'on en est privé. Cela correspond à notre thèse, qu'on n'est pas indemnisé pour des « dommages plus éloignés ». — Comp. aussi Ob. G. H. Bav., 27 oct. 1877 (Samml., VII, p. 50) ; 12 mai 1878 (Samml., VII, p. 842) ; Min. de l'Int. Sax., 9 août 1881 (Sächs. Ztsch. f. Pr., II, p. 319).

Nous n'avons traité ici de cette institution qu'autant qu'il était nécessaire pour écarter des doctrines qui tendent à dénaturer l'idée de l'usage de tous; cette théorie doit rester libre de toute construction juridique empruntée au droit civil.

§ 38

Suite ; la permission spéciale d'usage.

Le droit d'usage de tous, comme nous l'avons vu, n'est pas le résultat d'une faveur que l'Etat accorderait aux individus ; il fait partie de la *liberté individuelle*.

Au contraire, tout usage des choses publiques, qui en dehors de celui que nous venons d'étudier, appartient aux individus, résulte d'un acte de volonté de l'Etat par lequel il l'accorde ; cet usage ne peut exister qu'en vertu de cet acte.

Le fait que l'Etat accomplit des actes de ce genre prouve qu'il ne s'agit pas ici de *res nullius*, ni de choses dont le véritable maître serait le public avec son *usus publicus*. Ces dispositions ont nécessairement pour point de départ la domination juridique appartenant sur la chose publique à celui qui en dispose ainsi, domination qu'il exerce en accordant — librement ou d'après certaines règles — des jouissances de différentes espèces.

Selon leur forme juridique, ces actes se divisent en deux catégories bien tranchées :

On pourra accorder à l'individu une faculté purement de fait : le pouvoir de se servir de la chose publique, sans en être empêché par le maître, d'une manière qui n'est pas déjà comprise dans l'usage de tous ; nous appelons cela une *permission d'usage.*

On pourra créer au profit de l'individu et par un acte administratif une possession exclusive et un pouvoir juridiquement protégé sur une portion de la chose publique ; c'est la *concession d'usage.*

Les deux espèces sont aussi accompagnées de l'obligation de payer des taxes ; et, pour chacune de ces taxes, il y a des manières différentes de création.

La permission d'usage d'une chose publique — que nous allons examiner tout d'abord, — est peut-être celle de nos institutions qui a été la plus négligée. Elle est placée entre l'usage de tous et la concession d'usage ; mais ces deux notions, d'habitude, sont mal déterminées et insuffisamment définies, en sorte que l'usage spécialement permis est exposé à se confondre tantôt avec l'une, tantôt avec l'autre. La permission doit aussi se défendre contre des explications très diverses empruntées au droit civil, et qui, tout en étant contraires à la vérité, semblent des expédients commodes.

Il s'agit, d'une part, d'espèces d'usage des choses publiques, qui ne sont pas comprises dans l'usage de tous, et qui, par conséquent, pour être licites, doivent être accordées spécialement. D'autre part, le fait de les accorder ne s'effectue pas dans la forme usitée pour créer un droit sur la chose ; ce n'est pas une concession. Dès lors, la permission d'usage devra s'affirmer nettement et clairement, afin que notre théorie sur les droits d'usage sur les choses publiques garde sa décision et sa netteté.

I. — La permission d'usage, ne faisant pas partie de l'usage de tous, trouvera sa sphère d'application tant pour les choses qui sont soumises à ce dernier usage, que pour celles qui n'y sont pas soumises.

Les rues et places publiques offrent des exemples

variés de ces permissions d'usage excédant l'usage de tous. Ce sont surtout des autorités industrielles qui réclament des faveurs de cette sorte : stations de fiacres, kiosques pour journaux, kiosques d'eau gazeuse, boutiques de boulangerie et autres marchandises. Des enseignes, des vitrines, des boîtes aux lettres font saillie sur la partie destinée à la communication publique. Les places publiques sont occupées temporairement par des baraques de foire, des boutiques de curiosités, des carrousels.

De même, les canaux et autres voies fluviales ne servent pas seulement aux navires pour naviguer ; on peut leur permettre de stationner en des endroits qui leur seront spécialement désignés, et de se servir des bords pour le va-et-vient des bateliers ainsi que pour le chargement et le déchargement de la cargaison, même en dehors des quais qui y sont destinés régulièrement. Cela n'est plus de l'usage de tous; ce sont des avantages spécialement accordés.

Sur les choses publiques qui ne servent pas à l'usage de tous, les usages spécialement accordés se distinguent encore plus fortement. En considération de circonstances particulières, il peut être permis à un voisin de passer par la voie ferrée, soit une fois, soit d'une manière permanente. De même, on donnera des permissions de passer par les fortifications ou de se servir de leurs fossés pour patiner, etc. La vente des herbes à couper, le bail de la pêche renferment nécessairement une permission de ce genre. Les églises et les cimetières, — qui figurent dans cette classe de choses publiques, — fournissent des exemples très importants. Ils ne sont pas soumis à l'usage de tous. Mais tous les deux sont ouverts à certaines heures pour leurs buts respectifs : participation au culte, visite des tombeaux. En ce qui concerne le cimetière, la désignation d'une tombe, — qui signifie pour la famille la permission d'y faire enterrer ses morts, — contient également la permission, pour elle, d'apporter sur la tombe des fleurs et autres ornements ; il peut être permis, même pour ces tombeaux ordinaires, d'y placer des pierres et de les faire entourer d'une clôture. Tout cela n'est ni l'usage de tous, ni une concession ; c'est quelque chose d'intermédiaire : la permission d'un usage.

La *nature juridique* de ce qui est accordé dans tous ces cas sera mise en lumière, lorsque nous envisagerons ces permissions dans l'ensemble de la notion plus large dont elles font partie. Ainsi nous avons réduit l'usage de tous à l'idée générale de la *liberté civile* ; de même, nous ferons voir que la concession est une application spéciale de la notion de l'*acte administratif*. Quant à la permission d'usage, elle appartient, par sa nature juridique, au cercle d'idées qui s'attachent aux *utilités accordées par les services publics*.

Par service public, nous entendons un ensemble de moyens, tant personnels que réels, réunis dans la main d'un sujet d'administration publique, pour servir d'une manière permanente à un intérêt public déterminé. Comp. t. IV, § 51 ci-dessous. Les services publics proprement dits sont ceux qui poursuivent ce but dans un rapport continu avec les individus qui deviennent l'objet de leur fonctionnement : l'intérêt public consiste essentiellement pour ces services dans les utilités qu'ils procurent à la masse des individus appelés à en profiter. Cela n'empêche pas que des services publics qui n'ont pas ce caractère disposent de semblables moyens pour accorder aussi des utilités, — à titre exceptionnel naturellement et en dehors de la marche ordinaire de leurs affaires ; et de même, les services publics proprement dits pourront accorder des utilités qui ne sont pas dans leur mission particulière.

Nous pouvons distinguer ces deux sortes d'utilités par les expressions suivantes : utilités *constitutionnelles* du service public, et utilités *accidentelles*. Il y a entre elles une différence importante : les premières seules sont réglées d'une manière générale et permanente à l'effet de les assurer aux individus qui doivent en profiter ; les autres sont laissées à la libre appréciation des autorités préposées aux différents services.

Ceci posé, les choses publiques ne sont, par elles-mêmes, que des services publics. Elles répondent précisément à la notion que nous venons de fixer. Elles se divisent également 1° en choses publiques qui réalisent, directement et sans l'intermédiaire d'utilités à procurer à la masse des individus, leur but spécial d'intérêt public ; telles sont, par exemple, les fortifications ; — et 2° en choses publiques destinées à servir l'intérêt public par cette seconde voie — tels sont les routes, les rivages de la mer, les cimetières, etc.

Nous trouvons aussi en elles les deux manières dont elles pourront procurer aux particuliers leurs utilités : il y a, dans les choses publiques, des *utilités constitutionnelles* qu'elles sont destinées à procurer aux individus selon leur but général, et *des utilités accidentelles* qu'elles accordent plutôt accessoirement et à titre exceptionnel.

Il en résulte que nous devons nous attendre à retrouver ici les formes juridiques, suivant lesquelles les services publics, d'une manière générale, accordent leurs utilités, et dont nous nous occuperons spécialement dans les §§ 51 et 52, t. IV, ci-dessous. En effet, on ne saurait méconnaître l'affinité qui existe à cet égard. Ce sont surtout certains services publics où prévaut le moyen réel par lequel leur but est poursuivi, c'est-à-dire l'immeuble, l'édifice qui y est destiné ; par exemple, les abattoirs, les musées, les bibliothèques, les maisons de santé. Il n'y a presque pas de différence juridique entre la place assignée dans un marché couvert et celle assignée sur une place publique servant de marché. La permission d'usage paraît être essentiellement la même dans l'un et l'autre cas.

La permission d'usage sur une chose publique a cependant un caractère spécial. Elle doit être examinée à part, pour deux motifs.

D'abord, la présence de la chose publique, — exclusive par sa nature du droit civil — entraîne une différence de principe à l'encontre de tous les autres services publics. Dans ces autres services, la question se pose toujours de savoir si les utilités qui sont accordées aux particuliers n'entrent pas dans une forme quelconque du droit civil, pour constituer des droits subjectifs au profit des particuliers, droits susceptibles même de grever plus ou moins les choses, les immeubles affectés au service. Nous verrons combien de difficultés nous rencontrerons à cet égard. Quand il s'agit, au contraire, de l'usage d'une chose publique, *toute idée de droit civil est bannie* ; c'est uniquement du droit public que cet usage pourra recevoir ses règles ; la police de la chose publique, qui subordonne souverainement à l'intérêt public les intérêts privés, tiendra cet usage dans les limites qui lui seront tracées.

D'un autre côté, les formes du droit public dans lesquelles les services publics ordinaires accordent leurs utilités, embrassent toujours complètement leur matière ; elles comprennent également toute sorte de droits à concéder aux individus. La permission d'usage sur une chose publique, au contraire, n'est qu'*une* des formes différentes dans lesquelles les individus peuvent retirer des avantages des choses publiques ; elle a, pour la compléter, à côté d'elle, l'usage de tous d'une part, la concession d'un droit d'usage de l'autre. Elle forme donc une institution d'un caractère plus uniforme et plus concentré.

II. — Les règles de la permission d'usage spécial sur une chose publique sont les suivantes :

1) Accorder une permission d'usage, c'est l'affaire du maître de la chose publique. Ce n'est pas un acte par lequel il dispose de son droit au profit d'un tiers ; cela n'a pas le caractère d'une aliénation, même partielle. Dès lors, cette autorisation est comprise dans l'*administration courante* de la chose ; par conséquent, elle doit faire partie de la fonction chargée de maintenir le bon ordre de cette chose ; cela rentre dans la police de la chose publique. Cela aura une importance pratique dans les cas où cette fonction est séparée formellement de la propriété de la chose, la gestion générale des affaires du maître de la chose publique et la police de celle-ci étant représentées par des autorités distinctes. Accorder la permission d'usage, cela appartiendra dans ce cas à la compétence de l'autorité de la police et de ses agents (1).

(1) Comme nous l'avons déjà remarqué à la note 7 du § 36, une pareille séparation se trouve surtout dans les grandes villes en ce qui concerne l'administration des rues. La propriété de ces rues est à la commune, elle en dispose par ses représentants ; la police est confiée à une autorité qui dépend directement de l'Etat. C'est donc à cette direction de la police ou Présidence de la police, qu'il appartiendra d'accorder les permissions dont nous parlons. — Un exemple dans la décision du V. G. H. Württemb., 9 mai 1887 (*Reger*, VIII, p. 96) : Une entreprise privée de postes veut placer des boîtes aux lettres. L'autorité de police locale, après avoir accorde la permission, la retire peu de temps après. L'entrepreneur se pourvoit devant la justice administrative qui rejette sa demande. Il est dit que, pour acquérir un droit, celui d'avoir ces boîtes dans la rue, outre la permission de la police « de faire de l'espace appartenant à la rue un usage particulier qui excède les limites de l'usage général », il aurait fallu le « consen-

L'octroi de la permission *n'est pas un acte d'autorité*; ce n'est pas un acte administratif au sens strict du mot. La permission peut valablement être donnée par un employé subalterne; il n'est pas nécessaire que, toutes les fois, l'autorité préposée à l'administration de la chose publique intervienne. C'est une question intéressant l'organisation spéciale des différents services et dépendant de la nature de la permission à donner, que celle de savoir si l'autorisation devra être plus ou moins réservée à cette autorité (2).

Ainsi, quand il s'agit d'accorder une *permission accidentelle* et qui n'est pas conforme au but de la chose, cela ressortira, sans aucun doute, exclusivement à la compétence de l'autorité dirigeante. Passer par la voie ferrée, patiner sur les fossés des remparts, voilà des exemples de ces permissions exceptionnelles; sur les rues des villes, on a permis, de la même manière, l'édification de kiosques pour journaux ou pour eaux gazeuses, de boutiques de foire, de colonnes pour affiches (3).

S'agit-il au contraire d'une utilité que la chose

tement de droit privé » du propriétaire de la chose, c'est-à-dire de la commune. Ce consentement n'ayant pas été donné dans ce cas, l'autorité de police pouvait révoquer librement. Cet exemple fait apparaître clairement la différence qui existe entre la simple permission d'usage, — qui est de la compétence de l'autorité chargée de la police de la chose publique, — et la concession, qui représente une disposition sur le droit de la chose.

(2) C'est ce que veut dire *Leuthold* dans Wörterbuch, II, p. 86 : « par conséquent, l'assignation d'une place faite aux personnes qui fréquentent les marchés n'est pas un acte juridique du droit privé ; c'est une mesure d'administration publique ». Il entend nier par là le caractère d'acte juridique (*Rechtsgeschäft*). Mais cette assignation qui implique la permission, ne créant pas de rapport juridique, n'est pas un acte juridique, ni du droit privé, ni du droit public.

(3) Dans les cas visés par la note précédente, il appartiendra donc, à l'autorité spéciale de police et non pas à l'autorité municipale, d'accorder ces permissions, si, néanmoins, l'on voit intervenir cette dernière, c'est à cause des taxes à percevoir au profit du propriétaire, c'est-à-dire de la ville. Comp. la note 9 ci-dessous.

doit procurer *constitutionnellement*, et, par conséquent, de permissions qui se présentent avec une certaine régularité et dans des conditions plus ou moins identiques, alors le rôle des employés subalternes gagne en importance dans ces délivrances d'autorisation.

Il y a des usages auxquels la chose publique est destinée d'une manière générale, mais dont l'individu ne peut profiter qu'à la condition qu'une *assignation* lui aura été faite de l'endroit spécial qu'il lui sera permis d'occuper. C'est ainsi qu'on obtient l'indication de sa place sur le marché public, de l'endroit où l'on peut laisser stationner sa voiture de place, de la berge où le navire pourra être amarré pendant la nuit ou pendant le chômage du canal. Cette assignation, qui contient la permission spéciale, est donnée par des employés chargés de la surveillance immédiate de la chose publique : inspecteurs du marché, agents de la police des rues, éclusiers (4). De même, pour les enterrements, l'assignation du lieu de sépulture est donnée par les bureaux de la commune ou de l'église à laquelle appartient le cimetière ; cela implique la permission de se servir de cet endroit pour y procéder à l'enterrement ; le fait que cette espèce d'usage du cimetière ne peut alors avoir lieu que par l'intermédiaire du fossoyeur officiel, n'est qu'une mesure particulière de la police des cimetières.

L'autorité dirigeante pourra avoir donné des instructions touchant les parties déterminées de la chose publique où de pareilles assignations devront avoir lieu, et touchant l'ordre dans lequel elles seront faites. Il se peut aussi que l'autorité désigne elle-même, par

(4) Un exemple dans le règlement pour les canaux Bav. § 44 ; *Pösl*, Bayr. Wasserges., p. 489.

une *décision générale* et portée à la connaissance des intéressés par voie de publications et d'affiches sur l'endroit même, *les endroits où cet usage spécial pourra avoir lieu*. Les intéressés n'auront, dans cette hypothèse, qu'à profiter de cette offre et à choisir leurs places le cas échéant. Alors, les employés de surveillance ne sont pas les organes de l'octroi de la permission ; ils donnent seulement des renseignements sur la permission offerte et servent d'interprètes aux intéressés. Cela se pratique surtout pour le stationnement des fiacres sur les places publiques et des navires sur les canaux.

Il est enfin des choses publiques qui doivent être accessibles *à tout le monde* pour certains buts et à des heures convenables. Tels sont les églises et les cimetières. L'usage qui en est accordé au public ressemble, au point de vue juridique, à celui des musées publics et des palais de justice. Ce n'est pas une émanation de la liberté individuelle ; cela résulte d'une admission spécialement consentie par le maître de la chose ; seulement, cette admission embrasse, chaque fois, toutes les personnes qui ne sont pas exclues par certaines considérations de *decorum*. Cette admission, qui équivaut, pour chaque individu qui y est compris, à une permission d'usage, est réglée par l'autorité dirigeante, et réalisée par les employés de surveillance qui ouvrent et ferment les portes.

2) La permission d'usage n'étant autre chose qu'une des manières dont le propriétaire se sert de son immeuble, est, par principe, une affaire de *libre appréciation* ; non pas libre appréciation d'une faveur, comme cela se pratique entre particuliers, mais libre appréciation de l'intérêt public qui, d'une part, trouve son compte dans les utilités procurées aux individus et, d'autre part, ne doit pas être com-

promis par une extension exagérée accordée à ceux-ci.

En ce qui concerne les utilités constitutionnelles, les *instructions de service* assurent une certaine uniformité de l'activité des employés subordonnés qui auront à accorder ou à refuser ces permissions. Cela garantit aux individus une égalité formelle qui devra être observée entre eux, et leur donne la certitude de ce à quoi ils devront s'attendre. Mais cela ne leur confère aucunement contre le maître de la chose le droit d'obtenir de lui la permission ainsi réglée ; les instructions, par leur effet juridique, restent une affaire interne de l'administration. Comp. t. Ier, § 7, p. 104.

Toutefois, à titre exceptionnel, la *loi* intervient dans cette matière, comme elle le fait pour d'autres services publics, la poste par exemple ; elle détermine les conditions dans lesquelles la permission devra être accordée ou refusée. Alors, celui qui présente les conditions moyennant lesquelles la permission doit être consentie aura, en vertu de la loi, un *droit subjectif public* d'obtenir du maître de la chose cet avantage. Quant à la voie qui lui sera ouverte pour faire valoir son droit (5), cela dépend de la manière dont est réglée la protection des droits subjectifs publics.

(5) Gew. O., § 64 al. 2, dispose que tout le monde a le droit d'être admis aux marchés publics comme vendeur. Il s'en suit qu'il faut assigner sur les marchés une place à quiconque la réclame, dans la mesure du possible naturellement, et à la condition de se soumettre aux règlements de police faits pour le marché. Notons que ce droit d'obtenir la permission est le même, que le marché se tienne sur la place publique ou dans une halle couverte qui ne figure pas parmi les choses publiques. Cela prouve encore que la chose publique, quand il s'agit de lui conférer de ces utilités régulières, est traitée comme les autres services publics ; on lui applique simplement le droit des services publics.

Le même effet — l'existence d'un droit subjectif d'obtenir la permission d'un usage spécial — pourra être le résultat de la qualité de *membre d'une association publique ou corporation* dont le but sera d'administrer des choses publiques de ce genre pour les besoins de leurs membres. Les cimetières des associations religieuses en offrent les exemples principaux (6).

3) L'*effet de la permission une fois accordée* ne consiste pas dans la création d'un droit subjectif sur la chose publique au profit de l'individu qui l'a obtenue. Il ne s'agit pas d'un acte juridique du droit civil contenant une disposition de son droit par le maître de la chose. Il ne s'agit pas non plus d'un acte administratif, acte juridique correspondant du droit public ; ce que nous venons de dire touchant les formes dans lesquelles cette permission est donnée et les organes qui la donnent, le prouve péremptoirement. C'est seulement une déclaration de la volonté du propriétaire de la chose de *vouloir s'en servir au profit d'un tiers* et de *consentir à certains faits d'usage de la part de ce dernier.*

Ce tiers obtient la possibilité d'agir sur la chose

(6) R. G., 4 déc. 1884 (Samml., XII, p. 280) : Le père d'un jeune homme tué en duel assigne la communauté religieuse, propriétaire du cimetière, pour qu'elle soit condamnée à accorder un lieu d'inhumation dans l'ordre des sépultures. Le tribunal reconnaît qu'il y a ici un droit qui peut être poursuivi par la voie judiciaire. Mais il n'était pas nécessaire d'appeler cela une réclamation du droit privé ; le tribunal fait ici la confusion ordinaire entre le « droit privé » et le « droit subjectif dépendant du droit privé ». — Dans les lois et statuts, il est souvent déclaré que les membres d'une commune ou d'une corporation doivent être également admis à jouir de tous les établissements ou services publics qui s'y trouvent. La décision que nous venons de citer invoque en ce sens le § 72 II, 6 et le § 193 II, 11 du A. L. R. Ces droits, naturellement, ne s'appliquent qu'aux utilités à accorder constitutionnellement et avec une certaine régularité. Il ne peut pas être question d'un droit de tout le monde d'être admis à avoir, sur la rue, des kiosques d'eaux gazeuses ou de journaux.

sans se heurter au droit du maître de cette chose et sans l'offenser. Sa liberté légale, — qui en était exclue, — reçoit par là la faculté de s'étendre sur cette chose dans la mesure de la permission. La véritable portée juridique de cette permission est celle d'un *élargissement partiel de la liberté* ; en soi, cela n'est pas un droit ; mais cette permission doit être respectée dans ces limites et être à l'abri de toute atteinte et de toute répression.

Dès lors, l'effet de la permission une fois accordée est essentiellement *négatif*, conformément au caractère général de la liberté : le fait permis ne doit pas être empêché.

Le fait permis aura, de cette manière, son importance principale vis à-vis de la *police de la chose publique* ; la sphère d'action de cette dernière se trouve sensiblement restreinte par l'effet de la permission. Tant qu'elle subsiste, on ne pourra pas prendre des mesures de police contre les faits par lesquels l'usage permis s'exerce, même si ces faits, excédant le droit d'usage de tous et représentant des inconvénients pour l'usage de tous, devaient être, en principe, soumis à ces mesures. Spécialement, l'application des défenses générales et des menaces qui sembleraient viser ces faits est écartée (7). Il y a là une certaine ressemblance avec les effets de la permission de police ; aussi a-t-on souvent voulu identifier la permission d'usage à cette dernière. Ce qu'il faut remarquer, c'est que nous ne sommes pas en présence de cette institution dans sa conception stricte, telle que nous l'avons définie au t. II, § 21.

La permission de police, pour être admissible, a besoin d'une réserve expresse ; par là, la règle de

(7) Cela s'entend surtout de la pénalité édictée par le Stf. G. B., § 366, n. 9 ; comp. § 37, note 17 ci-dessus.

droit, qui édicte la défense ou la menace, donne elle-même l'autorisation d'y apporter une exception dans le cas individuel. En ce qui concerne la permission d'usage spécial, de pareilles autorisations ne sont données que très rarement. Elles sont superflues ; l'administration n'en a pas besoin pour exclure la défense et la pénalité. Tout ceci, en effet, quant aux choses publiques dont on vise les troubles, suppose tacitement un trouble *illicite*. L'acte d'usage spécialement permis est placé dans la liberté du permissionnaire ; par conséquent, il ne constitue pas un trouble illicite. Le consentement du maître de la chose a, à cet égard, le même effet que l'usage de tous ; il couvre l'individu qui s'en prévaut.

D'un autre côté, la permission de police est un acte administratif déterminant un rapport juridique entre le permissionnaire et la puissance publique ; ce rapport a pour contenu d'écarter la défense édictée par cette dernière et de rétablir, pour le cas individuel, la liberté, comme si la défense n'existait pas. La permission spéciale d'usage, qui n'est pas un acte administratif, ne crée pas de rapport juridique nouveau ; ce qui restreint la liberté du permissionnaire —, c'est-à-dire ici le droit exclusif du maître de la chose publique, — est non pas écarté, mais maintenu et exercé par la permission même ; seulement, le maître de la chose consent à l'exercer, pour le moment, de telle manière que la liberté du permissionnaire n'y trouve pas d'obstacle pour les faits de l'usage accordé. La distinction peut paraître subtile ; mais il s'y attache des conséquences.

4) La permission d'usage sur la chose publique ne crée *aucun droit* au profit de celui qui l'a obtenue. Elle ne peut pas faire l'objet d'un acte de disposition ; on ne peut pas l'aliéner ; elle ne figure pas dans la succession du permissionnaire. Il ne faut pas con-

fondre avec une véritable transmission d'un droit le cas, — qui très souvent se produira ici, comme pour la permission de police, — où le consentement est donné au profit d'une personne en tant que représentant une entreprise, une situation économique, et, par conséquent, aura son effet pour la *persona incerta* qui lui succèdera dans cette qualité. Nous avons exposé cette théorie au t. II, § 21, p. 66.

Le permissionnaire, quant aux avantages qui résultent pour lui de l'usage permis, n'est pas protégé autrement que pour l'exercice légitime de la liberté en général.

Cette protection existe d'abord vis-à-vis de l'administration ; il pourra défendre contre celle-ci cette situation, par les moyens que lui offrira l'organisation de la protection du droit. C'est encore l'usage de tous qui servira de modèle à cet égard, avec cette différence que la permission elle-même est révocable, tandis que l'usage de tous n'est pas révocable.

Cette protection existe aussi vis-à-vis des *tiers*, qui essaieraient de troubler l'usage permis. Le permissionnaire alors, à la différence du concessionnaire dont nous parlerons au § suivant, n'aura pas à faire valoir contre eux un droit acquis. Il défendra simplement sa liberté et les intérêts pécuniaires qui en résultent. Il le fera surtout de deux manières. D'abord, il pourra invoquer la police de la chose publique : troubler son usage légitime, c'est troubler le bon ordre de la chose publique ; à ce titre, la police pourra intervenir. En second lieu, l'atteinte portée à sa personne ou à ses choses, ainsi que le simple empêchement de jouir de la permission, pourra donner lieu, au profit du permissionnaire, à une demande en *dommages-intérêts*. Cette demande aura pour fondement légal les §§ 823 ss. du Code civil allemand et sera portée devant les tribunaux civils.

La permission, comme nous venons de le voir, est *révocable* de sa nature. C'est la conséquence du fait qu'elle ne crée pas de droit subjectif au profit du permissionnaire. Mais il faut aller plus loin. Nous avons constaté que, à la différence de la permission de police, il ne s'agit pas ici d'un acte administratif engendrant un rapport juridique déterminé. La permission de police, comme nous l'avons exposé au t. II, § 21, p. 77, devient irrévocable lorsqu'elle a été mise en œuvre : les intérêts nouveaux, créés sur la base d'un rapport juridique, jouissent des garanties générales, excluent toute atteinte qui ne serait pas légitimée à nouveau par un fondement légal. Ce principe ne s'applique pas à la permission d'usage spécial ; celle-ci ne crée pas de rapport juridique, elle laisse intact le droit du maître de la chose publique. Ce dernier peut toujours revenir sur l'emploi qu'il en a fait en accordant la permission, nonobstant tous les arrangements pris par le permissionnaire pour en profiter, et toutes les installations, — peut-être très coûteuses, — au moyen desquelles il a cru pouvoir se fixer sur la chose publique (8). La révoca-

(8) Cette règle reçoit une exception très intéressante en matière de police des constructions. Pour construire le long de la voie publique, il faut une permission de police. D'après les règlements, il peut être permis aux propriétaires de faire avancer certaines parties de leur maison sur la voie publique, de manière que les socles, balcons, corniches, etc., y fassent saillie. Cela n'est pas compris dans l'usage de tous, car il faut une permission spéciale. Mais ce n'est pas non plus une concession ; il n'est pas constitué de droit sur la chose publique ; sans quoi, dans le cas où la police des constructions et des choses publiques est séparée de la représentation générale de la commune, il faudrait, outre la permission de construire, le consentement de cette dernière (comp. la note 1 ci-dessus). Il ne peut donc s'agir que d'une permission d'usage spécial. Cependant, cette permission n'est pas révocable et ne peut pas l'être, c'est évident. C'est qu'ici le consentement donné pour cet usage est intimement lié avec une véritable permission de police nécessaire pour la construction même. Il partage l'irrévocabilité de cette permission de police, pour le cas où la construction permise a été achevée. — Mais qu'arrivera-t-il si l'autorité de police a

tion a même lieu sans aucun droit à indemnité pour l'intéressé : la révocabilité est la condition naturelle et inhérente à sa situation sur la chose publique ; il a dû compter avec elle.

Cette révocabilité n'a qu'une seule limite. Dans certains cas, il existe, comme nous l'avons exposé au n. 2 ci-dessus, au profit des intéressés, des droits formels d'obtenir l'admission à un usage spécial, soit en vertu d'une prescription de la loi, soit en vertu de leur qualité de membres de l'association à laquelle appartient la chose publique. Ce droit, évidemment, ne pourrait pas être éludé par une révocation, soit immédiate soit ultérieure. Dès lors, le maître de la chose publique ne pourra pas révoquer dans ce cas ; la permission d'usage qu'il est obligé de donner doit continuer aussi longtemps que le terme naturel de cet usage n'est pas atteint.

Mais il ne faut pas croire que cela implique un droit direct sur la chose publique et sur un endroit déterminé de cette chose. Pourvu qu'il donne la permission de jouir, le maître de la chose est libre de varier et de *changer la place*. Ainsi, par exemple, à chaque moment, on pourra assigner, sur le marché public, un endroit autre que la place assignée primitivement. De même, aucun droit des intéressés ne s'oppose à ce que l'administration change le lieu d'inhumation accordé primitivement dans le cimetière et fasse transférer les restes de la personne

excédé ses pouvoirs et autorisé une saillie plus importante que le règlement ne l'admet, sans le consentement de la commune ? Le cas s'est présenté à Strasbourg ; le *Bezirkspresident*, en 1897, a réformé dans ce sens une décision de la police de construction, émanée du maire. Il me semble qu'une pareille permission n'est pas valable et ne peut pas être validée par l'achèvement de la construction. Elle doit toujours rester révocable. — Comp. sur ces questions les excellents développements de *Pfersche*, dans Jurist. Vierteljahrschrift, t. XXXIV.

enterrée dans un autre endroit du cimetière. Ce sont uniquement des considérations d'intérêt public qui garantissent, dans tous ces cas, une certaine stabilité.

III. — Comme équivalent des avantages particuliers qu'elle procure, la permission d'usage pourra faire naître des obligations de payer des *taxes*. L'imposition de ces taxes pourra avoir lieu au moyen d'une règle de droit établie dans la forme d'une loi, d'une ordonnance, d'un statut. Mais, à la différence de l'usage de tous, cette voie n'est pas la seule possible; en fait, elle n'est suivie que très exceptionnellement. En effet, la permission elle-même offre au maître de la chose publique l'occasion et la faculté de s'assurer ces taxes d'une autre façon.

Celui qui doit accorder quelque chose pourra y mettre des conditions ; dès lors, on imposera à celui qui demande la permission la condition de se soumettre à la taxe. En vertu de cette soumission, il pourra être grevé, par un acte administratif, d'une obligation formelle de payer cette somme.

Cela se fera par un acte administratif individuel, quand il s'agira d'accorder une utilité accidentelle et, par conséquent, de fixer la taxe pour un cas isolé. Supposons, par exemple, qu'il s'agisse d'établissement de kiosques ou de boutiques de foire sur la place publique. On suivra certains principes pour calculer ces taxes ; mais si les circonstances sont différentes, le montant en sera débattu, à chaque fois, entre l'autorité et l'intéressé. La manière de procéder ressemblera beaucoup à l'établissement des redevances pour certaines concessions. Seulement, la concession entière a nécessairement la forme d'un acte administratif; la fixation de la taxe n'en est qu'une partie. Ici, la permission, par elle-même, n'a pas ce caractère ; l'acte administratif qui impose la taxe n'est qu'un appendice qui pourra être accompli séparément (9).

Mais l'acte administratif jouera ici un rôle bien autrement important, lorsqu'il s'agira d'accorder, sur la chose publique, des utilités constitutionnelles et que la chose doit procurer avec une certaine régularité. Dans ce cas, les taxes seront établies à l'avance et d'une manière générale par un acte de l'autorité dirigeant le service public ; elles formeront un *tarif*. Ce tarif pourra être une simple instruction ou un programme devant servir de guide aux actes administratifs à accomplir individuellement à l'occasion de chaque permission. Le tarif pourra aussi avoir été édicté et publié régulièrement, en vue d'avoir lui-même l'effet d'un acte administratif, acte administratif général, frappant tous les individus qui, en entrant dans le rapport déterminé, s'y soumettent. C'est la forme d'imposition des taxes qui a eu son développement dans le système général des utilités à accorder par les services publics. Nous en parlerons au t. IV, § 52 ci-dessous.

Il ne faut pas oublier la possibilité qui existe et qui quelquefois semblera offrir le procédé le plus simple de faire payer au permissionnaire un équivalent convenable sans aucune formalité juridique, sans acte administratif, ni convention civile. On pourra accorder la permission donnant donnant, la refuser si la somme qu'on veut faire payer n'est pas payée d'avance, et révoquer la permission lorsque le per-

(9) Cette séparation se fera d'elle-même, quand on aura constitué, pour la ville, une autorité de police spéciale, distincte de l'autorité municipale. L'autorité de police donnera le consentement, l'autorité municipale fixera la taxe, peut-être après s'être entendue avec le particulier intéressé ; cette taxe sera obligatoire par l'acceptation de ce consentement qui impliquera la soumission à la charge imposée par la commune.

missionnaire cessera de faire les versements réguliers. Cette forme se recommande surtout pour les utilités accidentelles, accordées par des autorités qui n'ont pas de pouvoirs administratifs sur les sujets en général, et qui, par conséquent, ne peuvent pas accomplir des actes administratifs qui les obligent : directions de chemins de fer par exemple, ou gouvernements de forteresses (10).

(10) Des rapports de ce genre, purement de fait, n'ont rien d'extraordinaire. Lorsqu'on ne peut pas s'habituer à voir des payements réguliers se faire sans le lien juridique d'une obligation, il ne reste que la convention du droit civil pour créer ce lien ; en effet, à défaut d'une prescription législative et d'un acte administratif, une obligation de droit public sera impossible à construire. Cette convention de droit civil a très bien pu intervenir avec l'ancien Fisc, qui marchait toujours à côté de l'Etat, dirigeant ses forteresses et ses chemins de fer. Depuis que ce fantôme a disparu, on devrait également renoncer à cet expédient, dont il sauvait seul les apparences. Il nous semble tout à fait inélégant d'admettre que l'Etat agisse, en même temps, dans l'exercice de la police de sa chose publique et comme simple particulier faisant des conventions de droit civil.

Comme l'idée de l'acte administratif, avec ses applications multiples, est encore ignorée de beaucoup de nos juristes, il ne faut pas s'étonner qu'ils soient dans l'embarras pour expliquer l'existence de l'obligation de payer la taxe, même pour des choses publiques qui confèrent des utilités régulières avec un tarif général. C'est encore la convention civile, — spécialement, le contrat de bail — qu'on invoque. Cela a lieu surtout pour les taxes des marchés publics : O. Tr., 11 juin 1857 (Str., 25 p. 161) ; 6 nov. 1877 (Str., 98, p. 90) ; 30 avril 1878 (Str., 99, p. 238). Alors l'assignation d'une place par le surveillant du marché est un contrat de bail passé sur une portion de la rue publique ! — Dans les cas cependant, où l'on ne perçoit pas de taxes sur les personnes profitant du marché, le bail perd sa raison d'être. Il est logique qu'on cherche alors à ranger l'assignation de place sous n'importe quel autre rapport juridique du droit civil : les gens qui venaient au marché deviennent des précaristes ou des commodataires ou des « semblants de commodataires ». *Ubbelohde*, Forts. zu Glücks Pand., l. c., p. 163). En réalité, l'assignation de place, la permission d'usage spécial a la même nature juridique dans l'un et l'autre cas ; ses effets juridiques seront également les mêmes. C'est invariablement le même acte de droit public, qu'on perçoive ou non une taxe.

§ 39

Suite ; la concession d'usage spécial.

La *concession* (*Verleihung*) est une institution générale du droit public trouvant des applications dans plusieurs sens.

La notion fondamentale, commune à toutes ces applications, est celle d'un *acte administratif* ayant un certain contenu. Ce contenu doit être le suivant : *il est donné par là au sujet un pouvoir juridique sur une manifestation de l'administration publique.* Et cela doit se faire en ce sens que ce qui appartient à l'administration publique et en forme une portion lui sera *livré* et *entrera dans sa possession propre* (1). Ainsi nous définissons la concession comme un acte administratif, par lequel il est donné à un sujet pouvoir juridique sur une portion d'administration publique qui lui est délivrée (1).

Dans ce sens nous parlons de la *concession d'une entreprise publique* : concession d'une entreprise de chemin de fer, concession d'une chaussée, conces-

(1) La concession est donc toujours, pour parler comme *G. Meyer*, un « acte administratif constitutif de droit ». Et le droit que la concession constitue est un droit subjectif public de l'espèce déterminée au t. I, § 9, II, n. 2, p. 146.

sion d'un pont ou d'un bac. Il en sera parlé au t. IV, § 50 ci-dessous. C'est de la même idée qu'il faut partir, quand il s'agit de la concession du *droit d'exproprier* (comp. §33, II, n. 2, p. 18 et s. ci-dessus et la note 23 du même §) ou de la *concession* (*Verleihung*) *d'une fonction publique* (comp. t. IV, § 44, II, n. 2 ci-dessous). Enfin, c'est encore une application de la même notion générale, que la *concession d'un droit d'usage spécial sur une chose publique* dont nous traitons ici : cette concession signifie la constitution d'un pouvoir juridique sur cette chose, dont une partie sera abandonnée au concessionnaire pour en faire un usage spécial.

I. — Les droits d'usage concédés excèdent ce qui est compris dans l'usage de tous ; d'un autre côté, ils diffèrent des usages spécialement permis, par l'intensité juridique avec laquelle est saisie la chose.

Cela se manifeste *extérieurement* par la manière dont le concessionnaire s'installe sur la chose publique, manière qui affirme un caractère de *durée* et une *possession exclusive*.

Si donc nous voulons nous rendre compte de la *sphère d'application* de la concession, il faut commencer par écarter toute sorte d'usages spécialement permis qui ne touchent la chose publique que d'une manière passagère et superficielle : traverser une voie ferrée, avoir sa place de vente sur le marché, faire stationner des fiacres et des bateaux de canal, déposer dans la rue des objets mobiliers, voire même fixer dans le sol de la rue des échaffaudages, ou planter sur les tombes ordinaires des fleurs et des arbustes, tout cela se comprend parfaitement comme objet d'une permission d'usage, mais non comme objet d'une concession.

D'un autre côté, il y a des installations qui s'attachent si fortement au corps même de la chose et y sont liées avec une telle profusion de moyens, qu'on ne peut guère imaginer qu'elles soient entreprises autrement qu'en vertu d'une concession : des barrages, des canaux d'usine, des entreprises d'irrigation, installés sur un fleuve public, des conduites importantes par tuyaux, ainsi que des rails de chemins de fer placés dans le sol de la rue, des monuments funéraires d'une véritable valeur artistique érigés dans les cimetières publics, toutes ces choses ne seront jamais confiées au fondement juridique si incertain d'une simple permission d'usage.

Entre ces deux sortes d'usages, il y en a beaucoup d'autres, dont l'apparence extérieure ne décide rien quant à la forme juridique applicable. En particulier, la notion de construction fixe dans le sol, — l'*opus soli*, — ne détermine point la limite, d'une manière absolue et générale. Des moulins-bateaux, des établissements de bains installés sur le fleuve public reposent sur une concession, quoiqu'ils ne soient fixés sur le fleuve qu'au moyen d'ancres. Par contre, le kiosque à journaux, la boutique pour eaux gazeuses, malgré les fondements bâtis dans le sol, n'existent, en règle, qu'en vertu d'une permission d'usage. Une installation qui se présente extérieurement dans les mêmes formes pourra signifier, dans tel cas, une concession, et dans tel autre une simple permission (2). Ce qui est décisif en dernière analyse, ce sera toujours le caractère du titre qui sert de fondement juridique. Pour qu'il y ait concession, il faut que, d'une part, ce titre soit un acte administratif par sa forme et par la compétence de celui de

(2) Comp. à la note 1 du § 38 ci-dessus le cas des boîtes aux lettres dans la rue ; elles peuvent exister soit en vertu d'une concession, soit en vertu d'une permission. Cet exemple fait également voir toute l'importance pratique de cette différence. Toutefois, on n'y fait pas toujours attention. Comp. par exemple *Bekker*, Pand. I, p. 243.

qui il émane ; et, d'autre part, il faut que, d'après son contenu, il ait pour objet de constituer, au profit de la personne à laquelle il s'adresse, un droit subjectif sur la chose publique. Ce dernier point est une question d'interprétation, qui sera résolue en s'attachant au texte de l'acte, aux circonstances qui l'accompagnent et à ce qui se fait d'ordinaire en pareille matière.

II. — Sur les détails de notre institution juridique, nous pouvons exposer ce qui suit (3) :

(3) Il est bien entendu que l'exposé que nous faisons ici ne s'applique qu'aux droits d'usage spécial constitués sur des choses publiques d'après le droit moderne. Mais, à la différence de la permission d'usage, temporaire par nature, un pareil droit véritable sur la chose publique survit aussi aux grandes révolutions qui se sont produites dans les principes généraux du droit public. Ainsi nous rencontrons, maintes fois encore, des droits d'usage ayant pris leur origine dans un système passé, et ayant la même couleur et un effet analogue à ceux qui aujourd'hui se créent par concession. En partie, ils sont nés au temps où l'on ne distinguait pas encore le droit civil et le droit public. La vente, la prescription, la succession, le privilège octroyé par le prince leur servent de titres. Ce sont surtout des moulins et des prises d'eau sur les fleuves publics, qui existent en vertu de ces anciens titres. Il y en avait un exemple assez intéressant dans les boutiques de boucher (*Schleichterscharren*) qui se trouvaient sur le marché neuf (Neumarket) de Berlin, et dont la condition juridique est discutée dans O. Tr. 8 février 1856 (Str. 19 p. 336). La thèse que le tribunal prend pour point de départ, à savoir « que le titre du droit privé est applicable également en matière de droit public », fausse si on l'interprète avec cette généralité, a cependant une certaine valeur dans ce sens restreint. Les droits créés par l'ancien titre de droit privé seront effectivement à considérer aujourd hui comme s'ils étaient nés dans les formes nouvelles propres au droit public moderne.

Des particularités dans le contenu de ces droits restent en vigueur jusqu'à ce qu'elles soient écartées selon les règles de l'ordre nouveau. Surtout, les restrictions apportées par cet ordre nouveau ne trouveront pas d'obstacle dans leur nature qui est originairement du droit civil ; comp. la note 13 ci-dessous. Cette nature pourra cependant être d'une certaine importance pour la question de compétence. Ainsi, par exemple, O. Tr., 13 déc. 1859 (St. 35 p. 345), dans l'affaire des anciennes laineries que, à Spremberg, la maîtrise des drapiers possédait sur la Sprée, déclare les tribunaux civils compétents là où, pour une concession du droit moderne, il s'agirait d'une pure question administrative. Les droits d'usage de cette espèce, qui sont nés au temps du régime de la police, sont censés être dans une dépendance absolue du pouvoir de police ; il n'y a, avec une simple permission qu'une diffé-

1) La concession, créant au profit du concessionnaire un droit propre d'exercer sur la chose publique une possession exclusive, excède les limites de la simple administration courante de la chose publique. Par suite, le pouvoir de la grever d'une charge pareille n'est pas compris dans la mission de gérer la police de cette chose. Dans le cas où cette police est confiée à une autorité spéciale, il faut pour que la concession soit parfaite et valable que le consentement de la représentation ordinaire du maître de la chose publique s'y joigne (4).

rence : par la convention ou le privilège qui forme le titre, le Fisc est chargé ici de payer une indemnité au cas où l'usage serait enlevé ou restreint.

(4) Comp. § 38 note 1 ci dessus. — *Ubbelohde*, Forts. zu Glücks Pand., p. 111 ss., relate le cas suivant : Le propriétaire d'un immeuble veut construire dans la rue communale de manière à ce que le premier et le second étage de sa maison forment une saillie considérable sur la rue. L'autorité administrative royale (le *Landrat*) accorde la permission de police qu'elle juge suffisante. La représentation de la ville s'y oppose et menace le sollicitant d'une demande judiciaire qui, d'après *Ubbelohde*, aurait eu le caractère d'une *negatoria in rem actio*. Cela n'est pas exact ; la propriété publique n'est pas protégée par des demandes judiciaires de cette espèce ; comp. § 36 note 22 ci-dessus, p. 171. La situation est la suivante : Nous devons supposer que la permission d'avancer une construction sur la rue selon la manière projetée n'était pas comprise dans les attributions de la police des constructions ; sans quoi, l'affaire serait réglée ; comp. § 38 note 8 ci-dessus. Il fallait donc à ce riverain l'acquisition d'un droit formel sur la rue, le droit d'avoir au-dessus d'elle une construction ; sans cela, il se serait bien gardé d'en faire les frais. Un pareil droit ne pouvait s'acquérir que par une concession ; cela exigeait le consentement du propriétaire, c'est-à-dire de la ville. Sur ce point, la ville avait raison. L'autorité de police ne pouvait accorder qu'une permission d'usage ; la concession qu'elle voulait donner n'était pas valable (Comp. O. V. G. 29 mai 1895). Son consentement, il est vrai, mettait le propriétaire momentanément à l'abri de poursuites, puisque c'était elle qui en administrait les moyens. Mais ce consentement restait toujours révocable, et sans indemnité ; quant à la prescription, il ne pouvait pas en être question. La ville, condamnée pour le moment à l'impuissance, par suite du refus opposé par l'autorité qui lui devait la protection de sa chose, pouvait tôt ou tard trouver un Landrat ou un supérieur disposé à entrer dans ses vues. Dans ces circonstances, le requérant, malgré la permission donnée par le Landrat, a bien fait de renoncer à son projet. — Un autre exemple dans O. V. G. 30 janv. 1887 : Un entre-

La concession étant un acte administratif ne peut émaner que de l'autorité dirigeante du service public ; cette autorité ne peut pas être remplacée par des employés subalternes.

Cet acte juridique du droit public devra se manifester par une déclaration non équivoque. Il ne suffira pas que la chose ait été abandonnée en fait, ou qu'on ait simplement toléré les actes d'usage particulier. Cela ne sera pas une concession, non pas pour défaut de formes, mais parce qu'il n'en résultera pas assez clairement l'intention de constituer un droit.

En règle, cet acte sera rédigé par écrit ; mais ce n'est une condition de validité que dans le cas où la loi l'aura prescrit directement. En tout cas, la concession n'entrera en vigueur que moyennant la notification faite à la personne intéressée ; cette notification s'opérera régulièrement par la remise du titre de concession. Tout cela conformément aux règles générales des actes administratifs.

2) En principe, l'autorité est libre d'accorder ou

preneur veut construire sur la Sprée un élévateur qui fera saillie sur la rivière, par suite, sur le « terrain fiscal » ; en conséquence, l'autorité qui représente le « Fisc fluvial » devra donner son consentement ; car l'autorité de police fluviale n'examine l'affaire qu'au point de vue de l'intérêt de la police fluviale ; mais la concession dont s'agit doit créer, en même temps, des droits contre le propriétaire. — De même, O. V. G. 29 déc. 1883 : Pour fixer dans le sol de la rue les rails d'un tramway, il faut, outre la permission de l'autorité de police, le consentement de la ville en tant que propriétaire. — O. V. G. 4 mai 1886 (Samml., VII, p. 218) : Poser des rails dans une route de district a pour condition une entente avec le propriétaire.

Dans ces décisions, on part régulièrement (d'une manière très claire surtout dans O. V. G. 29 déc. 1883) de l'idée que le consentement du propriétaire est un acte d'aliénation du droit civil, auquel l'autorité de police ajoute la permission du droit public. C'est encore un effet posthume de l'ancienne doctrine du Fisc. La propriété publique de nos jours n'est pas aliénable dans les formes du droit civil, et il n'y a pas lieu d'en faire un partage entre une propriété civile, d'une part, et son administration par la police, de l'autre. Il s'agit d'un acte unique de concession, lequel ne peut être fait que par le concours des deux sortes d'autorités auxquelles est confié le soin des rues publiques.

de refuser la concession (5). Il faut des prescriptions spéciales pour qu'elle soit liée dans un sens ou dans l'autre. Il y a principalement deux formes dans lesquelles son action se trouve dirigée.

L'une de ces formes est représentée par la concession de *prise d'eau* sur les rivières publiques. Il s'agit ici de certains usages qui s'emparent de la masse même de l'eau courante au profit du concessionnaire, au moyen de barrages et de dérivations. Ces usages ont ceci de particulier, que le concessionnaire, par l'installation projetée, sera placé au milieu des droits de jouissance déjà existants auxquels il pourra porter préjudice. Dès lors, pour éviter un conflit de droits possible, la loi prescrit une procédure formelle dans laquelle on pourra faire valoir les oppositions que provoquera la concession. L'observation, par l'autorité, de cette procédure est la condition de la validité de la concession. La décision sur les oppositions intervenues est jointe à la résolution sur la concession demandée ; de cette manière, ce dernier acte n'est plus libre ; il est lié juridiquement vis-à-vis des usagers déjà existants : la concession doit être refusée, quand elle serait contraire à leurs droits, à moins que l'autorité n'ait le pouvoir de restreindre ou de modifier, à cette occasion, ces droits, dans les limites, bien entendu, que lui auront tracées l'autorisation de la loi ou les réserves faites dans les concessions antérieures (6).

(5) V. G. H., 14 déc. 1888 (Samml., X, p. 295) : La concession du droit d'avoir un barrage sur un fleuve public est « une affaire discrétionnaire du gouvernement de l'Etat ».

(6) Loi Pruss. du 15 nov. 1811 § 1-9 ; loi du 28 février 1843 ; loi Bav. concernant les eaux du 28 mai 1852 art. 75, 77 : loi Bad. 25 août 1876 art. 73 ss. La procédure stricte, impliquant des décisions, fait ressortir si clairement la nature de droit public de l'institution, que, quelque tendance qu'on ait à les adopter, les explications tirées du droit civil doivent céder. C'est pour cela que la notion de la concession a

En sens inverse, l'autorité se trouve liée quand il s'agit de concessions sur une chose qui y est destinée, se faisant avec une certaine régularité et uniformité, à la manière de ce que nous avons appelé les *utilités constitutionnelles d'un service public* ; comp. le § 38, II, n. 1 ci-dessus. C'est le cas, par exemple, des *concessions de sépultures* : une certaine partie du cimetière communal sera réservée à cet effet ; on pourra y obtenir des lieux de sépulture avec droit propre, pour une certaine durée ou à perpétuité et à certaines conditions fixes. On procède d'une manière analogue pour concéder des bancs d'église. Il est convenu qu'aussi longtemps qu'il y aura de la place, on donnera ces concessions à qui remplira les conditions établies.

Ici la manière de procéder de l'autorité dirigeante a une certaine ressemblance avec la manière dont sont accordées certaines permissions d'usage, comme celles de places de marché ou de boutiques de foire, etc. L'uniformité à observer est peut-être, dans l'un et l'autre cas, seulement garantie par les mœurs et les coutumes ; ou bien, pour cela, des règles positives ont été établies, qui devront être considérées tantôt comme un programme de l'autorité dirigeante, tantôt comme une instruction qui la lie. Ces concessions pourront aussi être réglées par des prescriptions de la loi ; alors, celui qui remplit les conditions fixées aura un droit formel d'obtenir la concession, comme cela a lieu pour les permissions à accorder ; comp. le § 38, II n° 2 ci-dessus (7).

commencé à se fixer justement pour ces usages accordés sur les eaux publiques. *F. F. Mayer*, V. R. p. 255, ne traite, sous le titre « concession de droits d'usage permanents », que de ces cas.

(7) La gestion, par des actes régulièrement réitérés et qui ne revêtent aucune forme, jointe à la perception de taxes fixes, semble, pour ces sortes de concessions, faciliter l'admission de l'idée de conventions bilatérales de droit civil. Cependant, si, aujourd'hui encore, on emploie sou-

3) L'effet de la concession est de *créer un droit subjectif public*. Ce droit a pour objet la possession de la portion de la chose publique déterminée par la con-

vent ce moyen pour expliquer les choses, on avoue quelquefois que c'est seulement parce qu'on se sent incapable d'imaginer la création d'un droit subjectif spécial autrement que par un acte juridique du droit civil ; nous dirions : parce qu'on ne connaît pas l'acte juridique de droit public que présente la concession, et qu'on est encore tout à fait sous l'influence des idées du régime de la police ; comp. t. Ier p. 175 ss Ainsi, par exemple, en ce qui concerne les sépultures concédées, concessions de tombeaux, tombeaux de famille, *Meurer*, Heilige Sachen II, p. 34 et 39, p. 37. Il commence par distinguer très bien ces tombeaux des tombes ordinaires. Pour ces derniers, dit-il, la famille du défunt n'a pas de droit réel ; elle « n'a, en général, aucun rapport juridique direct avec la tombe ». Quant à savoir comment on pourra cependant lui accorder un certain usage à faire de la tombe, pour la décorer et l'entretenir, cela a été exposé au § 38 ci-dessus ; comp. par exemple, § 38 note 6. Le tombeau héréditaire ou de famille, au contraire, — qu'il appelle aussi « tombeau acheté » — est acquis par acte juridique comme servitude du droit civil ; la vente, le *contractus superficiarius*, le bail, sont les conventions qui interviennent. Pourquoi, demanderons-nous, faut-il que le droit sur le tombeau héréditaire dépende du droit civil, tandis que la tombe ordinaire devra être appréciée selon le droit public ? *Meurer* répond : « quant au caractère de droit public d'un droit de tombeau héréditaire, nous ne pourrions pas nous le représenter autrement qu'à la manière du droit d'usage sur les *res publicae in publico usu* », donc, comme il l'explique, à la manière de l'usage de tous. Mais évidemment cela ne serait pas conforme au contenu du droit, tel qu'il doit être. Dès lors, d'après *Meurer*, nous ne pouvons pas nous représenter du tout ce droit dans le caractère du droit public. Ne serait-il pas possible de s'habituer à cette manière de penser ? — Dans un sens analogue, en ce qui concerne les bancs d'église, R. G., 5 mai 1882 (*Reger* III. p. 216). Le tribunal commence par admettre la possibilité de droits d'usage particuliers sur les bancs d'église : « ces droits, on ne peut pas seulement se les imaginer comme des émanations de l'usage général et, par suite, comme pouvoirs de droit public ; ils pourront aussi bien reposer sur un titre d'acquisition du droit civil ». Donc, des droits d'usage qui n'émanent pas de l'usage de tous, on ne peut encore pas se les imaginer. Par conséquent, il faut les expliquer à la manière du droit civil, si l'on veut les protéger. — La nature juridique de l'acte de concession, même en ce qui concerne les lieux de sépulture, est, au contraire, clairement comprise dans C. C. I. Bav. 19 avril 1884 (Bl. f. adm. Pr. 1887, p. 193) : La concession des lieux de sépulture se fait chaque fois par « un acte d'autorité (*autoritären Act*) de la commune qui y est appelée en tant que corporation publique ». La commune agit ici comme investie de puissance publique. Celui qui, moyennant paiement des taxes, sera admis à l'usage de pareils services publics, n'acquiert, de cette manière, aucun droit ayant le caractère du droit privé. — *Schwab*, dans Arch. f. civ. Pr., 30, Beil. p. 117,

cession, en vue d'en faire usage conformément à la concession.

Ce droit existe sans distinguer s'il y avait ou non droit formel d'obtenir la concession ; l'acte administratif intervenu forme, dans l'un et dans l'autre cas, le fondement absolu du droit créé.

Ce droit écarte, comme la permission d'usage, l'application de toutes les défenses de police et pénalités qui s'opposeraient à un pareil usage ; la condition tacite du fait illicite cesse.

Mais ici, à l'opposé de la permission, on ne donne pas seulement libre cours à la liberté du permissionnaire en vue d'une activité *de fait* ; il est constitué un *pouvoir juridique* sur la chose qui, elle-même, n'est rien autre qu'une manifestation de l'administration publique (comp. § 35, II ci-dessus. p. 108). Ainsi, nous avons bien la notion du droit subjectif public, droit qui se manifeste dans l'obligation des autorités de maintenir ce droit et dans le pouvoir de l'individu

remarque très justement que les droits des particuliers sur les bancs d'église et sur les lieux de sépulture sont essentiellement de la même nature que les droits des meuniers sur le barrage dans un fleuve public. Il croit pouvoir expliquer l'un et l'autre droit par le droit romain. Le droit administratif romain, il est vrai, offre pour notre droit moderne plus de points de comparaisons qu'on ne se l'imaginerait ordinairement (comp. Arch. f. öff. R. III, p. 6 ss.). Mais quant à savoir si l'institution de notre acte de concession s'y trouve déjà aussi exactement développé, c'est là une question qui mériterait un examen plus sérieux.

Tandis qu'on est en pleine controverse sur la nature juridique de la concession et du droit qui en résulte, *J. Kohler* vient annoncer, dans Ztschr. f. deutsch. bürg. R. u. franz. Civ. R., XXXII, qu'il a fait une découverte. Il existe une servitude d'un caractère spécial, « à laquelle jusque là la science n'a pas encore pensé » C'est le droit qui appartient à l'usine à gaz d'avoir des tuyaux de conduite dans la voie publique. Ce droit représente, d'après Kohler, une servitude du droit civil ; il n'a réussi, il est vrai, à la ranger sous les prescriptions du Code civil allemand, que grâce à une sagacité extraordinaire. Mais il s'agit tout simplement ici de notre concession d'un droit d'usage spécial sur la chose publique. Voilà déjà longtemps que cela a été exposé et expliqué !

d'en disposer librement (comp. t. Ier, § 9, III ci-dessus, p. 146) (8).

Commençons par le droit de *disposer* ; il faut faire une distinction

La concession aura toujours pour objet exclusif la chose publique elle-même. Mais la concession comprend ordinairement aussi le droit d'opérer sur la chose certains changements et d'y faire des travaux d'installation. *Les choses* qui, de cette manière, seront *jointes* à la chose publique, sans s'y confondre complètement, alors même qu'elles seraient fixées dans le sol, enterrées et cimentées, restent la propriété du concessionnaire, et c'est une propriété du droit civil. Il n'y a pas de droit d'accession au profit de la chose publique ; conformément au principe général qui écarte l'application à ces choses de toutes les institutions du droit civil (comp. § 35, II ci-dessus, p. 108), les §§ 946 ss. du Code civil allemand ne seront pas applicables. Dès lors, les choses mobilières que le concessionnaire y a employées pour servir à son usage pourront être cédées librement selon les règles du droit civil.

Mais il en est ainsi pour le *droit d'usage* sur la

(8) Dans le sens que ce droit a le caractère de droit public, comp. Bl. f. adm. Pr. 1873, p. 75 ; eod. 1887, p. 193 (C. C. S. Bav. 19 avril 1884). Sur son caractère de droit réel, comp. R. G. 18 sept. 1882 (Samml., VIII, p. 200) : « le demandeur se trouve, sans contestation, en possession des lieux de sépulture, et ces lieux, c'est-à-dire une portion déterminée du cimetière entourée d'une grille, sont l'objet du droit concédé. Par là, existent les marques d'un droit réel ». Très clairement, V. G. H. 4 mai 1886 (Samml., VII, p. 231) : Etablir des rails dans une rue publique, cela ne peut pas se faire en vertu du droit de l'*usus publicus*, cela n'y est pas compris. Cela suppose, au contraire, la constitution d'une servitude qui devrait être une « servitude de droit public » (p. 233). Ce terme ne serait pas mal choisi ; il désigne assez bien l'effet de la concession ; seulement, nous avons besoin de cette expression pour désigner une autre institution qui en diffère tout à fait et pour laquelle ce mot est déjà entré dans les habitudes ; comp. § 40 ci-dessous.

chose publique *elle-même*. En tant qu'il n'y a pas de restrictions spéciales dans l'acte de concession, celle-ci est accordée au concessionnaire et à ses ayants-droit.

Des restrictions pareilles pourront être faites en ce sens que la concession est limitée à la personne du concessionnaire ou à ce dernier et aux membres de sa famille ou à ses héritiers ; c'est une question d'interprétation de volonté de l'acte de concession. L'acte administratif pourra contenir des restrictions de ce genre, ainsi que des termes ou des conditions ; seulement, elles ne sont pas sous-entendues.

La concession pourra aussi être donnée au concessionnaire en vue d'une entreprise déterminée qu'on a voulu favoriser : un canal d'usine à construire, des tuyaux d'une usine à gaz à poser. Dans ce cas, la concession n'a d'effet pour les ayants-droit qu'autant qu'ils remplissent en même temps la condition sous laquelle elle a eu lieu, c'est-à-dire qu'ils continuent l'entreprise pour laquelle la concession a été faite.

Au cas où on ne lui aura pas donné de détermination, la concession aura son effet pour les ayants-droit du concessionnaire purement et simplement. Mais cette *succession* est alors réglée, entre les intéressés, exclusivement par le *droit civil*. Toutes les sortes de transmission de droits, — succession universelle ou titre spécial, — s'appliquent au droit créé par la concession. Il n'y a pas, dans ces transmissions, manifestation de la puissance publique ; elles s'effectuent entre égaux selon le droit qui les régit ; mais les effets de l'acte juridique de puissance publique suivent la détermination, donnée par le droit civil, de la personne nouvellement légitimée.

4) Le trouble apporté à l'usage concédé pourra se présenter en même temps comme un trouble du bon ordre de la chose publique — et ainsi donner lieu à des

mesures de police de la chose publique ; c'est aussi ce que nous avons vu pour la permission d'usage ; cela peut se faire d'office ou sur la demande de la personne lésée. Mais ici le concessionnaire aura à sa disposition, pour obtenir la *protection de son droit*, des moyens d'un caractère beaucoup plus accentué.

La circonstance qu'il s'agit ici d'un droit subjectif public oblige le pouvoir exécutif, conformément à sa propre nature juridique, de le protéger et de le maintenir (comp. t. Ier, p. 97). Cette obligation incombe à chaque membre du pouvoir exécutif organisé, dans la mesure où il y sera appelé par sa compétence propre. Elle existe vis-à-vis du concessionnaire ; c'est lui qui pourra l'exiger et qui sera lésé dans son droit si la protection ne lui est pas accordée.

Cette protection comprend spécialement la déclaration d'autorité pour constater l'existence et l'étendue du droit, dans le cas où il y aurait *contestation*. Selon la nature de la contestation, nous distinguerons (9).

(9) Que cette protection soit due au concessionnaire, cela ne peut s'expliquer, dans l'opinion commune, qu'en appuyant, d'une façon quelconque, au droit civil, le droit créé par la concession. Les expressions « droit privé, propriété privée », avec leur double sens connu, servent à dissimuler la transition. Dans ce sens, V. G. H. 1er mars 1887 (Samml. VIII, p. 217) : le droit d'usage sur un cours d'eau, « quoiqu'il ait son origine dans un acte du droit public, — à savoir la concession accordée par la puissance publique, — prend la nature d'un droit privé entraînant légalement la même protection qu'un droit privé ». Comme si un droit subjectif public ne pouvait pas être protégé, vis-à-vis des tiers, de la même manière qu'un droit subjectif civil ! De même, O. Tr. 8 juillet 1869 (Str., 57, p. 240) : « Un pareil droit sur l'eau courante entre dans la propriété privée du concessionnaire ; ce dernier est autorisé à maintenir sa propriété contre tout le monde, au moyen d'une action réelle, soit contre l'auteur de la concession, si celui-ci porte atteinte à la propriété privée, soit contre un tiers ». Ici la « propriété privée », — qui naturellement n'est pas entendue dans le sens strict de propriété, les droits en question en différent fortement quant à leur contenu, — ne doit servir qu'à établir la compétence des tribunaux civils. Mais pour cela, un droit subjectif civil n'est nullement indispensable (comp. t. Ier, p. 276 ss.). En tout

Si la contestation existe entre le concessionnaire et l'administration même qui ne reconnaît pas ses prétentions, la décision, en règle, devra être cherchée dans l'organisation des autorités administratives, y compris les tribunaux administratifs ; les moyens pour la provoquer sont la *remontrance*, le *recours*, la *demande en nullité* sous ses différentes formes (comp. t. Ier, § 12, p. 194 ss.). S'agit-il d'une contestation entre différents concessionnaires sur les limites respectives de leurs droits d'usage, nous sommes dans les conditions d'une *affaire de parties de droit public* (comp. t. Ier, § 14, p. 235) (10).

Si, au contraire, un seul et même droit d'usage est réclamé par différentes personnes qui s'y prétendent autorisées, alors cette contestation dépendra, en première ligne, de l'appréciation d'actes de transmission du droit civil (comp. le n. 3 ci-dessus) ; il y aura une *affaire contentieuse civile*, bien que des questions incidentes de droit public doivent être décidées (comp. t. Ier § 16, III, p. 280). Il en sera de même quand le concessionnaire agira contre un tiers qui ne prétend avoir aucun droit d'usage, pour le faire condamner à cesser un trouble et à payer des dommages-intérêts. Cette demande est fondée sur le caractère de fait illicite du trouble ; l'existence du droit concédé n'est encore

cas, il est complètement faux d'identifier le rapport avec le maître de la chose publique qui a fait la concession, et le rapport avec n'importe quel tiers.

(10) S'agit-il d'une prise d'eau sur un fleuve public, les contestations de cette espèce se terminent, en règle, comme des incidents de la procédure d'instruction de la nouvelle concession demandée ; comp. la note 6 ci-dessus. — Sur la question de compétence au sujet des contestations qui pourront s'élever entre les possesseurs de bancs d'église, O. V. G. 10 déc. 1884 (*Reger*, V, p. 388) développe les propositions suivantes : Les cultes des sociétés religieuses publiques sont des parties de l'ordre public ; l'ordre des bancs d'église est une partie de l'ordre extérieur du culte ; il est donc soumis à la protection de la police, et l'autorité générale de la police d'ordre est appelée, au cas de contestation, à rétablir et à maintenir l'ordre entre les possesseurs en litige.

qu'une question préjudicielle ; la simple possession du droit pourra suffire. En tout cas, cela n'enlève pas au litige le caractère d'affaire contentieuse civile.

Par l'organisation spéciale de la protection des droits, les affaires de la première espèce pourront aussi être attribuées à la juridiction des tribunaux civils. Elles ne sont pas comprises d'elles-mêmes dans la notion plus étendue des contestations de droit civil, telle que cette notion est comprise chez nous (comp. t. Ier § 16, II, p. 276). En effet, l'ancien droit lui-même, qui survit, les avait considérées comme des affaires non pas de droit privé, mais « de police ».

5) La particularité du droit créé par la concession se manifeste surtout dans la manière dont ce droit s'éteint. Les causes d'extinction pourront résulter du contenu spécial de l'acte de concession : *terme* fixé à la concession ; charges spéciales imposées au concessionnaire et dont l'inobservation entraîne la *déchéance* (comp. le n. III, 1 ci-dessous). Il faut aussi y comprendre le cas où la concession n'a *pas été donnée valablement* par l'autorité compétente ou été *obtenue par surprise* : elle pourra alors être révoquée par l'autorité qui l'a consentie, ou par une autre autorité appelée à contrôler son acte. Nous aurons à appliquer ici les principes développés au t. II § 21, p. 80 : à la différence du cas où la concession a été délivrée en excès de pouvoir et où, par suite, elle est entachée d'une nullité absolue, ici elle existe, mais elle prendra fin par la révocation qui est toujours possible malgré le droit créé.

Il y a encore des causes d'extinction, d'une importance générale, qui auront leur effet sans être spécialement réservées et en vertu d'une *déclaration* faite librement d'un côté ou de l'autre.

De la part du concessionnaire, le droit pourra ainsi s'éteindre par la *renonciation* expresse. La renonciation annule le droit directement. Il n'y a pas besoin d'une acceptation ni d'une révocation de la concession, faite par l'autorité en vertu de la renonciation ; c'est ce qui fait la différence avec la renonciation à une permission de police (comp. t. II, § 21, note 23, p. 76). Cette efficacité de la renonciation fait apparaître la nature juridique de la concession. L'effet destructif est une manifestation du pouvoir du concessionnaire de disposer de son droit.

Par *mesure de l'autorité administrative*, le droit concédé pourra être supprimé ou restreint à la suite d'un changement dans la destination donnée à la chose publique.

La possibilité de faire ainsi disparaître le droit du concessionnaire n'est pas en contradiction avec la nature du droit subjectif. Le droit le plus ferme de tous, — la propriété immobilière elle-même, — doit céder devant l'intérêt public. Les mesures dont s'agit ici ont une certaine affinité avec l'expropriation. Comme celle-ci, elles donnent lieu à une indemnité d'équité, qui, en règle, est due à l'intéressé pour le sacrifice qui lui a été imposé. Mais les formes de l'expropriation ne sont pas applicables et ne sont pas nécessaires. Le fait que le droit est attaché à la chose publique le fait dépendre, en principe, pendant toute son existence, des intérêts publics qui dominent la chose. Les mesures administratives qui font disparaître le droit sont de deux sortes : la *révocation* et le *déclassement*.

La chose publique a toujours son but principal auquel elle sert ; le droit d'usage spécial ne pouvait être admis, par principe, qu'autant qu'il était compatible avec ce but. Si, plus tard, il y a contradiction, il faut que le droit constitué cède. Par suite, l'existence d'un pareil droit ne forme pas obstacle à des travaux qui seront faits à la chose dans l'intérêt public, en vue de conserver sa destination principale. Dans ces conditions, le concessionnaire doit même souffrir des travaux permanents restreignant l'exercice de son droit d'usage ou le rendant impossible. Son droit, en lui-même, reste intact ; son exercice reprend spontanément son étendue primitive, dès que la possibilité de fait lui sera donnée de l'exercer à nouveau. En règle, au cas de restriction ou de suppression complète de l'exercice du droit pour une durée qui n'est pas limitée d'avance, on préférera, afin d'éviter toute ambiguité, supprimer le droit lui-même par une *révocation* expresse. On fera de même dans le cas contraire, celui où des intérêts supérieurs auxquels la chose devra servir souffriraient par la continuation de l'exercice du droit.

Cette révocation est un acte administratif qui correspond à l'acte de concession. Sa base juridique est dans la condition tacite, contenue dans toute concession, d'être compatible avec le but principal de la chose publique. L'application principale se trouve pour les fleuves publics et pour les routes. Ici, tous les droits d'usage sont subordonnés à l'intérêt de la communication (11). D'autres exemples sont souvent fournis par les changements apportés dans l'arrangement des bancs d'église ; il arrive que des droits acquis doivent fléchir (12). Des droits d'usage de date

(11) Comp. sur ce point l'excellent exposé fait par *Schwab* dans Arch. f. civ. Pr. 30, Beil. p. 155 ss.

(12) R. G., 5 mai 1882 (Samml., VII, p. 130) appelle cela des « pouvoirs de la police d'église » — expression, qui nous semble n'être pas très heureuse. — On a aussi voulu expliquer la *révocabilité* en disant qu'il n'y aurait pas ici de droit réel sur une certaine place, mais seulement un droit d'exiger du maître de la chose publique l'assignation d'une place : O. Tr. 25 mai 1877 (Str., 99, p. 173) ; R. G., 9 nov. 1889 (Samml., 24, p. 174) ; *Mejer*, Kirch. R., p. 416 note 11. Mais cette manière de voir n'est exacte qu'en ce qui concerne les permissions d'usage garanties par la loi, telles que les places au marché, etc. (comp.

ancienne, reposant encore sur un titre, mais correspondant par leur contenu à ceux à créer aujourd'hui exclusivement par la voie de concession, seront traités, en ce qui concerne la révocabilité, comme des droits concédés (13).

Pour la révocation comme pour les troubles de fait légitimés par l'intérêt public, une *indemnité* est due en principe ; le montant en sera évalué d'après les circonstances. Le droit à indemnité repose encore sur cette institution générale du droit public dont il a déjà été question plusieurs fois (comp. t. IV, § 53 ci-dessous). Le droit à indemnité pourra être exclu si la concession, dès l'origine, n'a été donnée qu'en prévoyant ces possibilités et sous réserve. Telle est la véritable signification de la réserve de « libre révocation », qui, en vertu de la loi ou par une clause spéciale, est ajoutée à la concession. Que la révocation soit exigée par l'intérêt public de l'administration de la chose, c'est donc là un fait qui reste, malgré cette clause, la condition indispensable pour que la révocation soit valable (14).

§ 38, I n. 4 ci-dessus) ; elle ne l'est pas pour la concession. Dans cette dernière, l'assignation d'un autre banc d'église, etc., n'est autorisée qu'autant qu'il y a une nécessité évidente d'intérêt public ; mais cette condition remplie, il est permis de supprimer ce droit totalement. Le droit lui-même est incontestablement de nature réelle (comp. la note 8 ci-dessus) : un engagement d'obligation de faire éventuellement une concession à titre de remplacement, n'est pas créé par la concession à côté du droit réel ; il ne peut s'agir que d'une obligation d'indemnité, obligation naissant directement de la suppression du droit ; nous en parlerons tout à l'heure.

(13) Ainsi fut fait dans le cas des boutiques de boucher à Berlin, que nous avons relaté à la note 3 ci-dessus (O. Tr. 8 févr. 1856, St. 19 p. 336) : l'autorité directrice des rues a pu leur imposer des restrictions. De même, d'après C. C. H. 9 juin 1866 (J. Str. Bl. p. 222), la ville de Stettin, à laquelle un droit d'usage de date ancienne avait été reconnu sur une partie de l'Oder, a dû se soumettre à des restrictions de ce droit, imposées par la « police fluviale » pour rétablir la liberté de la voie navigable.

(14) Il y a des législations qui ne permettent pas de concéder des droits d'usage spéciaux sur les fleuves publics autrement qu'avec cette

Mais la continuation de l'existence de la chose publique elle-même dépend de considérations d'intérêt public. Il peut y avoir des changements qui entraînent son *déclassement* (comp. § 36, III ci-dessus, p. 175). Dans ce cas, le droit d'usage qui avait été créé s'éteint en même temps. Il perd son objet. En effet, un droit d'usage réglé par le droit public ne peut pas exister sur une chose soumise au commerce du droit civil. Seule une servitude du droit civil serait possible ; mais cela serait un droit d'une autre nature, auquel on n'a pas pensé lors de la concession. Nous ne voyons pas comment, à la suite du déclassement, la transformation dans ce droit pourrait s'opérer de plein droit. Tout au plus, pourrait-on procéder, à cette occasion, à la constitution d'un droit civil réel nouveau. Cela demanderait des déclarations de volonté nouvelles. Il y aurait, il est vrai, un motif à agir ainsi : ici encore, un sacrifice spécial est imposé par une mesure de l'administration publique, et une indemnité est due d'après les principes généraux ; la constitution d'une servitude du droit civil pourra, selon les circonstances, sembler propre à fournir cette indemnité. Mais, malgré tout, cette servitude ne naît pas de plein droit.

A titre d'exemples, on peut citer les déplacements de routes et les suppressions de cimetières qui

clause ; celle-ci, par conséquent, sera toujours censée ajoutée. Il en est ainsi en droit Français, en droit Badois, en droit Württembergeois. D'après le droit Bavarois et Prussien, au contraire, l'irrévocabilité serait la règle. Mais cela ne veut pas dire que le droit concédé ne devrait pas céder aux dispositions nouvelles qui seront faites dans l'intérêt public du fleuve ; cela implique seulement un droit à indemnité pour ce cas ; *Pözl*, Bayr. Wassergesetze, p. 71. La clause de libre révocation, qui écarterait ce droit à indemnité, pourra aussi adopter un moyen terme et fixer d'avance une somme à forfait qui devra être payée au cas de révocation ; *Pözl*, l. c., p. 72, note.

font disparaître directement les concessions existantes (15).

III. — Au droit du concessionnaire correspondent des *obligations* spéciales.

Il y a des obligations qui résultent naturellement de la possession d'une portion de la chose publique et des installations qui y ont été faites. Ces obligations sont communes à la concession et aux autres

(15) A cet égard, le déplacement a le même effet que le déclassement, si la chose publique, tout en conservant en général sa nature juridique, devient une chose publique d'une autre espèce qui n'admet pas de pareilles concessions. Un exemple dans O. Tr. 4 janv. 1867 (Str. 67 p. 13) : A l'occasion de l'élargissement d'une église, un tombeau héréditaire y est englobé. La demande en reconnaissance du droit et en restitution est rejetée, mais une indemnité est allouée. — Il n'en est pas de même dans l'espèce de R. G. 19 nov. 1889 (Samml., 24 p. 174) : L'église, détruite par un incendie, avait été reconstruite. L'ancien possesseur d'un banc d'église demande à être réintégré dans les sièges qui lui sont dus. On ne lui alloue qu'une indemnité, parce que l'autorité ecclésiastique avait, « par une mesure de police d'église, que le tribunal n'a pas à contrôler », disposé d'autorité de ces sièges. Le tribunal part de cette idée, que le droit du possesseur du banc n'a pas péri par l'incendie, attendu qu'il est de nature obligatoire ; c'est un droit d'exiger de la communauté religieuse l'attribution d'un siège. C'est la manière de voir, touchant les effets de la concession, dont la fausseté a été démontrée à la note 12 ci-dessus. La concession, à la vérité, n'avait créé qu'un droit réel. Ce droit n'a pas péri par l'incendie ; l'église elle-même ayant été reconstruite immédiatement n'a jamais cessé d'être une chose publique ; la présomption d'un déclassement tacite est écartée (comp. § 36 note 29 ci-dessus, p. 177). L'ancien possesseur d'un banc d'église ne peut pas exercer son droit, tant que la reconstruction n'est pas faite ; mais il ne peut pas non plus exiger la reconstruction de l'église pour obtenir à nouveau son banc, et faire valoir ainsi la prétendue obligation. Si l'église est reconstruite telle qu'elle était auparavant, il retrouvera simplement son banc ; tout rentre dans l'ancien droit. Mais il est peu probable que les choses se passeront ainsi. A la reconstruction de l'édifice se joindra plutôt un nouvel arrangement des bancs d'église. Alors un équivalent pourra être offert à l'ancien titulaire : le changement fera périr l'ancien droit en créant simultanément un droit nouveau ; il n'est pas dû d'indemnité, puisqu'il n'y a pas de dommage ; le changement en lui-même doit être supporté par l'ancien possesseur dans l'intérêt public. S'il n'est pas offert d'équivalent, le droit périt purement et simplement, et périt à ce moment même par l'effet du nouvel arrangement des bancs d'église ; l'obligation d'indemniser naît de la révocation ; comp. sur ce point la note 12 ci-dessus.

formes d'usage établi sur une chose publique : usage de tous et permission spéciale. En effet, la *police de la chose publique*, dans cette situation, obtient, sur le concessionnaire, les pouvoirs nécessaires, à l'effet de combattre, selon ses compétences générales, par des commandements et des contraintes, tous les troubles qui pourraient résulter de l'entreprise pour le bon état et l'utilité de la chose. La police trouve une limite spéciale de sa puissance dans le droit subjectif lui-même ; elle ne peut pas l'écarter par le motif que, par son existence et par son exercice, il apporterait du trouble ; seul, le trouble occasionné par la manière spéciale d'exercer le droit donne lieu aux mesures de police (16). Aussi ces mesures n'entraînent-elles pas d'indemnité au profit du concessionnaire. Mais, au contraire, s'il faut toucher à l'existence du droit lui-même, alors cela ne pourra se faire qu'au moyen d'une révocation avec ses conditions et ses conséquences particulières.

Il y a aussi, pour le concessionnaire, des obligations spécialement imposées.

1) L'acte de concession pourra expressément imposer au concessionnaire certaines *charges* concernant la nature des installations à faire et la manière de s'en servir. Il sera contraint à l'accomplissement de ces charges par la voie administrative. Ces charges seront, en même temps, des conditions

(16) De pareilles restrictions de la liberté et de la propriété du concessionnaire, imposées au point de vue de la police, pourront encore avoir leur effet quand le droit aura pris fin. L'ancien concessionnaire d'un barrage par exemple, ne doit naturellement pas faire disparaître comme bon lui semble, les travaux et installations qu'il avait faits sur le fleuve, sans tenir compte des dommages qui pourraient en résulter. C'est à ces restrictions d'un caractère de police, que se réduit tout ce qu'on voudrait désigner sous le nom de droit d'accession au profit d'une chose publique. *Schwab*, dans Archiv. f. civ. Pr., 30, Beil., p. 909 ss. ; *Meurer*, Heilige Sachen, II p. 36 ss.

de la concession. L'inaccomplissement n'entraîne pas l'extinction du droit, de lui-même ; il donne à l'autorité le pouvoir de déclarer le concessionnaire *déchu* et de prononcer, en conséquence, la révocation de la concession. L'accomplissement des charges spécialement prévues est donc la condition sous laquelle l'autorité est liée par la concession accordée (17).

2) Nous trouvons encore ici, comme effet de l'acte de concession, l'obligation de payer une *taxe*. A la différence de ce qui se passe pour l'usage de tous et, en règle aussi, pour l'usage spécialement permis, la concession fixe le paiement — qui forme l'équivalent

(17) Les charges spéciales attachées à la concession ont, d'après leur nature juridique, une certaine affinité avec les charges qui pourront accompagner une permission de police. Comp. t. II, § 21 II, n. 3, p. 69. Leur effet répond entièrement à ce que nous avons dit sur ce sujet. Mais il ne faut pas oublier que l'autorité ici a, pour déterminer le contenu de la charge, une latitude bien plus grande. Tandis que, pour la permission de police, la charge doit avoir seulement pour but d'empêcher des troubles qui pourraient résulter de l'entreprise permise, et n'est pas valable quand elle excède cette limite, on peut imposer au concessionnaire des charges à volonté, notamment pour garantir et augmenter le bon état et le bon fonctionnement de la chose publique ; tout devient valable par la soumission librement consentie du concessionnaire. En fait, ces « conditions de la concession seront réglées d'avance d'une manière uniforme ; et là, où il y a un droit d'exiger la concession, il est même nécessaire que cela ait lieu ; sans quoi, l'égalité du droit pour tous pourrait devenir illusoire. Dans la théorie de la permission de police, il nous a fallu faire une distinction entre les charges imposées en vertu d'une autorisation spéciale de la loi et celles que l'autorité impose seulement en vertu de sa libre appréciation de permettre ou de refuser ; les premières seules créent, en même temps, des obligations positives à la charge du permissionnaire, susceptibles d'être exécutées par la contrainte directe ; comp. t. II, § 21 p. 71 ss. Ici, au contraire, toutes les charges auxquelles le concessionnaire se sera soumis par l'acceptation de la concession sont pour lui, en même temps, des obligations, sans qu'il y ait besoin d'un fondement légal ; la contrainte directe est la règle, et la déclaration de déchéance n'est placée qu'en seconde ligne, comme moyen extrême. La différence provient de ce que, ici, il ne s'agit pas d'exercer le pouvoir de police avec ses limites naturelles non susceptibles d'être élargies, même par soumission volontaire (t. II, § 21 note 19, p. 73) ; il s'agit d'une prestation libre avec fixation libre de l'équivalent.

de l'avantage accordé dans le cas individuel — au moyen d'une imposition faite spécialement. Elle seule, en effet, présente toujours cet acte individuel, susceptible de créer des obligations de ce genre. Il convient aussi matériellement à la concession, que l'obligation de payer soit ainsi adaptée au cas individuel; car la nature et l'extension du droit concédé, dont l'obligation de payer doit être l'équivalent, se déterminent de même, individuellement, pour chaque cas, d'après le contenu de l'acte de concession (18).

Lorsque, sur des choses publiques, des concessions sont données avec une certaine régularité, comme dans le négoce, il pourra aussi y avoir des *tarifs* fixes. Mais ces tarifs, à la différence de ce qui a lieu pour l'usage spécialement permis et pour les utilités des services publics en général, n'ont pas leur effet directement et par le seul fait de l'usage obtenu (comp. § 38, III ci-dessus). Ils supposent l'acte administratif spécial qui en formera le contenu exprès ou tacite ; cela ressemble aux règlements de traitement des fonctionnaires (*Gehalts regulative*), qui ont leur effet pour l'acte de nomination et au moyen de cet acte (comp. t. IV, § 46, I n. 1 ci-dessous).

Les charges spéciales, ainsi que l'obligation de payer la taxe, sont des restrictions de la liberté. Elles sont cependant imposées ici sans fondement légal : c'est encore la soumission volontaire de l'imposé qui remplace l'autorisation de la loi, qui autrement serait nécessaire.

Les actes de concession ne deviennent pas, pour cela, des conventions, pas plus que dans le cas où

(18) *Schwab*, dans Arch. f. civ. Pr. 30, Beil., p. 103, a eu en vue cette particularité que présente la taxe d'être fixée pour le cas individuel, quand il parle de la « concession contre paiement d'une rétribution stipulée (redevance des moulins) ».

ces actes accordent, sans imposition quelconque, purement et simplement, la concession demandée (comp. t. Ier, § 11, note 3, p. 176 ; § 8 note 8, p. 127).

L'acte de concession a son effet au profit des ayants droit du concessionnaire (comp. II n. 3 ci-dessus) ; de même, les charges et les obligations de payer qui se renouvellent à termes fixes deviennent obligatoires pour ces derniers. Ces ayants droit se soumettent à ces effets de l'acte administratif par le fait qu'ils entrent volontairement dans le rapport spécial pour lequel l'acte est émis ; ils en sont saisis, pour en supporter la charge, comme pour en tirer le profit. Il n'y a pas là une particularité de la concession ; on trouve des analogies dans d'autres rapports : comp. t. Ier § 8, III, p. 128 ; t. II, § 21, note 20, p. 74.

§ 40

La servitude de droit public.

A la différence du groupe d'institutions dont nous nous sommes occupé aux §§ 37, 38 et 39 et dans lesquelles il s'agissait d'un certain pouvoir à exercer par le sujet sur les choses de l'Etat ou de la commune dans les formes du droit public, nous retrouvons maintenant la puissance publique saisissant, de son côté, la propriété des particuliers.

Les institutions dans lesquelles cela a lieu se distinguent de l'expropriation et du domaine public, en ce qu'elles laissent subsister la propriété du particulier sur la chose saisie, et ne font que refouler ce droit à certains points de vue.

Il y a, selon la manière dont ce refoulement se produit, deux formes principales distinctes.

Il se peut que la propriété d'immeubles déterminés subisse une diminution de droit, par la création, sur eux, d'un pouvoir juridique partiel de l'Etat, ayant la nature du droit public. Dans cette forme, nous voyons apparaître la *servitude de droit public* (§ 40).

Il se peut que les immeubles soient exposés à supporter par l'activité de l'administration, des atteintes et des troubles de fait, contre lesquels ils se trouvent juridiquement désarmés ; cela a lieu sans qu'il y ait eu un fait juridique spécial qui leur aurait communiqué ce caractère, en vertu de cette seule circonstance que ces atteintes émanent de l'administration publique. Nous reconnaissons, dans cet état d'infériorité juridique, l'institution des *restrictions apportées à la propriété pour cause d'utilité publique* (§ 41).

Si, d'une manière générale, il est permis de parler, dans la sphère du droit public, de droits subjectifs de l'Etat, on trouvera l'idée de ce droit plus fortement exprimée dans le premier cas que dans le second. Dans cette seconde hypothèse, on agit, sans doute, légitimement à l'encontre du particulier ; mais le fondement de cette action est, non pas un droit spécialement acquis, mais la nature de supériorité inhérente à l'Etat et à son administration publique et la puissance irrésistible de celle-ci à l'encontre de la vie individuelle (1).

I. — La *servitude de droit public* tire son caractère juridique de l'affinité qu'elle présente avec l'institution du droit civil dont elle porte le nom. Ce nom indique les qualités par lesquelles elle se distingue de toutes les autres charges dépendant du droit public, qui pourront encore s'attacher à la possession d'un immeuble.

La servitude du droit public se présente, comme celle du droit civil, sous la forme d'un pouvoir juridique restreint agissant directement sur la chose. Elle est essentiellement de nature *réelle*. Si des obligations personnelles et des restrictions de la liberté

(1) Comp. ce que nous avons exposé au sujet des droits subjectifs publics au t. Ier § 9, p. 140 ss. Le droit subjectif de l'Etat, cela ne signifie qu'une manière d'agir sur l'individu, — manière d'agir qui est relativement plus déterminée d'avance ; cela n'entraîne pas nécessairement une différence dans la force juridique.

en résultent pour le propriétaire actuel, elles ne sont jamais que les conséquences du rapport fondamental. Pour des ordres de police, pour des impositions de contributions, ainsi que pour d'autres charges personnelles, la possession d'un immeuble pourra également jouer un rôle, en tant que motif et en tant qu'indice par lequel la règle de droit — peut-être même un acte administratif — désigne le redevable. En tout cas, ici, l'obligation personnelle sera le but et l'intérêt principal. La servitude du droit public, au contraire, saisit l'immeuble, c'est seulement par l'immeuble que le possesseur est touché ; dès lors, ce dernier l'est seulement dans la mesure où il pourra être touché par le pouvoir établi au profit d'un tiers sur son immeuble. C'est là ce qui fait la nature de servitude de notre institution. Du moins, cela suffit pour justifier son nom.

Du reste, cette servitude du droit public est une chose tout autre que la servitude du droit civil. Cela apparaît tout de suite, lorsque nous nous demandons : au profit de qui l'immeuble est-il ainsi grevé ? A cette question, le droit civil a deux réponses : ou bien l'assujettissement existe au profit d'un immeuble déterminé (servitude prédiale ou réelle), ou bien il existe au profit d'une personne déterminée (servitude personnelle). Aucune de ces réponses ne peut s'appliquer à notre servitude de droit public.

Un *praedium dominans* sera souvent très difficile à définir ; en tout cas, la servitude n'est jamais liée purement et simplement à l'immeuble dominant ; elle n'existe jamais qu'aussi longtemps et dans la mesure où cet immeuble sert à une entreprise publique déterminée : par exemple, comme fortification, comme chaussée, comme rivière navigable, etc. Encore moins peut-on invoquer — comme on se plait à le faire — le modèle de la servitude personnelle. La personne à laquelle la servitude serait due devrait être l'Etat. Mais l'Etat n'est pas autorisé, comme le maître d'une servitude de droit civil, à se servir de la servitude, dans les limites de son droit, en vue d'un but matériel quelconque ; il le peut seulement dans l'intérêt d'une entreprise publique déterminée et dans la mesure où cette dernière aura besoin de la servitude. Par conséquent, il n'est pas le seul auquel cette servitude puisse appartenir ; à sa place, pourra figurer tout autre sujet capable de gérer une entreprise publique de ce genre et s'en occupant d'une manière légitime : des corps d'administration propre, ainsi que des entrepreneurs concessionnaires, ont droit aux servitudes qui correspondent à leur portion d'administration publique.

Le droit a donc toujours pour centre une *entreprise publique* déterminée, et il appartient au *chef de cette entreprise*. La servitude de droit public est un *pouvoir juridique partiel constitué sur un immeuble au profit d'une entreprise publique.*

Par conséquent, c'est aussi d'après cette entreprise que se détermine le contenu de la charge dont l'immeuble est grevé. Son possesseur aura déjà, d'avance, certaines obligations vis-à-vis d'une pareille entreprise : qu'il ne la trouble pas en dépassant la latitude laissée à la liberté de la vie individuelle dans la société civile, c'est ce que l'on exige déjà de lui par le devoir de police générale (comp. t. II, § 19, I, n. 3, p. 24). La servitude de droit public assujettit, en outre, son immeuble de telle sorte qu'il ne puisse pas s'en servir même pour des choses qui, d'ailleurs, seraient comprises dans la liberté conformée à la police, et de telle manière qu'il soit astreint à prêter des utilités que la police ne pourrait pas exiger.

L'assujettissement ne trouve pas ici une limite naturelle dans la seule obligation de *ne pas troubler* ;

cette limite se trouve dans les *besoins* positifs de l'entreprise publique à laquelle sert cet assujettissement (2).

Examinons maintenant les différents cas de servitude de droit public qui répondent à cette conception : il faut en distinguer *deux espèces* de nature très différente.

En effet, le pouvoir juridique partiel, constitué sur

(2) La distinction entre l'ordre de police et la servitude publique est importante en ce sens qu'une mesure sera comprise dans les autorisations générales que nous connaissons, lorsqu'elle pourra être considérée comme une mesure de police, et qu'elle ne le sera pas quand elle représentera l'imposition d'une servitude. Comp. Bl. f. adm. Pr., 1876, p. 10 et 11 ; O. L. G. München, 19 oct. 1886 (*Reger*, VII, p. 266). Il s'agit, dans l'arrêt cité, de prescriptions de police ordonnant de ne pas labourer avec la charrue jusqu'à la route publique, de couper les arbres forestiers le long de cette route, et de ne pas ouvrir des carrières dans son voisinage. Toutes ces prescriptions, d'après la charte, IV, § 8, et d'après la loi d'expropr. du 7 nov. 1837 ne seraient pas admissibles, s'il s'agissait d'assujettir les immeubles à une servitude. Mais on considère qu'il s'agit non pas d'une servitude, mais d'une mesure de police qui, comme telle, est valable. Le tribunal, il est vrai, attache trop d'importance à la circonstance qu'on n'exige ici qu'un *ne pas faire* ; on n'a posé que certaines limites à l'usage libre de la propriété. Cela pourrait aussi très bien s'appliquer à une véritable servitude. Exemple : les servitudes militaires. Ce qui est décisif, c'est qu'ici on ne vise jamais que la défense contre une atteinte qui pourrait être portée au bon état de la route en la touchant avec la charrue, en projetant sur elle de l'ombre ou en lui enlevant un appui ; c'est ce qui donne à la mesure le caractère de police et ce qui la distingue de l'imposition d'une servitude. En ce sens, c'est avec raison que l'on dit de pareilles prescriptions, dans Bl. f. adm. Pr., l. c., p. 17 ; qu'on maintient seulement par là « le pouvoir de police sur le régime des routes ».

La distinction pourra avoir de l'importance encore à un autre point de vue. Des défenses n'ayant pour but que de repousser et d'empêcher des troubles contraires à la police qui pourraient provenir de l'immeuble n'entraînent évidemment, pour le propriétaire, aucun droit à indemnité. C'est l'immeuble qui, pour ainsi dire, en est lui-même la cause. Au contraire, l'assujettissement d'un immeuble à une servitude au profit d'une entreprise publique est bien propre à être considéré comme un sacrifice spécial exigeant une compensation. La question a été surtout discutée à l'occasion des alignements et des défenses de construire qui s'y joignent : O. Tr. 23 avril 1863 (Str. 51, p. 33) ; Bl. f. adm. Pr., 1870, p. 348. Comp. aussi les notes 5 et 14 ci-dessous.

la chose pour l'entreprise publique, pourra être construit absolument de la même manière que l'est, dans la propriété de droit public, le pouvoir juridique général : un droit réel, appartenant sur la chose à un sujet d'administration publique qui la possède en vertu de ce droit, sert à ce dernier qui l'emploie directement à l'accomplissement d'un certain but public. L'immeuble devient ainsi une chose publique, et ce droit lui-même sera classé dans le système du droit public. S'agit-il d'une propriété, elle deviendra une propriété publique ou de droit public ; s'agit-il d'une servitude, elle devient une servitude publique ou de droit public. Pour indiquer cet ensemble d'idées, nous emploierons, pour cette espèce de servitude, l'expression de *servitude de la chose publique* (3).

Cette forme d'établir une chose publique n'a pas lieu pour toutes les choses publiques. Les choses publiques naturelles : fleuves, lacs, rivages de la mer, se trouvent appropriées à l'Etat, une fois pour toutes, d'une manière complète, de telle façon qu'il n'y reste pas de propriété privée pouvant être assujettie. Pour toutes les autres choses publiques, on pourrait bien les imaginer comme construites dans la forme d'une servitude publique, même pour des fortifications, des cimetières, des parties de canaux navigables. Mais cette forme trouvera toujours son application principale dans les chemins publics et dans ce qui en dépend, ainsi que dans les ponts, places, maisons de

(3) Comp. la théorie correspondante de la propriété publique au § 35, III n. 2 ci-dessus, p. 118. Pour la servitude publique d'un chemin, qui rentre dans cette catégorie, on trouve une définition singulière dans Bl. f. adm. Pr., 1870, p. 327 : « L'Etat (ou la commune) pourra aussi avoir une servitude pour le droit de passage de tout le monde qu'il représente ». De cette manière, on pourrait bien concilier la théorie qui fait du public le véritable maître de la chose publique (comp. § 35, note 6 ci-dessus, p. 91), et l'opinion moderne, d'après laquelle c'est l'Etat ; mais à quel prix !

passage (*Durchhäuser*). De même, les égouts et tous les canaux publics destinés à faire écouler des eaux en fournissent des exemples (4).

En face de ces servitudes de la chose publique se place une autre espèce de servitude : l'assujettissement de la chose s'opère immédiatement dans les formes d'une atteinte portée à la propriété au nom de l'administration publique ; la servitude de droit

(4) Des exemples de servitudes publiques de passage dans la note précédente et la note 6 ci-dessous. Une servitude publique de passage sur la cour d'un immeuble privé est rapportée dans O. G. H. Bav. 9 nov. 1868 (Bl. f. adm. Pr., 1870, p. 391). — L'égout public qui, à Hambourg, passe sous une maison privée, est désigné, dans R. G., 10 janv. 1883 (Samml. VIII, p. 152), de « droit public restreignant la propriété privée à la manière d'une servitude ». V. G. H. Württemb. 5 mai 1880 (Württemb. Arch. f. R., t. 22, p. 221) mentionne un égout public sous une maison privée, et appartenant à la ville en vertu d'une « servitude de droit public ». — Si la servitude appartient à la ville ou à l'Etat, est exercée par eux dans l'intérêt d'un service public, mais ne s'empare pas assez complètement de l'immeuble assujetti pour lui conférer le caractère de chose publique, la servitude gardera son caractère de droit civil. V. G. H., 15 déc. 1885 (Samml., VI, p. 241) parle d'une servitude qui a été constituée, au profit d'une conduite d'eau communale, pour des sources se trouvant sur le territoire d'une commune voisine, afin d'en empêcher toute altération propre à compromettre le bon état de l'entreprise ; une pareille servitude, d'après les expressions du tribunal, « serait admissible dans la sphère du droit civil en tant que servitude réelle négative ». Cela veut dire qu'ici cela représente une servitude de droit public. Mais il nous semble que, dans des cas pareils, il manque tout ce qui caractérise la servitude du droit public, l'exclusion du droit civil d'abord et la protection spéciale par la police ensuite. La question est, tout au moins, douteuse. Dans l'affirmative, il faudra constater et développer ici un type spécial de servitude publique. — Nous refuserons également de reconnaître comme servitude publique celle dont il est question dans R. G., 6 oct. 1885 (Samml., XIV, p. 214) : la commune a une servitude sur la colline dite *Schlossberg*, pour que le public puisse visiter les ruines et le parc qui les entoure avec les sentiers et le chemin carrossable. Il s'agit là d'un agrément que la commune procure aux citoyens, mais qui ne présente pas un intérêt public assez sérieux et assez urgent pour donner à la ruine et à ses accessoires la nature de chose publique. Il en est de même des musées publics et des bibliothèques publiques. Si la commune en était propriétaire, la ruine avec ses accessoires n'appartiendrait pas au domaine public ; comme elle n'a qu'une servitude, cette servitude reste une servitude personnelle ordinaire, dépendant du droit civil. Comp. § 35, note 35 ci-dessus, p. 129.

public est créée sans l'intermédiaire d'une servitude de droit civil. Pour distinguer cette espèce, nous l'appellerons *servitude de droit public imposée.*

Son rayon d'application est formellement défini. En tant qu'atteinte apportée spontanément à la propriété privée, elle a besoin d'un fondement légal. Mais la loi définit très exactement quelles espèces de servitudes pourront être imposées ; il n'y a pas ici, comme dans la sphère de la police, des autorisations générales d'ordonner simplement ce qui semblera nécessaire. Par conséquent, il sera possible, en consultant la législation de chaque territoire, de faire une énumération complète de toutes les espèces existantes de servitudes publiques imposées. Les exemples les plus importants sont : les servitudes militaires d'après la loi d'Empire, les occupations temporaires et les extractions de matériaux, le chemin de halage, les zones protectrices des sources minérales et des cimetières, les défenses de construire et de réparer résultant des plans d'alignement (5).

(5) Le chemin de halage peut représenter un chemin public ordinaire ; dès lors, c'est une chose publique appartenant à l'État ou à la commune à titre de propriété publique ou de servitude publique de la première catégorie. Nous n'avons ici en vue que le chemin de halage imposé aux riverains par une règle de droit. Celui-ci est d'une nature juridique toute différente. Le riverain reste propriétaire de son immeuble ; il en a la possession et la jouissance ; il doit seulement souffrir, dans l'intérêt de la navigation, le passage à travers son immeuble des hommes et des animaux. Cela constitue, d'après Bl. f. adm. Pr. 1871 p. 35, « une servitude générale de droit public » ; ou, comme le dit O. G. H. Bav. 25 nov. 1878 (Samml., VII, p. 505) : « un droit de jouissance dépendant du droit public, une tolérance imposée au riverain ». Comp. sur cette distinction mon article dans Wörterb. II, p. 45. — Les défenses de construire, qui résultent de l'établissement d'un plan d'alignement, sont souvent considérées comme des ordres de police ; mais elles n'ont rien de ce qui constitue la police ; elles doivent simplement faciliter la création d'une rue future ; elles n'ont pas pour mission de combattre des troubles dirigés contre l'ordre existant. V. G. H. 9 nov. 1880 (Samml., II, p. 183) cherche à trouver un moyen terme ; il appelle ces défenses de construire « une prétendue servitude légale, reposant sur des motifs tirés de l'intérêt de la police ». Le mot de police sert

Il est facile de voir que la différence de principe, qui existe entre ces deux sortes de servitudes publiques devra se faire sentir dans tous les détails de l'institution que nous allons maintenant examiner.

Mais nous devons réserver l'exposé d'une troisième sorte de servitude publique, qui ne ressemble ni à l'un ni à l'autre, et qui appartient cependant, elle aussi, à l'idée générale qui les inspire. Il s'agit d'un pouvoir partiel constitué sur un immeuble au profit d'une entreprise publique ; mais l'immeuble assujetti représente lui-même une chose publique, aussi bien que l'entreprise à laquelle il sert. L'exemple principal nous est donné par les lignes de chemins de fer et les routes ordinaires qui s'entrecroisent. Nous appellerons cela des *servitudes entre choses publiques*.

Cette institution, quoique d'une application relativement restreinte, est cependant d'un intérêt considérable au point de vue théorique et pratique. Dans la section III de ce §, nous en ferons une rapide étude.

II. — Nous devons d'abord exposer le développement de l'idée de servitude de droit public sous ses deux formes principales.

1) L'*origine* de la servitude se produit, pour chacune de ces deux espèces, de la manière qui lui est caractéristique.

Pour la servitude de la chose publique, le modèle c'est l'origine de la propriété publique. Dès lors, la servitude de droit public naît au moment où se trouvent réunies les deux conditions : affectation de la chose au service public et constitution d'un droit réel sur elle (comp. § 36, I, ci-dessus, p. 137). En ce qui

ici, selon l'ancien usage, à donner à cette servitude légale sa nature de droit public ; mais nous savons qu'elle peut avoir cette nature sans appartenir à la police.

concerne l'affectation ou la mise en fonction, il faut appliquer ici tout ce qui a été dit à cet égard, touchant la propriété publique. Il en est de même pour la constitution du droit réel, avec cette seule différence qu'il s'agit ici de servitude au lieu de propriété. Cette constitution, ici comme pour la propriété publique, peut se faire par titre du droit civil ou du droit public. Nous rencontrons des chemins publics installés sur des immeubles appartenant à des particuliers, en vertu d'une servitude concédée par convention du droit civil. Plus souvent encore, c'est la prescription acquisitive qui est invoquée. D'un autre côté, la servitude, selon les prescriptions des lois d'expropriation, pourra aussi être créée par voie d'expropriation pour cause d'utilité publique. Le pouvoir juridique partiel sur la chose qui en résulte est, absolument comme la propriété ainsi acquise, de nature à être jugé d'après le droit civil pour tous les rapports ultérieurs qui en résultent. L'expropriation crée donc directement une servitude de droit civil qui n'entre dans la sphère du droit public qu'au moyen de l'affectation. A cet égard, la constitution de la servitude par voie d'expropriation est tout à fait égale à la constitution par convention ou par prescription. Par suite, les deux éléments dont l'ensemble réalise notre institution pourront se présenter séparément, l'un après l'autre ; quand la constitution du droit apparaît d'abord seule, sans être encore accompagnée de l'affectation, il y a d'abord, au lieu d'une servitude publique, une servitude du droit civil (6).

(6) On cherche, de différentes manières, à donner une expression à l'ensemble de ces faits. *Luthardt*, dans Bl. f. adm. Pr., 1870, p. 372, donne la définition suivante : « Une servitude publique de passage est une servitude du droit civil pour un chemin public ». Il serait plus

Tout au contraire, la naissance de la servitude imposée se produit comme un fait unique, appartenant, par sa nature, au droit public. Comme nous l'avons dit, elle doit toujours avoir pour fondement une loi. Un acte administratif pourra la compléter. Il sera, pour la constitution de la servitude, d'une importance différente. Cela dépendra de la mesure dans laquelle la loi elle-même en aura déjà donné la détermination.

La loi — ou la règle de droit qui la remplace — pourra déterminer *entièrement* la servitude, de sorte qu'elle existera directement dans tous les cas où les faits présenteront les conditions fixées. C'est la règle pour les assujettissements permanents dont la loi, autant que possible, détermine également l'extension locale.

Un acte administratif pourra ici survenir pour déclarer expressément, dans le cas individuel, que la servitude existe ; cet acte aura le caractère d'une *décision* ; il se borne à appliquer la prescription légale à la situation donnée, et à déclarer l'effet qu'elle a déjà produit (7).

juste de dire : « une servitude constituée comme servitude du droit civil » ; car, par le fait qu'elle sert au chemin public, elle cesse d'appartenir au droit civil. — O. Tr. Stuttgart, 21 févr. 1872 (Seuff. Arch. XXVIII, n. 197), estime que le droit de servitude de passage doit être appelé une servitude de droit public, pour caractériser le sujet qui en profite ou le but auquel il est destiné, ou la manière dont le public s'en sert, déterminée par ces deux points ; mais en ce qui concerne le titre à l'encontre du propriétaire, il est du droit civil. Cela pourra aboutir au même résultat que celui que, grâce à notre conception plus ferme du droit public, nous croyons exprimer d'une manière plus claire et plus simple. Mais il est bien entendu que la servitude n'est à considérer comme étant du droit civil vis-à-vis du propriétaire, que quant à sa manière d'être créée (« en ce qui concerne son titre »), mais non pas quant à son état actuel ; nous refusons d'admettre une double face de la servitude, de droit public à l'extérieur, et de droit civil à l'intérieur, c'est-à-dire vis-à-vis du propriétaire.

(7) Les servitudes militaires n'auront leur effet que par la délimitation des zones et par le bornage (Loi d'Emp. du 21 déc. 1871, § 8). *G. Meyer*, V. R. II, p. 169 : « Le placement des pierres-bornes a le

La loi pourra aussi, tout en déterminant elle-même complètement la servitude, autoriser l'administration à accorder, dans le cas individuel, des exceptions à ses règles en restreignant ou en réduisant la servitude. Cela se fera par une *disposition*, acte de libre appréciation qui donnera sa forme définitive à la servitude : celle-ci était déjà née, mais dans la forme déterminée directement par la loi (8).

La loi pourra aussi laisser à l'acte administratif la faculté de faire naître la servitude dans le cas individuel, selon l'appréciation qui sera faite de l'intérêt public, et d'en fixer les dimensions. A la différence de ce qui se passe en matière de police, la loi n'abandonne ici jamais complètement à l'arbitraire de l'autorité les mesures à prendre, en lui donnant à cet effet des autorisations tout à fait générales. Elle détermine toujours la servitude, tout au moins dans une certaine mesure, en désignant la nature de l'entreprise au profit de laquelle elle pourra être imposée, ainsi que la nature de la charge qui pourra

caractère d'une disposition administrative ». Mais il est sans doute plus exact d'y voir non pas un acte administratif (ce que signifie la « disposition », *Verfügung*, dans la terminologie de *G. Meyer*), mais le simple fait de rendre visibles les limites des zones. L'effet se produit directement en vertu de la loi, mais à la condition que ces marques extérieures existent. C'est un rapport semblable à celui que nous avons relevé dans la sphère des prescriptions de police ; celles-ci, quelquefois aussi, ne produisent leur effet que moyennant une sommation, un poteau portant l'image d'un sabot d'enrayage, etc. ; comp. t. II, § 20, p. 47, note 12. Dans tout ceci, il n'y a pas de dispositions administratives, ni d'actes administratifs, ce sont des communications et notifications purement de fait. L'acte administratif, dans la servitude militaire, n'apparaît que dans l'établissement du plan et du cadastre des zones (Loi d'Emp. § 11) ; c'est à cet acte seulement que s'attachent les moyens de recours. Cet acte ne crée pas la servitude ; ce n'est pas une disposition ; c'est une décision, se bornant à déclarer ce qui, en vertu de la loi, la condition étant remplie, a été déjà créé.

(8) Ainsi pour la servitude militaire, loi d'Emp. § 23. De même, d'après le droit français, le chemin de halage pourra être rétréci au-dessous de la largeur légale par arrêté du préfet : Décret du 22 janv. 1808, art. 4.

être exigée. Dans les limites de cette latitude, l'autorité crée la servitude pour l'immeuble qu'elle aura choisi, au moyen de l'acte administratif, de la disposition. La servitude existe au moment de la notification de cet acte faite au propriétaire intéressé (9).

C'est seulement par une règle de droit frappant directement l'immeuble, ou par un acte administratif autorisé à cet effet, que la servitude de droit public imposée peut exister. C'est un pouvoir juridique sur un immeuble déterminé ; l'immeuble ne pourra être

(9) Le droit d'extraire des matériaux des immeubles qui en contiennent est appelé « restriction à la propriété » dans la loi d'expropr. Pruss. du 11 juin 1874, § 52. Le nom ne fait rien à l'affaire. Cette restriction sera imposée à l'immeuble par une « décision » de l'autorité administrative (§ 53). D'après *Eger*, Ges. über die Enteignung von Grundeigentum, II, p. 512 : « ce droit n'a pas besoin d'être concédé spécialement ; autrement dit, l'obligation n'a pas besoin d'être imposée spécialement... l'un et l'autre existent plutôt *ex lege* ». Il oppose cela à la procédure d'expropriation qui, commençant par la constatation du cas d'expropriation, fait apparaître comme un « droit d'exproprier » qui semble être « concédé » spécialement. Ici il n'y a pas de procédure pareille. Toutefois, il est impossible, ici aussi bien que dans l'expropriation, de faire abstraction de l'acte d'autorité qui frappe l'immeuble déterminé ; c'est seulement par cet acte que l'assujettissement existe. A son défaut, l'extraction des matériaux sera censée être faite illégalement et n'entraîne qu'une obligation de droit civil de payer des dommages-intérêts : R. G., 12 déc. 1883. Le prétendu « droit » existant *ex lege*, sur lequel *Eger* insiste avec tant d'énergie, n'est autre chose que la *possibilité* d'acquérir le droit d'extraire des matériaux moyennant un acte administratif qui sera accordé ou refusé selon la libre appréciation de l'autorité. Il ne nous paraît être d'aucune utilité d'appeler cela un *droit*. — Dans les mêmes formes que l'extraction des matériaux, la loi d'expr. Prusse, § 4, admet que l'on peut imposer à la propriété immobilière, au profit d'une entreprise publique, des « restrictions passagères ». On entend par là l'occupation temporaire pour y déposer des matériaux et y établir des chantiers pour la durée de la construction, etc. (*Eger*, Ges. über die Enteign., I, p. 57). La servitude est créée par un acte administratif visant l'immeuble déterminé et émanant du gouvernement du district (*Bezirksregierung*). Le droit de posséder et de faire usage est ici tellement absorbant que, tant qu'il existe, la propriété devient presque vaine. Par suite, cette atteinte ne se distingue de l'expropriation que par sa nature passagère. La loi d'expropr. Pruss. la restreint à trois ans. Le droit Français accorde au propriétaire, lorsque l'occupation excède une durée de cinq ans, le droit de demander une indemnité comme s'il y avait expropriation complète, la propriété étant alors transférée par convention : Theorie der Franz. V. R., p. 272.

saisi juridiquement que dans l'une de ces formes. Il faut admettre que la loi peut autoriser l'administration, d'une manière générale, à agir simplement par la voie de fait, pour accomplir sur l'immeuble ce qu'exige l'intérêt public ou ce que l'administration, même sans une loi, pourra être censée avoir le droit d'exiger (comp. § 41 ci-dessous). Mais ce ne sera pas notre institution ; il s'agira de l'une de ces restrictions à la propriété pour cause d'utilité publique qu'il convient d'en bien distinguer.

2) L'*effet* de la servitude de droit public consiste dans le maintien et dans l'exercice sur la chose du pouvoir juridique qui forme son contenu.

La servitude de la chose publique est exercée de la même manière que la propriété publique. L'administration a la *possession corporelle directe* ; elle s'y maintient et s'y défend par les moyens de la police propre aux choses publiques ; elle y constitue et accorde des droits d'usage au profit des particuliers, dans les formes connues (10). Il y a cette seule différence qu'ici, derrière la servitude de droit public, il y a la propriété privée ; par conséquent, la chose pourra, à cet égard encore, faire l'objet d'actes juridiques du droit civil ; comp. § 36, note 12, p. 156.

La servitude imposée a des effets beaucoup plus variés. En règle, la possession corporelle sera laissée au propriétaire. La servitude, dans les cas les plus importants, ne signifie pas autre chose qu'une *obligation de ne pas faire*, imposée tant au propriétaire qu'à toute autre personne ; elle se réalise par des défenses de construire, d'avoir des plantations, etc. Pour tous les détails, les formes juridiques de l'ordre

(10) Comp. § 36, II ci-dessus, p. 147, et, en ce qui concerne les droits d'usage, les §§ 37-39, p. 181 et s.

de police serviront de modèle. Spécialement, on appliquera la défense avec réserve de permission. De même, la contrainte de police fournira les formes pour combattre la contravention et ses conséquences : menace et application de peines, usage de la force et exécution par substitution, à l'effet d'écarter ce qui a été installé contrairement à la servitude. Malgré les apparences extérieures, cela, bien entendu, n'est pas de la police ; il y a un fondement légal propre et une nature juridique distincte (11).

Dans d'autres cas, la servitude imposée consiste à *souffrir* une certaine activité qui s'exercera, sur l'immeuble assujetti, dans l'intérêt d'une entreprise publique : extraction de matériaux pour la construction de chaussées, occupation temporaire pour y déposer des matériaux ou les travailler, traction des navires sur le fleuve. Ces activités elles-mêmes seront peut-être exercées par les agents d'un simple entrepreneur des travaux de construction de la route, par des ouvriers maçons ou charpentiers, ou par des ouvriers bateliers, qui n'agissent pas tous au nom de l'Etat, mais au profit de l'entreprise publique, de la

(11) Les servitudes militaires de la loi d'Emp. du 21 déc. 1871 offrent des exemples de formes très diverses de contrainte. Sur ce point, *Laband*, St. R. II, p. 828 (éd. franç., V, p. 566) : « L'obligation d'observer les restrictions reconnues par la loi sur les zones, se réalise non par la voie de la procédure civile, mais par des poursuites pénales et administratives ; en effet, ces restrictions, étant introduites non pas au profit du Fisc, mais au profit de l'Etat dans le sens « publicistique », c'est-à-dire agissant pour la réalisation de buts de droit public, sont également exécutées par les moyens de contrainte de la puissance publique qui lui sont reconnus pour les buts de l'administration ». De notre côté, nous n'aimerions pas désigner les buts poursuivis par l'Etat comme étant de droit public, ni comme étant de droit civil ; c'est seulement ce que l'Etat accomplit effectivement dans la réalisation de ces tâches qui pourra être caractérisé ainsi. — Dans l'ancien droit de la Prusse, on appelait communément les mesures destinées à maintenir les servitudes militaires des « dispositions de police » : C. C. H. 9 oct. 1869 (J. M. Bl. 1869, p. 250). Nous savons que la notion de police ne s'est rétrécie que peu à peu.

chaussée à construire, de la navigabilité du fleuve à maintenir ; il a fallu leur permettre d'exercer cette activité sur l'immeuble d'autrui. En leur assignant cet usage et en les protégeant contre les troubles et obstacles qui pourraient leur être opposés, l'Etat exerce son propre droit de servitude, créé sur l'immeuble par la loi ou par l'acte administratif. Cette protection s'exercera encore dans des formes qui s'accorderont avec celles du droit de la police. De plus, les personnes qui agissent auront elles-mêmes un droit direct à être protégées contre les violences et lésions qui pourraient à cette occasion, être dirigées contre elles afin d'empêcher leur activité, et cela en vertu des principes généraux du droit civil et du droit pénal. Il n'est pas nécessaire, pour cela, de construire un nouveau droit de servitude qui leur appartiendrait. Etant donné que le maître de la servitude les laisse faire pour exercer son droit, ils se trouvent, vis-à-vis du propriétaire, comme des tiers, dans l'exercice légitime de leur liberté ; cela suffit pour leur assurer cette protection.

Les deux espèces de servitudes, — celle de la chose publique de même que la servitude imposée, — pourront faire l'objet d'une *contestation de droit*. La situation naturelle des parties sera encore ici, comme pour la propriété privée, la suivante : le propriétaire dont l'immeuble doit être assujetti à cette charge aura le rôle de demandeur ; de son côté, l'administration a toujours la possibilité d'amener et de maintenir, par les moyens de droit et de contrainte qui sont à sa disposition, un état de choses qui réponde à ces prétentions.

Mais le fondement de cette demande sera différent pour chacune de ces deux espèces de servitudes.

Contre la servitude de la chose publique, le propriétaire *invoque la liberté de sa propriété*. Cette liberté pourra être restreinte par un titre de droit civil qui aurait constitué la servitude, ou, avec le même effet, par la voie de l'expropriation ; en tout cas, vis-à-vis de ces restrictions, il a pour elle la présomption de la liberté. Ce sera donc à l'administration à invoquer la servitude constituée et à en faire la preuve. La demande est simplement l'*actio negatoria* du droit civil, de même que la *rei vindicatio* est dirigée contre la propriété publique. Son succès complet sera aussi peut-être contrecarré par le maintien de la possession du droit public qui peut se faire sans titre (12).

La servitude imposée ne permet pas de distinguer ainsi des éléments de droit civil. L'assujettissement de la propriété à une servitude du droit civil ne forme pas ici un incident indépendant à l'égard de la manifestation de la puissance publique qui s'en empare. Le tout n'est jamais qu'une atteinte basée sur le droit public. La réclamation du propriétaire est dirigée contre la légitimité de cette atteinte ; c'est un *recours contre une mesure d'administration* ; la propriété ne sert qu'à donner au plaignant sa *legitimatio ad causam*. A défaut de prescriptions positives, le recours par la voie hiérarchique se présente ici comme le moyen naturel. Quant à savoir s'il y aura ici une voie judiciaire formelle, cela dépend de l'organisation de la protection du droit en matière administrative (13).

Enfin, un autre effet s'attachera peut-être à la servitude de droit public : celui qui en sera frappé a le droit d'exiger une *indemnité de droit public*. Cela correspond à l'obligation de payer une taxe, dont pourront être accompagnés les droits d'usage appartenant aux particuliers sur les choses publiques.

(12) Il faudrait dire ici la même chose que pour les contestations analogues dans la théorie de la propriété publique ; comp. § 36, II, n. 3 ci-dessus, Bl. f. adm. Pr. 1870, p. 327, 371, 391 ; eod., p. 167, 1873, p. 126 (Ob. G. H. Bav. 25 juin 1872).

(13) Comp. ce qui est dit sur ce point, par *Eger*, Ges. über d. Enteignung, I, p. 65 ss.

Mais là l'obligation de payer la taxe n'existait qu'en vertu d'une prescription spéciale — il n'est pas sous entendu, en effet, que l'individu doive payer un équivalent spécial pour les avantages spéciaux qu'il retire de la communauté ; — au contraire, le droit à indemnité pour la servitude à supporter et les dommages qui en résultent existe en vertu d'une règle générale. Encore ici, la grande institution de l'indemnité du droit public fournit cette règle. Nous en parlerons d'une manière plus complète au t. IV, §§ 53 et 54 ci-dessous. Nous nous contenterons pour le moment de faire une simple observation, et de dire comment se comportent, à cet égard, les différentes espèces de servitudes publiques.

En ce qui concerne la servitude de la chose publique, la question est très simple : elle se trouve avoir déjà sa solution par la manière dont a été constitué le droit de servitude civil. La convention et la prescription n'indemnisent pas ; l'expropriation indemnise dans ses formes particulières.

La servitude imposée fait naître un droit à indemnité toutes les fois qu'elle se présente comme le résultat de mesures individuelles et d'activités de l'administration publique ; nous trouvons là le « sacrifice spécial » que suppose notre institution.

Cette condition sera toujours remplie, quand l'assujettissement en question est créé par un acte administratif, par une *disposition* pour le cas individuel (14).

(14) Comp. les exemples dans la note 9 ci-dessus, p. — La question de principe se trouve discutée à l'occasion des défenses de construire dans O. Tr. 5 juillet 1866 (Str. 64 p. 184) et O. Tr. 23 avril 1863 (Str. 51 p. 33). Les défenses de construire qui résultent de la fixation de l'alignement, ne créent pas, par elles-mêmes, un droit à indemnité. Dans Bl. f. adm. Pr. 1870 p. 351, on justifie cela en disant que l'alignement serait une restriction *de police* et qu'on n'est pas indemnisé pour des mesures de police. La dernière proposition est exacte, mais la première est fausse :

Par contre, il n'est pas dû d'indemnité — à moins que la loi ne l'ordonne expressément — pour les servitudes constituées directement par une *règle de droit*. Cela ne doit pas être considéré comme un sacrifice spécial que l'intéressé devrait subir ; c'est une condition légale, moyennant laquelle la propriété est reconnue. Le fait que la servitude est déclarée et constatée par un acte administratif appliquant la règle, n'y change rien.

Mais il n'y aurait pas une charge résultant directement de la règle de droit, — au sens de l'indemnité, — si cette règle, dans le cas spécial, ne devenait applicable que moyennant des mesures d'administration, des travaux et des installations qui viendraient créer les situations auxquelles s'attache la règle, et qui la font agir sur l'immeuble. Le cas alors, en ce qui concerne l'indemnité, devra être considéré comme si la servitude n'avait été imposée que par un acte administratif.

L'indemnité, reposant sur un principe d'*équité*, ne doit tenir compte que du côté matériel des circonstances. La différence des formes juridiques dans lesquelles est créée la servitude, ne coïncide donc pas exactement avec la distinction à faire entre les cas où l'indemnité est due et ceux où elle ne l'est pas (15).

cette défense de construire ne peut pas être expliquée comme une mesure de police. S'il n'y a pas d'indemnité, la raison en est tout autre. C'est qu'il ne s'agit, dans cette défense, que d'une *mesure provisoire*, préparant l'acquisition future. C'est pour cette acquisition que l'indemnité aura lieu, soit par la fixation du prix d'achat, soit par l'évaluation de l'indemnité d'expropriation ; la question pourra aussi être résolue par la cession gratuite du terrain destiné à la construction de la rue, soit volontairement, soit en vertu d'une clause spéciale imposée aux riverains.

(15) La servitude du chemin de halage, imposée par la loi, ne fait pas naître de droit à indemnité ; mais si une rivière est rendue navigable, alors qu'elle ne l'était pas, et si la servitude s'étend sur de nouveaux immeubles, l'indemnité sera due; comp. mon art. dans Wörterb.

3) La servitude de droit public, quelque différentes que soient sa forme juridique et sa manière de prendre naissance, appartient, une fois née, entièrement au droit public. Elle n'est, par conséquent, pas soumise aux *causes d'extinction* que le droit civil établit pour les institutions correspondantes. Elle ne s'éteint pas par non usage, ni par convention, confusion (16) ou inobservation des formalités prescrites pour la conservation des servitudes du droit civil (17).

Les manières dont ces servitudes s'éteignent, diffèrent encore selon les deux espèces principales.

Pour la servitude de la chose publique, la seule cause qui doive être prise en considération est celle qui agit aussi pour la propriété publique : le *déclassement*. Tout ce que nous avons exposé à ce sujet, en traitant de la propriété publique, s'applique ici. Il

II, p. 45. — Les servitudes militaires sont traitées différemment en ce qui concerne l'indemnité ; comp. là-dessus *v. Kirchenheim* dans Wörterb., I, p. 391 : En principe, on devrait distinguer : ce qui se trouvait déjà dans la zone d'une fortification à l'époque de la promulgation d'une loi réglant la servitude, ne devrait pas être indemnisé, à moins que la loi ne l'ordonne expressément. Au contraire, ce qui tomberait dans la zone par la suite, par l'effet de constructions nouvelles, y aurait droit. Toutefois, d'ordinaire, la question est réglée sans faire cette distinction. La loi d'Emp. du 21 déc. 1871 indemnise d'une manière générale ; elle avait en vue des constructions nouvelles. Au contraire, du silence de la loi française visant essentiellement l'état de choses qui existait déjà, on a tiré la conséquence que, en général, il n'y a pas d'indemnité à accorder : *Ducrocq*, Droit adm., n. 297.

(16) Si l'Etat acquiert la propriété de l'immeuble qui est grevé à son profit d'une servitude publique de passage, il en résulte, il est vrai, une propriété de droit public ; ainsi on pourrait dire que la servitude s'est éteinte par confusion. Mais si l'Etat devient propriétaire de l'immeuble grevé de la servitude militaire, celle-ci subsiste : l'institution du droit public réagira aussi sur le Fisc (comp. t. Ier, p. 184). Si cet immeuble devient lui-même une chose publique (route, fortification), la servitude s'éteint pour revivre dès que l'immeuble cessera d'être chose publique ; comp. § 36, II, n. 2 ci-dessus, p. 152. En attendant, la servitude sera remplacée par des arrangements des autorités dirigeantes des deux choses publiques. Nous reviendrons sur ces questions délicates au n. III ci-dessous.

(17) Exemple à la note 19 du § 36 ci-dessus, p. 165.

n'y a de différence que dans ce qui reste, une fois le déclassement opéré ; là c'était une propriété civile de celui qui jusqu'alors était le maître de la chose publique ; ici il y aura une servitude du droit civil. Ce pourra n'être qu'une servitude personnelle appartenant à l'Etat ou à la commune sur l'immeuble qui jusque-là servait au chemin, à l'égout public, etc. Le contenu de cette servitude sera le même que celui que faisait valoir la servitude publique. Mais cette servitude est maintenant soumise aux règles du droit civil, notamment aux §§ 1090 ss. du Code civil allemand. On pourra en disposer et y renoncer par acte du droit civil ; la servitude s'éteindra par prescription, conformément aux règles du § 1028 du Code civil. Tant qu'elle existe, elle sera protégée par la justice civile comme toute autre servitude ; il n'y aura plus, pour elle, de police de la chose publique.

La servitude publique imposée pourra s'éteindre par un changement apporté à la loi dont elle a tiré son existence ; cela n'a rien de particulier. Mais là où la réalisation avait été abandonnée à un acte administratif à émettre avec une libre appréciation, — ce que nous appelons une disposition, — le *changement de cet acte*, que l'autorité sera libre de faire, sera une cause spéciale d'extinction de la servitude. L'immeuble assujetti sera libre ; peut-être un autre immeuble sera-t-il grevé en même temps, pour le remplacer.

Dans ce cas, il se pourra aussi que la servitude prenne fin par l'*expiration du délai* pour lequel elle avait été constituée. L'acte administratif qui l'a créée peut avoir fixé ce délai. Dans certains cas, la loi ne donne l'autorisation d'imposer la servitude que pour une durée déterminée. Ce délai écoulé, la servitude tombera alors d'elle-même (18).

(18) Comp. la note 9 ci-dessus, p. 283.

Toutefois, la cause la plus importante d'extinction sera la *cessation de l'entreprise* au profit de laquelle la servitude a été constituée : la servitude militaire s'éteint par le déclassement de la fortification ; le droit à l'extraction de matériaux ou à l'occupation temporaire s'éteint par l'achèvement des travaux de construction pour lesquels il avait été donné ; le chemin de halage avec la cessation de la navigabilité du fleuve. Cela fait voir jusqu'à quel point l'entreprise publique déterminée prend la place du *praedium dominans*. La disparition de l'entreprise a le même effet que, en droit civil, la disparition de ce *praedium*.

On préférera encore comparer ce mode d'extinction avec la seule cause qui fait éteindre la servitude de la chose publique : la cessation d'une entreprise publique déterminée agit dans les deux cas ; seulement, dans le premier cas, l'entreprise s'était établie sur la chose même soumise à la servitude ; dans le second cas, elle est placée à côté d'elle et agit sur elle du dehors. Mais quant aux conséquences, les deux espèces de servitudes publiques présentent de nouveau, des différences remarquables : tandis que la première laisse subsister une servitude de droit civil correspondante, la servitude publique imposée, une fois éteinte, ne laisse aucune trace. L'entreprise publique ne donnait pas seulement à la servitude son caractère de droit public ; elle était la cause légitime de cette restriction ; elle seule en justifiait l'existence et la durée ; c'est uniquement pour cette entreprise que l'atteinte avait lieu ; avec cette entreprise, elle doit finir.

III. — Une seule et même parcelle de terrain peut servir à *deux entreprises publiques différentes* ; chacune de ces entreprises suffirait pour faire de ces choses une chose publique ; chacune d'elles existe en dehors du point de croisement, comme des choses publiques distinctes. Il s'établit alors, sur la parcelle où a lieu le croisement, une espèce de possession en commun. Mais comme il y aura toujours, pour l'une des entreprises intéressées, une prépondérance lui donnant la situation de véritable maître de la chose publique, l'autre étant réduite à un usage restreint et subordonné, l'ensemble se présentera sous les formes extérieures d'une servitude constituée au profit de cette dernière. C'est une servitude qui, évidemment, appartient à la sphère du droit public. Pour la distinguer des autres servitudes publiques, il nous sera permis de l'appeler *servitude entre choses publiques* (19).

Nous avons déjà cité comme exemple principal le cas où s'entrecroisent des lignes de chemins de fer et des routes ordinaires. Cela peut se faire de différentes manières : passage à niveau ou viaduc, la route traversant le chemin de fer sur un pont ou inversement. Les routes pourront aussi se croiser entre elles, ainsi que les chemins de fer. Il y aura encore des rapports semblables dans le cas où la route ou le chemin de fer passe sur un fleuve ou canal de navigation ; quelquefois, nous voyons même des canaux de navigation conduits en viaduc sur un fleuve ou sur une route. Enfin, il se peut que des communautés de cette espèce s'établissent entre une fortification d'une part, et des routes, chemins de fer, etc., de l'autre.

1) Pour qu'un rapport juridique présentant la forme d'une servitude puisse exister, il faudra que les deux entreprises intéressées, les deux choses publiques, appartiennent à des personnes distinctes. Si l'Etat fait passer sa ligne de chemin de fer à travers sa grande route, il n'en résulte évidemment rien qui res-

(19) Comp. sur toute cette matière : *Féraud-Giraud*, Des voies publiques modifiées par suite de l'exécution des chemins de fer, et *mon* art. dans Arch. f. öff. R., XVI, p. 218 ss.

semble à une servitude ; ici, tout simplement, le propriétaire détermine la manière dont il se servira de sa chose. Il en sera autrement si la route appartient à une commune, ou si le chemin de fer appartient à une compagnie concessionnaire. Il faudra alors imposer à la chose publique une charge au profit d'un sujet de droit qui lui est étranger.

Elle pourra lui être imposée par le maître de la chose, ou, à sa place, par une autorité supérieure.

Le maître de la chose publique pourra en disposer au profit d'une autre chose publique, en consentant aux travaux et actes d'usage nécessaires au fonctionnement de son service. En cédant ainsi à un intérêt public supérieur, il reste dans le caractère de cette chose, lequel est de servir directement à l'intérêt public. Ce n'est pas une aliénation dans le sens du droit civil ; c'est une mesure d'administration publique. Les détails de cette disposition étant discutés et fixés avec le chef de l'autre entreprise, on parle d'un *accord* (*Vereinbarung*). Cet accord n'a pas le caractère d'un contrat de droit civil.

A défaut de consentement volontaire de la part du maître de la chose publique, les changements et restrictions nécessaires pourront lui être *imposés par décret de l'autorité supérieure*. Cet acte trouvera peut-être son titre formel dans une loi qui l'autorise d'une manière plus ou moins expresse ; la législation sur les chemins de fer en donne des exemples. D'ailleurs, le droit de surveillance réservé à l'Etat sur les concessionnaires de chemins de fer ou de chaussées donnera aussi une base ; ou bien, l'Etat se servira à cet effet de la tutelle qui lui appartient sur la gestion des corps d'administration propre. L'administration s'est même, en ce qui concerne les chemins publics des communes et autres corps d'administration propre, attribué une espèce de *dominium eminens*, pour en disposer ainsi en invoquant leur destination essentielle pour l'intérêt public. Ce droit de suppression et de déplacement a été surtout développé au profit des chemins de fer à construire. Mais il est également pratiqué sans hésitation au profit des fortifications. Il remplace très utilement l'expropriation, laquelle s'arrête, comme nous le savons, devant les choses publiques (comp. § 33, II, n. 2 ci-dessus, p. 18).

La suppression ou le déplacement d'un chemin public pourront donner lieu à des possessions en commun tout à fait semblables à celles produites par la simple charge de supporter le passage de l'autre chemin : le remplacement auquel il sera pourvu présentera une charge du chemin nouveau au profit de l'ancien. Les rôles de propriétaire et de bénéficiaire d'une servitude seront seulement renversés (20).

2) Les *effets* d'un rapport de ce genre établi entre deux choses publiques ne touchent en rien la question de la propriété de la parcelle qui leur sert en commun. Toujours à raison de sa prépondérance, l'un de ces deux services sera considéré comme le véritable possesseur de cette parcelle, l'autre exerçant une espèce de droit d'usage restreint (21). Cette prépondérance ne se décide pas d'après la propriété de l'immeuble, ni

(20) Sur le droit de déplacement des voies publiques par acte d'autorité, dont l'établissement de ces servitudes n'est qu'une application spéciale, comp. § 33 note 34, p. 35. et § 36, II, n. 2 et note 16, p. 161. Loi Pruss. concernant les chemins de fer du 3 nov. 1838 § 4 ; *Gleim*, Recht d. Eisenb. in Preuss. I, p. 233 ss. ; *Eger*, Handb. d. Preuss. Eisenbahnrechts, I, p. 549 ss. ; *Seydel*, Bayr. St. R., III, p. 329.

(21) Dans le cas de croisement à niveau de deux chemins ordinaires, celui qui est d'un rang supérieur absorbera l'autre tout à fait ; si les deux chemins sont de rang égal, celui qui existait le premier continuera à exister seul à l'endroit où le croisement a lieu. En ce sens, Obergericht Braunschweig, 10 janv. 1856 (Seuff. Arch., X, note 165) : « Si le chemin de fer croise une chaussée, cela présente une situation juridiquement tout autre que le croisement de plusieurs chaussées entre elles ».

d'après la priorité de l'entreprise établie en cet endroit. Elle dépend entièrement de la valeur relative des deux possessions. Dans un passage à niveau, dans un chemin ordinaire croisant la voie ferrée, l'entrepreneur du chemin de fer sera censé être le possesseur principal ; l'administration du chemin ordinaire n'exerce qu'un droit de passage, même si son chemin à elle existait avant la construction de la voie ferrée, et malgré la propriété qu'elle conserve sur cette parcelle. Par contre, s'il y a un croisement entre une route et un chemin de fer au moyen d'un viaduc, le possesseur du sol l'emportera, c'est-à-dire le service au-dessus duquel l'autre passe au moyen d'une construction artificielle ; le premier est censé être le maître de l'immeuble servant de chose publique ; l'autre ne jouit que d'une espèce de servitude de droit public lui permettant d'avoir cette construction et de s'en servir pour le passage. La question de propriété, comme celle de priorité, sont indifférentes.

Les services intéressés, chacun pour sa part, se maintiennent dans leur possession respective par les moyens de la police de la chose publique (22). Si une *contestation* s'élève entre eux sur les limites réciproques et les obligations pouvant résulter de cette communauté de fait et de la complexité de leur situation, elle ne pourra être vidée que par la voie administrative. Enfin, il ne peut être ici question de servitude de droit civil ou de tout autre rapport du droit civil.

L'autorité supérieure appelée à statuer sur le différend se trouve dans une situation analogue à celle du tribunal appelé à régler une communauté

(22) O. V. G. 24 mai 1897 (Eisenb. Arch. 1897, p. 1015) ; 3 février 1897 (Samml., 28, p. 198) ; 6 mars 1878 (Samml., 3, p. 191).

du droit civil ou à statuer sur une demande en partage. Il s'agit non pas de suivre le droit strict, mais d'ordonner entre les parties ce qui sera conforme à l'équité. Or, ce qui est l'équité dans une communauté privée, c'est, ici, dans la communauté de la chose publique, l'intérêt public prépondérant. Chacune des parties est considérée comme représentant, non pas un droit subjectif exclusif et formel, mais une certaine branche de l'intérêt public qui se partage avec l'autre dans l'usage du terrain en question. S'il y a ici un droit subjectif, c'est uniquement le *droit de représenter cet intérêt*. Voilà ce qui est l'essence de cette espèce de servitude de droit public (23).

La création d'un rapport de ce genre et la constitution de la servitude publique qu'il contient n'opèrent, par elles-mêmes, aucun changement dans la propriété de cette parcelle de l'immeuble. Mais il se peut que, pour simplifier la situation juridique et surtout pour compléter la possession de la chose publique qui en aurait résulté, on consente des cessions de la propriété civile devenue disponible. Cela se fera alors moyennant un équivalent convenu ou gratuitement ; mais c'est toujours un contrat de droit civil.

Pour la constitution de la servitude elle-même, il

(23) *Gleim*, Eisenbahnbaurecht, p. 230 : « Les droits que l'entrepreneur du chemin de fer acquiert par l'autorisation (de faire passer les rails sur le chemin ordinaire) contenue dans l'approbation du plan, sont exclusivement de nature de droit public, de police ». V. G. H. 12 févr. 1884 (Samml., V, p. 127) parle, au contraire, dans le cas où l'administration du chemin de fer a installé un passage à niveau au profit d'un chemin communal, d'un « usage public à la façon d'une servitude », qui appartiendrait à la commune et qui représenterait « une servitude de nature purement privée ». — *Schelcher*, dans *Eger*, Entscheidungen, 13, p. 264, exige, au profit du chemin de fer, « un droit privé garantissant l'usage durable ». Mais il nous semble que l'intérêt du chemin de fer, en tant qu'il est respectable, trouvera toutes les garanties nécessaires dans les dispositions du droit public, sans qu'il soit nécessaire de faire intervenir le Code civil avec ses formes peu appropriées aux intérêts à régler.

n'est pas dû d'*indemnité* : assujettir une chose publique à servir en même temps à un autre intérêt public, cela n'est pas considéré comme un dommage pouvant donner droit à une réparation. Mais les frais d'entretien, comme ceux de construction des ouvrages nécessités par le nouvel arrangement, seront supportés par les deux services selon l'importance respective de leur intérêt. Il pourra même y avoir des soultes à payer par l'un à l'autre, afin de le couvrir des frais supplémentaires d'entretien qui lui ont été occasionnés pour son entreprise (24). Ce n'est pas une dette du droit civil ; la question devra être réglée administrativement. La loi, il est vrai, préfère charger les tribunaux civils du contentieux de questions pécuniaires, lors même qu'elles résultent de rapports de droit public ; ici toutefois, tout est tellement intimement lié aux vues générales de l'intérêt administratif, qu'il n'y aura guère avantage à établir cette juridiction attributive.

3) La servitude pourra *changer de forme* par suite de constructions nouvelles qui doivent servir à exercer autrement et plus commodément cette communauté d'usage. Elle *prendra fin* dès que cette communauté cessera d'exister sur l'endroit déterminé. Cela pourra être le résultat d'un simple déplacement du lieu du croisement ou d'une cessation complète de l'un des deux services concurrents. Dans un cas comme dans l'autre, cela implique le déclassement de la chose publique qui représentait ce service sur la parcelle en question.

Quant à la situation juridique, il importera alors de savoir quel était le rôle que ce service jouait dans la communauté. Représentait-il la chose publique chargée d'une servitude au profit de l'autre service,

(24) O. V. G. 31 janv. 1893 (Samml., 24, p. 222).

comme par exemple la voie ferrée qui devrait supporter le passage à niveau du chemin ordinaire d'une commune, dans ce cas, le déclassement opérera la transformation de la propriété de l'administration du chemin de fer en propriété privée ; cette propriété, à l'endroit où le chemin de la commune la traverse, reste assujettie à l'obligation de supporter la charge de ce chemin qui continue à exister comme chose publique, non pas à titre de propriété, ni à titre de servitude, mais simplement à titre de possession publique. Pour régulariser la situation, l'administration du chemin de fer pourra faire une cession de sa propriété. Si, au contraire, c'est le chemin de la commune qui est déclassé, la voie ferrée deviendra simplement affranchie de la communauté et de la charge qui en résultait pour elle ; le chemin de la commune disparaîtra de la parcelle du passage, sans laisser de traces ; en particulier, il ne faut pas croire qu'il se transforme en une servitude de droit civil.

Dans le cas où le croisement des deux services s'opère au moyen d'ouvrages artificiels, la liquidation de la communauté dissoute par la disparition de l'un d'eux donnera lieu à des questions juridiques un peu plus compliquées à première vue, mais qui se résoudront toutes facilement sur la base des principes que nous venons d'établir.

§ 41

Restrictions à la propriété pour cause d'utilité publique.

Pour les phénomènes juridiques que nous réunissons sous ce titre, l'idée commune dont ils sont les manifestations est l'affinité avec l'institution du droit civil du même nom, de même que la servitude du droit civil a servi de modèle aux phénomènes que nous venons d'examiner.

Entre les deux institutions, le droit civil fait cette différence, que la servitude suppose un droit déterminé, constitué au profit d'un tiers et qui aura pour effet de refouler la propriété ; la restriction à la propriété, au contraire, a pour point de départ une faiblesse inhérente à la propriété d'une manière générale ; celle-ci exclut l'effet plein et entier de la propriété dans l'une ou l'autre direction et fait résulter ainsi, au profit d'un tiers, un avantage juridiquement garanti, un droit au sens large du mot (1). C'est à cette dernière combinaison que répond l'institution que nous avons devant nous, et que nous appelons la restriction de la propriété pour cause d'utilité publique.

Les restrictions à la propriété qui dépendent du

(1) *Vangerow*, Pand., § 297 note ; *Windscheid*, Pand., § 16, note 2.

droit public ne s'appliquent, comme celles du droit civil, qu'aux *immeubles* (2).

Celles du droit civil ont pour fondement cette idée simple, que l'exercice de toute propriété deviendrait impossible si chacun n'était pas obligé de souffrir, de la part de son prochain, certains troubles et préjudices ; c'est dans le *droit de voisinage* qu'elles reçoivent leur expression principale. Les restrictions du droit public ne placent pas les propriétaires vis-à-vis des propriétaires, mais les propriétaires vis-à-vis de la puissance publique ; elles ont pour fondement cette idée, que l'activité de l'administration ne doit pas être enchaînée par le respect absolu des droits de propriété.

En conséquence, le droit civil détermine la *mesure* des atteintes à supporter, d'après ce qui doit être admis dans l'intérêt de tous, — ce qui résulte, d'une part, très ordinairement de la juxtaposition même des économies privées, et ce qui ne cause pas de dommage sérieux, d'autre part (3).

Le droit public, conformément à l'inégalité qui le caractérise, donne cette mesure sous la forme d'une limite tracée au sujet prépondérant : on ne

(2) *Ihering* dans Jahrb. f. Dogm., VI, p. 63 ss. — Le Code civil allemand établit, dans son § 904, des restrictions de ce genre pour la propriété des choses en général, y compris les choses mobilières ; les §§ 905 ss. traitent des restrictions frappant spécialement la propriété immobilière. Il est évident que ces dernières forment encore la masse principale et représentent seules une partie organique de la constitution de la propriété, le § 904 visant plutôt un cas exceptionnel : un danger imminent doit permettre de se servir de la chose d'autrui.

(3) *Ihering*, l. c., p. 128, définit ainsi la limite tracée dans l'intérêt du propriétaire : « Personne n'a besoin de souffrir, de la part de ses voisins, des atteintes directes qui nuisent à la personne ou à la chose, ou dérangent la personne d'une manière qui excède la mesure ordinaire de ce qui est supportable ». Le fait qu'il faut souffrir ce qui est « supportable », implique cette négation de la valeur absolue de la propriété, qui trouve son expression dans la restriction de la propriété.

lui permet pas toute manière d'agir sur la propriété ; on lui permet seulement ce qui semble résulter naturellement de l'activité de l'administration publique et ce qui, en même temps, n'excède pas certaines limites où commencerait la sphère réservée aux institutions du droit administratif dans lesquelles de pareilles atteintes se trouvent réglées par la loi.

Cette même inégalité a cependant une autre conséquence : le droit civil garantit aux propriétaires intéressés une certaine compensation par la réciprocité assurée ; rien de pareil n'existant ici, le droit public accordera au besoin, selon les règles de cette institution qui lui est propre, l'indemnité exigée par l'équité.

I. — La restriction de la propriété que nous étudions a de très nombreuses applications ; elle apparaît dans une grande variété de phénomènes de la vie pratique. Nous chercherions vainement, pour nous guider, un système général suivi par les lois. La loi s'occupe bien, de temps en temps, de la reconnaissance et de la détermination détaillée de ces agissements sur la propriété immobilière pour en fixer les conditions, les limites et les conséquences ; mais elle le fait par occasion plutôt qu'en suivant un certain principe ou selon l'importance de l'objet. Les choses se passeront tout de même *sans loi*. Nous aurons à constater de nombreux cas dans lesquels une atteinte est portée à la propriété immobilière, qui n'est justifiée par aucune servitude ni par aucun pouvoir juridiquement organisé, et à laquelle le propriétaire opposerait ordinairement une demande judiciaire tendant à faire cesser le trouble ; *cette protection lui est néanmoins refusée pour ce seul motif, que l'atteinte émane de l'administration publique*. C'est là un signe infaillible, auquel on reconnaît que notre institution juridique a produit son effet. Autrement, la chose serait absolument impossible à expliquer et à comprendre.

Nous y comprendrons avant tout certaines activités et installations qui ont lieu sur l'immeuble affecté d'un service public et dont les effets touchent les *immeubles voisins*. Un canal de dérivation laisse filtrer ses eaux, et il en résulte un dommage pour les immeubles voisins ; le remblai d'un chemin refoule les eaux sur des terrains voisins ; d'un champ de tir partent des balles égarées qui tombent continuellement sur l'immeuble voisin. Une demande en dommages-intérêts, d'après le droit civil, irait de soi. Mais, tout d'abord, en droit civil, une demande judiciaire pourrait être formée en vue de faire cesser l'état de choses d'où résulte le trouble et de faire interdire pour l'avenir les troubles. Or, quand ce trouble est causé par un canal public, par la construction du remblai d'une route de l'Etat, par un champ de tir militaire, cette demande du propriétaire fait défaut. Evidemment, apparaissent alors des règles particulières du droit public qui la font s'effacer (4).

(4) Ces principes sont reconnus par les tribunaux avec des formules et des tournures différentes. Les anciennes théories, avec leur terminologie, y jouent un grand rôle. S'il est dit qu'il s'agit d'une mesure de police, cela signifie que le rapport a la nature du droit public. S'il est dit qu'une demande judiciaire n'est pas admise, cela signifie que l'on ne peut pas invoquer de droit. — O. Tr., 20 juin 1871 (Str., 83, p. 37) : Les eaux pluviales découlent d'un talus de chemin de fer sur des immeubles appartenant à des particuliers ; leur demande, tendant à l'exécution de travaux propres à éviter ce dommage, est rejetée par le motif que « le gouvernement seul peut ordonner ce qui doit être fait ». Par contre, il est dû une indemnité qui pourra être obtenue par la voie judiciaire. — O. Tr., 25 sept. 1877 (Str., 98, p. 21) : Après la construction d'une chaussée du district, les riverains ont assigné le district et demandent l'exécution des travaux nécessaires pour garantir leurs immeubles contre l'inondation et la stagnation des eaux ; la voie judiciaire est refusée ; on ne pourra réclamer qu'une indemnité. — C. C. H., 7 juin 1873 (J. M. Bl., 1873, p. 239) : L'administration du chemin fait élever une digue dans l'intérêt de ses travaux ; l'action possessoire, formée à raison de l'influence que cela a eue sur les immeu-

Chacun a aussi le droit de défendre à autrui de passer par son immeuble, à moins qu'on ne puisse

bles voisins, n'est pas admise ; car « il résulte de la déclaration officielle faite par M. le ministre que les travaux effectués par l'administration défenderesse sont indispensables au point de vue de la police ». — C. C. H., 4 février 1854, déclare non recevable la demande d'un riverain en suppression des peupliers plantés le long de la route et qui cause un dommage à son immeuble ; en effet, cette plantation repose « sur des ordres de police du président supérieur, édictés dans l'intérêt de la sûreté du passage ». — C. C. H., 13 oct. 1860 (J. M. Bl., 1861, p. 269) : La rigole de la rue avait été placée contre le mur du demandeur ; cela est une « disposition de police » : par conséquent, la demande tendant à un changement est non-recevable. — En sens contraire : Ob. G. H. Bav., 28 nov. 1879, qui reconnaît, dans une demande en suppression d'un chemin public communal refoulant les eaux sur l'immeuble voisin, une « pure affaire de droit civil », rentrant dans la compétence du tribunal. Et C. C. H., 13 août 1870, semble même se moquer de la façon dont, d'ordinaire, est motivé le rejet des demandes, à savoir le respect de la disposition de police : d'un champ de tir militaire les balles tombent sur les immeubles voisins ; on actionne le Fisc militaire pour troubles apportés à la possession ; condamnation et défense de permettre ultérieurement un tir de nature à faire tomber des balles sur l'immeuble du demandeur. Le C. C. H. examine s'il peut être question d'une disposition de police, et se prononce pour la négative ; « le gouverneur, en effet, n'a pas ordonné que les balles tombent sur l'immeuble privé ». — Comp. encore O. V. G., 5 mai 1877 (Samml., II, p. 400) ; R. G., 26 sept. 1894 (*Reger*, XVI, p. 99), déclarant la défense par le tribunal admissible, parce que l'autorité n'a pas *voulu* que les balles tombent sur l'immeuble du demandeur. Mais n'a-t-elle pas voulu qu'on tire dans des conditions permettant aux balles d'y tomber ? lui interdire cela, c'est contrôler l'administration. Toutefois, cette question des balles égarées semble avoir trouvé, dans la pratique, une solution favorable à l'administration militaire. Les nouveaux fusils à longue portée ont même conduit à faire évacuer de force des habitations exposées au danger des exercices. Le point de droit est celui-ci : le militaire peut tirer, et le paysan peut rester dans sa maison ; s'il est frappé, il a droit à une indemnité ou sa famille à sa place ; on n'avait pas le droit de le déplacer, mais il était plus humain de le faire quand même. La situation est à peu près la même dans le cas si vivement discuté des terrains interdits pendant les exercices de tir à balle qui se font en pleine campagne. Ces inconvénients ne pourront disparaître que par la création de champs de tir nouveaux et appropriés aux besoins.

Le Tribunal de l'Empire, dans deux arrêts, a fait de notre institution une application qui, par le point principal, est juste. R. G. 24 sept. 1889 (Samml., XXIV, p. 36) : Dans une caserne, des exercices de tir ont lieu ; demande d'un voisin en reconnaissance de la liberté de sa propriété et cessation du tir bruyant. Le tribunal déclare cette demande non recevable, attendu qu'il s'agit de l'exercice du droit de prouver un droit acquis ; et de faire condamner les contrevenants à payer des dommages-intérêts et à s'asbtenir, pour l'avenir, de pareils troubles. Pour les *surveillants de la douane*, au contraire, et pour les *employés de la police judiciaire*, cette limite n'existe pas, lorsqu'ils sont appelés, par leur service, à passer par l'immeuble d'autrui ou à y prendre position (5).

la souveraineté militaire (?) ; il pourra seulement être question d'une indemnité. — Plus clairement encore, dans une hypothèse dépendant du droit Prussien, R. G., 20 sept. 1882 (Samml., VII, p. 266) : L'exploitation d'un chemin de fer est une menace pour un immeuble contigu à cause des étincelles lancées par les locomotives. Le tribunal expose : D'après le droit du voisinage, c'est-à-dire d'après le droit civil, aucun propriétaire n'est obligé de souffrir un emploi semblable des immeubles voisins. Mais quand la puissance publique aura permis, dans l'intérêt public, à l'entrepreneur d'un chemin de fer, d'en faire la construction et l'exploitation, les propriétaires ne sont pas fondés à exiger, au moyen d'une *actio negatoria*, la cessation de l'exploitation de ce chemin de fer à cause des étincelles ou à cause de l'ébranlement qu'ils éprouvent, ni à exiger des mesures de précaution. En accordant la concession, la puissance publique a édicté implicitement un ordre général, à savoir que les propriétaires voisins sont obligés de souffrir, pour leurs immeubles, tous les effets dommageables sans lesquels l'exploitation ne pourrait pas avoir lieu : cette concession est une atteinte à la propriété privée effectuée par la puissance publique dans l'intérêt public ; elle représente une restriction à la propriété ; par conséquent, seule une demande en indemnité serait recevable. Contre cette argumentation du Tribunal de l'Empire, nous ferons observer que c'est une manière de voir un peu étroite, que de vouloir baser la restriction de la propriété sur un ordre spécial de l'Etat, contenu dans l'acte de concession. Si l'Etat construit simplement lui-même le chemin de fer, il n'y a pas d'acte de ce genre : or la restriction de la propriété existe quand même et de la même façon. Elle existe d'elle-même au profit de l'entreprise publique. La concession n'a que cette importance de reconnaître l'entreprise de la compagnie de chemin de fer comme une entreprise publique ayant la même valeur que celle qui serait exploitée par l'Etat directement. Elle ne contient, pour les sujets, aucun ordre spécial qui ajouterait quelque chose de plus. Le Tribunal de l'Empire aimerait présenter la chose comme s'il ne s'agissait que d'un élargissement du droit de voisinage dépendant du droit civil. Le nouveau Code civil allemand rendra cet expédient peu heureux tout à fait impossible, comme tant d'autres. Le Tribunal de l'Empire sera bien forcé aujourd'hui de reconnaître que c'est exclusivement de droit public qu'il peut s'agir ici, droit public dans la restriction de la propriété, et aussi droit public dans l'indemnité qui sera due.

(5) O. V. G 28 nov. 1885 : « L'agent de police, quand il s'agit de l'accomplissement de ses devoirs, est autorisé à pénétrer dans les immeubles d'autrui, même sans la permission du propriétaire ». Dans

Les *pompiers* envahissent des jardins et des cours closes pour attaquer le feu dans la maison voisine (6). Les *voitures de la poste*, quand la route est impraticable, passent par les champs riverains (7). Dans la plus

l'espèce, un surveillant de la pêche, à la poursuite d'un contrevenant, avait couru à travers des prés et des terres ensemencées, et le propriétaire voulait l'en rendre responsable. Il nous paraît très naturel que le fonctionnaire ait ce pouvoir, ou, pour mieux dire, — car cela n'est pas un droit pouvant lui appartenir personnellement — que, pour la puissance publique que l'agent représente, la propriété d'autrui ne puisse pas former un obstacle. Sans cela, il serait trop commode aux malfaiteurs, qui de leur côté n'y font aucune attention, de se soustraire à la poursuite. Mais ce qu'il faut bien voir, c'est qu'il n'y a pas là un pur fait ; c'est la manifestation d'une règle de droit qui fait partie d'un vaste ensemble. — Dans un sens analogue, O. Tr. 1er déc. 1875 : des employés de la douane se cachent dans un immeuble privé pour surprendre les contrebandiers ; le propriétaire ne peut pas s'y opposer.

(6) Lors des débats sur la loi d'expropriation du 11 juin 1874, on avait proposé, dans la commission de la Chambre des députés prussienne, à l'occasion du règlement de certaines autres atteintes réglées par la loi, « de prévoir aussi les suites de la restriction à la propriété par des mesures de police, afin de protéger ainsi la propriété immobilière et de mettre un frein à l'arbitraire de la police ». Dans ce sens, on avait formulé, au § 4 du projet qui traitait des occupations temporaires, l'amendement suivant : « Les autorités de police pourront apporter des atteintes à la propriété immobilière dans les cas de nécessité, notamment en cas d'incendie, d'inondation ou de danger mortel, et cela seulement pour la durée du cas de nécessité ». On voulait, en même temps, charger expressément l'Etat de l'obligation d'indemniser. Cela aurait compris justement des cas comme celui dont nous parlons au texte ; le nom de mesure « de police », il est vrai, d'après la notion de la police qui s'est fixée aujourd'hui, ne serait guère applicable lorsque l'administration se sert d'un immeuble pour combattre le trouble qui émane d'ailleurs (t. II, § 19, II, n. 1, p. 26). Mais peu importe le nom qu'on leur donne, l'admissibilité de pareilles atteintes est si bien établie que le gouvernement Prussien a cru pouvoir refuser l'autorisation législative qu'on lui offrait.

(7) Confirmé expressément par la loi de l'Emp. sur les postes, du 28 oct. 1871, § 17. D'après l. 14 § 1, Dig. VIII, n. 6, la même facilité existerait aussi au profit de la communication entière qui doit se faire sur la route. Dans le droit moderne, cela a été maintefois reconnu spécialement : Feld. u. Forst. Polizei Ges., Pruss. § 10, bl. 2; Feld-Polizei-Stf. Ges., Als.-Lorr. § 29 ; loi Franç. du 6 oct. 1791, tit. 2, art. 41 (*Proudhon*, Dom. publ., I, n. 264). Ce n'est pas, comme le dit *R. Merkel*, Kollis. rechtm. Interessen, p. 51, l'effet d'un droit de nécessité urgente (*Notstandsrecht*) qui appartiendrait aux individus — pourquoi alors cela ne s'appliquerait-il pas aux chemins privés ? — C'est le service public de la communication, qui seul agit ici sur la propriété privée, pour la soumettre aux exigences des intérêts qu'il représente ; comp. aussi la note 18 ci-dessous.

large mesure, les *manœuvres militaires* agissent sur la propriété privée ; la troupe, dans ses exercices, passe irrésistiblement à travers le terrain. Personne ne songe qu'il peut y avoir là une atteinte illégale à la propriété (8).

Mais il y a des cas où l'on va encore plus loin. Il pourra y avoir des *changements apportés volontairement sur l'immeuble*. Les *travaux préparatoires* des constructions de routes ou de chemins de fer nécessitent non seulement le passage par l'immeuble, mais aussi des fouilles dans le sol, le placement de signaux. Le service

(8) Les débats au Reichstag sur la loi du 13 févr. 1875 relative aux prestations en temps de paix (rapportés dans leur contenu essentiel par *Seydel* dans Annalen, 1875, p. 495, note 1) font apparaître des conceptions peu claires de ce cas spécial d'application de notre institution et de son rapport avec la loi. Le projet voulait déclarer expressément que des immeubles privés peuvent être employés dans l'intérêt des exercices militaires. La commission avait supprimé cette prescription ; il fut déclaré, en son nom, qu'on avait de grandes craintes, « car cela ne serait alors autre chose que la constitution, au profit de l'autorité militaire, d'une servitude générale sur tous les immeubles privés de tout l'Empire ». Il faut dire que cela ne serait pas devenu une servitude, même par la reconnaissance expresse de la loi ; du moins, une charge qui existe tacitement pour *tous* les immeubles et ne devient efficace que pour ceux qui, çà et là, en seront requis de fait, ne mérite pas ce nom. Ou bien le § 17 de la loi de l'Emp. sur les postes aurait-il constitué une servitude générale au profit de l'autorité postale sur *tous* les terrains et champs non clos du territoire de l'Empire ? Ce ne sont toujours, même réglées légalement, que des restrictions à la propriété, dépendant du droit public et qui diffèrent des servitudes en ce qu'il leur manque la détermination de l'immeuble auquel elles s'attachent, détermination qui est de l'essence même de la servitude. — Mais, qu'il y ait ou non servitude, on était à cette époque d'accord au Reichstag pour dire que, même sans la loi, on peut se servir des immeubles pour les exercices militaires. On appelait cela un « rapport de fait », une « *vis major* », un « état juridique établi par l'histoire » ; cela ne devait seulement pas être reconnu formellement comme droit. Dans ces circonstances, il est inexact de dire que la loi a créé tacitement le droit des exercices militaires, parce qu'elle établit certaines restrictions quant aux immeubles à requérir ou parce qu'elle « suppose » ce droit : *Laband*, St. R. II, p. 751, note 1 (éd. Franç., V, p. 497). On a, au contraire, laissé seulement subsister ce droit, tel qu'il était ; le Reichstag a témoigné qu'il existe selon l'opinion commune, et qu'il n'a pas besoin de fondement légal ; il a simplement reconnu notre institution générale. Sa répugnance à faire une déclaration formelle dans la loi n'était qu'une sentimentalité bien superflue.

trigonométrique agit de même (9). Ces atteintes prennent encore un caractère plus accentué, lorsqu'elles ont lieu dans l'*intérêt militaire*, comme, par exemple, au cas de guerre : les édifices et plantations devant les fortifications sont rasés, et les immeubles, en général, deviennent l'objet de toutes sortes de mesures de con-

(9) O. Tr. 9 mars 1874 (Str. 91. p. 175) : Une compagnie de chemins de fer, dans l'intérêt des travaux préparatoires, fait faire des fouilles dans l'immeuble du demandeur et fait abattre des arbres ; l'action possessoire est déclarée non recevable. Comme motif, on fait valoir que, dans la concession accordée à l'entreprise du chemin de fer, est contenu un ordre général de police », dont les conséquences ne peuvent pas être combattues par la voie judiciaire. Il y a donc une ressemblance ici avec la décision du R. G. 20 sept. 1882, dans le cas rapporté à la note 4 ci-dessus. Il n'y a ici rien de la police ; il n'y a qu'une entreprise publique reconnue, et cela suffit.

Depuis lors, la loi d'expropr. Pruss. du 11 juin 1874 a rendu superflu, pour les cas les plus importants, un pareil recours au pouvoir de police. Il y est dit au § 5 : « Pour préparer une entreprise justifiant l'expropriation, il est permis de procéder aux travaux nécessaires sur des immeubles privés ». La loi exige un ordre de l'autorité du district (Bezirksregierung). Toutefois, cet ordre n'est pas un acte administratif qui imposerait à l'immeuble la charge de supporter les travaux préparatoires ; sans quoi, nous devrions reconnaître ici les formes d'une servitude publique imposée (comp § 40, I. ci-dessus, p. 272). Cet ordre remplace seulement, pour cet effet restreint, l'ordonnance royale qui est nécessaire pour l'expropriation complète et en introduit la procédure : *Eger*, Ges. über die Enteignung, I, p. 73. Il a donc, comme cette dernière, essentiellement pour but de constater et de reconnaître qu'il y a une entreprise publique qui, comme telle, est revêtue d'une puissance particulière vis-à-vis de la propriété privée (comp. § 33, II, ci-dessus, p 12). Par suite, l'ordre n'est pas signifié au possesseur intéressé à la manière d'un acte administratif : « l'autorisation des travaux préparatoires, dit la loi, est publiée par la *Bezirksregierung* dans la feuille officielle, d'une manière générale ». — Pour des troubles spécialement graves, tels que l'envahissement d'édifices et de cours et jardins clos, la démolition de constructions, l'abatage d'arbres, cette reconnaissance générale de l'entreprise ne suffit pas ; il faut qu'elle soit revêtue de cette force par des permissions spéciales de l'autorité de police locale ou de l'autorité du district. Dès lors, à cet égard, la haute direction est réservée aux autorités administratives. Mais ce ne sont pas non plus des actes administratifs qui chargeraient l'immeuble. Le possesseur, dans tous les cas, reçoit simplement un avertissement des troubles qui vont effectivement commencer — Dès lors, l'institution est restée, comme auparavant, avec son fondement soi-disant « de police » ; la loi a seulement reconnu expressément ses atteintes comme légitimes et les a entourées de formes protectrices pour les intérêts des propriétaires qui en souffrent.

trainte, non seulement dans la zone militaire proprement dite, mais partout où cela semble nécessaire. Tout ceci, il est vrai, jusqu'à un certain point, entre dans la catégorie des *faits de guerre* qui se trouvent au-delà du droit civil et administratif ; mais avant que cette transition ait lieu, il y a encore beaucoup de mesures de ce genre qui doivent être exa nées d'après le droit ordinaire de la paix, et qui cependant sont légalement effectuées sans titre spécial (10).

La propriété doit même souffrir, comme allant de soi, des *installations permanentes,* lorsque l'intérêt d'un service public, d'une entreprise publique, les exige justement à cet endroit, et qu'elles ne compromettent pas, d'une manière sérieuse, le libre usage de la propriété. On fixe des *boîtes aux lettres* et des *lanternes publiques* aux murs des maisons, sans le consentement des propriétaires. On n'hésite pas à attacher, dans l'intérêt du bon ordre de la voirie publique, aux édifices privés des *plaques* indiquant les *noms des rues* ou les *numéros des maisons* ; des *supports de fils télégraphiques* sont plantés dans les parois extérieures ; les fils de *téléphone*, aujourd'hui si nombreux et qui se croisent dans l'espace au-dessus des immeubles, devraient être considérés, au point de vue du droit civil, comme des atteintes permanentes et des lésions faites à la propriété. En règle, la question du droit n'est pas même soulevée. Cependant,

(10) Loi d'Emp. sur les zones militaires du 21 déc. 1871, § 44 : « Si la place est armée et si le commandant ordonne de raser les zones, etc. ». On suppose donc comme allant de soi que cet ordre est possible. Personne, du reste, dans ce cas, ne contestera au commandant le droit de faire exécuter des destructions d'édifices et de plantations, même au-delà de la zone. Les démolitions dans l'intérieur de la zone ont ceci de particulier, en vertu de la loi, que la procédure d'indemnité est réglée spécialement pour elles. En ce qui concerne une autre particularité d'un caractère plutôt secondaire, comp. la note 14 ci-dessous.

Sur les faits de guerre, qui ne forment pas un objet de nos développements, comp. *ma* Theorie des Franz. V. R., p. 354.

il nous faut rechercher pourquoi toutes ces choses peuvent se faire sans loi (11).

Enfin, une application de cette même idée se trouve dans le fait que nous avions déjà examiné : la possession entière d'un immeuble pourra être refusée provisoirement au propriétaire légitime, si la restitution n'en est possible qu'en interrompant ou troublant le fonctionnement d'un service public qui s'y

(11) O. V. G. 11 janv. 1879 traite d'un cas où la commune avait placé une lanterne publique sur une propriété privée. La demande du propriétaire est considérée comme étant dirigée contre une « disposition de police ». Nous savons que cela veut dire que le propriétaire ne peut pas faire valoir judiciairement le droit de propriété de l'immeuble pour obtenir l'enlèvement de ce qui a été placé dans l'intérêt public. Ici la commune, il est vrai, obéissait aux exigences de l'autorité administrative qui lui avait enjoint de placer la lanterne. Mais il est évident que cet ordre, si on veut le caractériser d'ordre de police, n'était, en tout cas, pas un ordre de police adressé au propriétaire. Du reste, l'intangibilité propre aux « dispositions de police » est attribuée à des mesures de ce genre, même dans le cas où il n'y a eu lieu à aucun décret de la part d'une autorité ; C. C. H., 13 oct. 1860 (J. M. Bl., 1861, p. 269) : « Bien qu'un décret formel concernant le pavage de la rue n'ait pas été pris, expédié et communiqué au demandeur, la mesure visant le pavage de la rue doit cependant être considérée indubitablement comme une disposition de police » ; par suite, la demande du propriétaire dirigée contre la « disposition » qui le trouble, n'est pas recevable.

Les *fils télégraphiques* ont donné lieu à des contestations assez vives. C'étaient surtout les villes qui s'opposaient à l'usage qui était ainsi fait par l'Etat de l'espace qui se trouve au-dessus du sol de leurs rues. Et, en effet, il y a eu des jugements de tribunaux qui donnaient gain de cause à leur *actio negatoria*.

Il y avait là une double erreur. D'abord, c'était méconnaître la restriction pour cause d'utilité publique qui frappe à cet égard la propriété privée, et qui doit la frapper nécessairement. Ensuite, les rues ne sont pas des immeubles ordinaires qui sont défendus par la voie judiciaire (comp. § 36, II, n. 3 ci-dessus, p. 167). Il ne s'agit pas même, pour ces choses publiques, de l'application de l'institution dont nous nous occupons ici. Le cas présente plutôt une analogie avec cette possession en commun de plusieurs services publics, dont il a été question au § 40, III, ci-dessus, p. 192 et s., et d'où résulte ce que nous avons appelé une servitude entre choses publiques.

La loi, depuis lors, a coupé court à toutes ces difficultés en établissant formellement la restriction à la propriété nécessaire à ce service. Comp. la loi de l'Empire du 18 déc. 1899 concernant les rapports des télégraphes avec la voirie § 1 et § 12.

est installé. C'est ce qui fait la force juridique propre à la *possession de la chose publique*; elle se maintient, même à l'encontre de la reconnaissance formelle de la libre propriété d'un tiers obtenue par la voie judiciaire. La parcelle revendiquée comprise dans la route, dans la voie ferrée, dans la fortification, n'est pas restituée purement et simplement. Mais seul un esprit de parti, borné dans la manière de voir du droit civil, oserait condamner l'administration pour avoir agi illégalement et se révolter contre l'autorité judiciaire de la justice. En effet, c'est une autre espèce de faiblesse juridique de la propriété qui apparaît et qui la fait fléchir devant les nécessités de l'administration publique qui naissent d'elles-mêmes dans le cours de ses affaires (12).

(12) Ce que nous avons exposé dans la théorie de la propriété publique au sujet des limites tracées à la poursuite de la propriété privée vis-à-vis de la chose publique (comp. § 36, II, n. 3 ci-dessus, p. 167), reçoit ici son complément dans l'ensemble d'une institution plus générale. Que l'administration puisse se maintenir en possession d'une chose pareille malgré la propriété libre reconnue à un autre par le jugement définitif d'un tribunal civil, il y a là une nécessité des services publics dont elle est chargée, et qui doit figurer, par conséquent, dans ses compétences légitimes. Raison de plus, pour les tribunaux, d'éviter de prononcer contre elle des condamnations à restituer, qui ne pourraient pas être exécutées. La Cour de Colmar ayant condamné, par arrêt du 2 avril 1897, l'administration du chemin de fer d'Alsace-Lorraine à restituer une parcelle comprise dans sa grande ligne de Bâle, cette administration ne pouvait et ne devait pas laisser exécuter ce jugement. C'est en vain qu'on a péroré au Reichstag contre cet acte de désobéissance contre l'autorité des tribunaux. Il y a ici de grands intérêts publics à respect r et un droit public à apprendre.

Comme nous l'avons déjà remarqué à la note 25 du § 36 ci dessus, p. 173, le principe se trouve surtout exprimé dans cette forme, que les tribunaux civils sont déclarés incompétents pour ordonner la restitution de la chose et la faire exécuter contre l'administration ; ils ne peuvent qu'allouer une indemnité. On explique encore cela en invoquant la plénitude de pouvoir de la police ; ce qui est vrai, en ce sens que, en effet, la police de la chose publique y joue un rôle (comp. § 36, II, n. 1 ci-dessus, p. 148).

Pour la jurisprudence établie dans ce sens, nous relèverons les décisions suivantes : O. Tr. 11 avril 1860 (Str. 37, p. 160) ; 12 oct. 1863 (Str. 52, p. 20) ; 3 février 1871 (Str. 81, p. 110) ; 12 juillet 1875 (Str. 95, p. 63) ;

II. — Nous devons maintenant rechercher quel est le pouvoir juridique qui, dans toutes ces choses, apparait du côté de l'administration.

1) Il s'agit non pas d'un droit qui appartiendrait à l'Etat sur l'immeuble déterminé, mais d'une *qualité juridique générale de tous les immeubles*. Il n'y a donc pas de moment déterminé qui puisse être désigné comme celui de la *naissance* ou de la *fin* d'un pareil droit. Il y a seulement des *occasions* de fait qui, dans le cas spécial, et dans l'immeuble individuel, *font apparaître l'effet de cette qualité*, et, d'un autre côté aussi, la *cessation de cet effet* avec la cessation de la cause qui l'a produit.

Cette qualité est inhérente aux immeubles ; elle existe sans loi ; ou encore, on peut dire : il n'est pas besoin de fondement légal pour faire valoir la restriction à la propriété. La propriété, dans le système de notre Etat et de notre droit, n'est reconnue en principe qu'avec la condition de céder, dans une certaine mesure, aux intérêts de l'activité irrésistible de l'administration. Les atteintes que cela comprend sont considérées comme ne tombant pas sous la réserve de la loi, établie par la Constitution au profit de la pro-

O. V. G. 13 février 1867 (Samml., II, p. 230) : C. C. H. 13 oct. 1873 (J. M. Bl. 1874, p. 39). O. Tr. Stuttgart, 28 fév. 1872 (Seüff. Arch. XXVIII, p. 247).

Il y a eu, en ce sens également, de nombreuses décisions de l'Ob. G. H. Bav., contre lesquelles *Luthardt*, dans Bl. f. adm. Pr., 1870, p. 366, a dirigé une critique complète, à l'effet de revendiquer pour les tribunaux civils un élargissement de leur compétence. Plus tard, la jurisprudence de la Cour suprême Bavaroise paraît être devenue incertaine : Ob. G. H., 25 juin 1872 et 17 déc. 1872 (Bl. f. adm. Pr., 1873, p. 126 ss). Mais encore ici, il est reconnu que l'autorité administrative peut prendre à cet égard — c'est-à-dire pour retenir un immeuble qui, en fait, sert de chemin public, — des dispositions provisoires dans l'intérêt public. Il ne faut pas que ce soient des actes administratifs formels ; en tout cas, ce tribunal n'aura pas à les apprécier. Cela suffit, à notre avis. Car notre institution ne veut pas signifier plus qu'on ne pourra faire, moyennant ses rétentions « provisoires ».

priété privée (comp. t. Ier, § 6, I n. 2, p. 92). L'étendue de la propriété, ainsi que de la liberté, c'est une idée de convention, dont la détermination dépend des habitudes et de l'opinion commune (comp. § 37, I, ci-dessus, p. 183 ; et tome II, § 19, I, n. 1, p. 19). Dans la mesure où la propriété ne couvre pas l'immeuble, le pouvoir exécutif agit librement sur celui-ci, et lui fait ressentir l'inégalité des sujets de droit intéressés, de celui auquel l'immeuble appartient et de celui dont les entreprises rencontrent l'immeuble (13).

2) Toutefois, la propriété n'est pas dépourvue de toute protection contre toute atteinte qui pourrait la frapper de la part de l'Etat ou d'une communauté équivalente. Dans différentes directions, des *limites* sont tracées à l'étendue de la restriction à la propriété pour cause d'utilité publique.

Il faut, avant tout, qu'il s'agisse d'une entreprise ou d'une installation émanant de l'administration publique. Ne sont donc pas couverts par notre institution juridique les troubles qui pourraient être causés à la propriété par des *entreprises d'économie privée du Fisc* (t. Ier § 11, III, n. 1, p. 181) ; et de même, les atteintes, qui représentent un *fait personnel* de l'employé abusant de sa situation dans un intérêt autre que l'intérêt public, soit dans son propre intérêt, soit dans celui d'un tiers. Il n'y a d'effet produit par l'administration publique, qu'autant que ses préposés gèrent de bonne

(13) C'est pour cela que l'intervention de la loi n'a ici d'autre importance que de compléter, de déterminer et de délimiter l'atteinte ; comp. les notes 7 à 10 ci-dessus. — La légitimité du fait ne repose pas sur la valeur prépondérante de l'intérêt concurrent, ce qui pourrait être décisif pour le droit de nécessité entre personnes privées (*R. Merkel*, Kollis. rechtm. Interessen, p. 56) ; en droit public, il faut compter, en premier lieu, avec la différence de valeur respective des sujets de droit, c'est ce qui l'emporte ; il suffit, pour qu'elle produise son effet, que, vis-à-vis des prescriptions constitutionnelles protectrices des individus, elle trouve un terrain libre.

foi ses affaires ; leur erreur n'empêche pas que le fait ait encore le caractère juridique général de l'administration ; seule la mauvaise foi les fait sortir de cette sphère.

Mais ici l'administration publique elle-même n'a de pouvoir sur le propriétaire et sur son bien, qu'autant qu'ils ne doivent pas devenir un *obstacle pour son libre mouvement*. C'est seulement en ce sens que l'idée fondamentale leur impose directement une restriction. La restriction d'utilité publique n'exige jamais autre chose qu'un simple *souffrir*. Tout ce qui pourrait être exigé de plus, touchant la conduite personnelle du propriétaire, en vue de l'obliger à des actions et à des prestations, aura besoin d'un fondement spécial ; cela excède la sphère de notre institution juridique (14).

Il faut encore ajouter les limites importantes et faciles à connaître que l'*intervention législative*, en tant d'endroits, a mises à la tendance qu'a l'administration publique de faire valoir sa prépondérance. Toutes les fois que la loi règle expressément une atteinte, en détermine les conditions et les formes, la chose ne peut plus se faire légitimement en dehors de ces formes

(14) La loi d'Emp. sur les zones militaires du 21 déc. 1871, § 43, autorise le gouverneur de la forteresse, lorsque la place est armée, à exiger des propriétaires situés dans la zone, qu'ils enlèvent des édifices, plantations, amas de provisions. Ces derniers sont obligés d'obéir à son injonction ; au besoin, ils y seront contraints « par des mesures de contrainte administrative ». Ce n'est pas une *restriction à la propriété*, comme celle qui se manifeste dans les démolitions que le commandant peut faire faire lui-même aux abords de la place ; c'est une obligation personnelle qui est imposée à tout possesseur, semblable à celle résultant d'un ordre de police. Pour la même raison, ce n'est pas une *servitude* ; en particulier, cela n'est pas compris directement dans la servitude de la zone militaire. C'est plutôt une troisième institution qui se rencontre ici avec la fixation des zones : il s'agit d'une *prestation en temps de guerre* et qui a la nature des charges publiques dont il sera parlé au t. IV, § 47 ci-dessous. La forme dans laquelle cette charge est rendue obligatoire, y correspond : il suffit que la sommation soit rendue publique.

et conditions, d'elle-même en vertu du rapport fondamental général. Cela ne s'applique pas seulement au cas où la loi aura eu directement en vue la restriction à la propriété. Les lois et autres prescriptions juridiques qui règlent l'expropriation ou l'établissement de servitudes de droit public produiront ici aussi leur effet : des atteintes qui, en fait, ont la même valeur, sont liées et se produiront à tort, lorsqu'elles auront lieu en dehors de ces règles (15).

La restriction à la propriété pour cause d'utilité publique porte enfin en elle-même une certaine mesure. Cette mesure découle de l'idée fondamentale sur laquelle elle repose. La propriété n'y est soumise de plein droit, qu'autant qu'elle peut laisser ainsi l'administration publique suivre son cours *sans en souffrir sérieusement*, ou d'une manière qui serait *hors de proportion*. Un pareil préjudice, en règle, tomberait déjà sous l'une des atteintes spécialement réglées par la loi, sinon dans la forme, au moins matériellement ; ainsi, elle ne serait pas admissible en vertu des seuls principes généraux de notre institution. Mais même sans cela, le principe que la propriété doit être sacrée, a, pour notre droit, la même importance que cet autre principe : la puissance publique doit pouvoir se mouvoir librement. Toutes les lois qui règlementent les restrictions à la propriété pour cause d'utilité publique, ne sont que des *transactions* entre ces deux principes. Et si, de plein droit, de pareilles restrictions doivent avoir lieu d'une manière générale, même en l'absence d'une loi, on trouve, dans les habitudes et dans l'opinion commune qui admettent cette restriction, la même transaction. En fixant l'étendue de la restriction, elles n'accordent pas

(15) Cela résulte de la nature juridique même du pouvoir exécutif ; comp. t. Ier p. 108.

un minimum ; ce sont des limites de droit qu'il faut respecter.

Comme ces limites dépendent de l'opinion, elles sont nécessairement variables comme celles de la liberté (comp. § 37, II ci-dessus, p. 196). Ici encore, il ne serait pas juste, nous semble-t-il, de parler d'un *droit coutumier*, comme on se plaît tant à le faire. En effet, vis-à-vis d'activités administratives qui surgissent nouvellement, et de leurs besoins correspondants, nous voyons se former tout de suite, et sans qu'elle soit justifiée par quelque laps de temps, une opinion déterminée sur ce qui est ainsi dû. Le plus souvent, cela se fait par le développement des principes appliqués à des choses analogues qui se pratiquaient déjà. On passe peut-être par une période d'indécision au cours de laquelle les écrivains se disputent et les tribunaux rendent des jugements contradictoires. L'intervention de la loi pourra même devenir nécessaire afin de permettre à l'idée de la restriction de se faire jour, l'opinion commune n'arrivant pas à se former.

Toutefois, nous croyons pouvoir constater qu'à notre époque on marche sensiblement vers l'augmentation et l'extension de toutes ces charges qui doivent être supportées par la propriété dans l'intérêt public (16).

(16) *Meili*, Die Telegraphie und Telephonie in ihrer rechtlichen Bedeutung für die Kaufmännische Welt, p. 32 ss., a très bien remarqué combien justement les institutions dont il parle servent à faire ressortir certaines limites à la propriété. Il attend du « droit de l'aéronautique » un développement rapide de ce qu'il appelle en ce sens « le rapport social de la propriété ». Mais il nous semble qu'il ne distingue pas suffisamment deux choses bien différentes. Il y a un rapport social de la propriété dans les restrictions qu'elle subit dans l'intérêt privé d'autrui ; le droit de voisinage en est la preuve, et notamment encore cette limite locale apportée à la propriété, qui empêche de s'opposer à ce qui se passe à une altitude ou dans une profondeur relativement éloignée du sol. Le Code civil allemand a sanctionné, depuis lors, ce principe dans son § 901. L'idée dominante est l'absence d'intérêt à faire valoir le droit dans ces circonstances. Mais *Meili* a tort d'appli-

3) La manière dont la restriction à la propriété se réalise dans le cas individuel n'a pas de *forme juridique* qui lui soit propre. En particulier, l'acte administratif ne joue ici aucun rôle; elle n'en a pas besoin, à la différence de la servitude publique, pour diriger la procédure ultérieure. En effet, la réalisation de l'institution s'effectue simplement par l'action directe; ou, pour mieux dire, — parce qu'il n'y a pas nécessairement une manifestation de volonté, — par le *simple fait extérieur*, que, par suite de l'existence de l'administration publique, il se produit un effet sur l'immeuble, répondant au caractère général d'une restriction à la propriété. Ce pourra être une action *intentionnelle*; l'atteinte se fait, autant que possible, conformément à un plan arrêté : les endroits pour placer les lanternes publiques, les plaques indicatrices des noms de rues, les boîtes aux lettres, sont choisis avec soin. L'atteinte peut aussi vouloir frapper *aveuglément* ce qui se trouvera sur le chemin : le tourbillon de l'escadron qui s'exerce à l'attaque passe sur les terres labourables sans choisir. On peut agir sur l'immeuble *contrairement même à toutes les intentions* des personnes qui représentent l'Etat : les balles égarées du tir militaire, les eaux refoulées par le remblai de la route, les eaux

quer le même principe aux fils du télégraphe public ; il ne s'agit pas, dans ce cas, d'une distance si grande qu'il n'existe plus aucun intérêt pour le propriétaire du sol ; son intérêt, bien qu'il existe, est refoulé par un intérêt supérieur.

Le développement des restrictions se fait quelquefois d'une manière peu sensible. Ainsi, on s'était déjà habitué aux boîtes attachées aux murs des maisons, et qui contenaient le mécanisme pour descendre les lanternes à huile : les bras des lanternes à gaz qui leur ont succédé ne trouvèrent plus d'opposition. Les rares fils télégraphiques avaient préparé la propriété immobilière à souffrir les réseaux du téléphone. Le modeste disque en porcelaine pour supporter ces fils télégraphiques n'a pas rencontré de difficultés pour trouver sa place aux murs et corniches ; la lourde machine du téléphone, qui s'élève sur les toits, n'est pas encore aussi sûre de son droit ; mais elle suivra inévitablement.

filtrant à travers le talus du canal sont cependant des faits émanant de l'administration publique, et qui réalisent la restriction apportée à la propriété et qui existe au profit de cette administration. L'atteinte peut même se manifester dans une négative, *dans un non facere* : occuper par erreur un immeuble pour l'employer à la construction d'une rue, d'une fortification, n'est pas une restriction à la propriété pour cause d'utilité publique ; agir ainsi, c'est simplement commettre une illégalité, dans laquelle il n'apparaît aucun droit particulier de l'administration ; mais la route ou la fortification une fois achevée, la restriction à la propriété se réalise par le simple refus opposé par l'administration d'opérer la restitution de l'immeuble affecté au service de la chose publique.

4) L'importance juridique de la restriction à la propriété n'a pas encore trouvé son expression adéquate, lorsque nous nous bornons à refuser une demande judiciaire pour cause de violation de la propriété ou de la possession. Elle *exclut aussi la défense légitime de la propriété attaquée* par l'empêchement de fait du trouble. A cet égard, toutefois, il faut distinguer. La mesure est donnée par l'idée fondamentale de toute restriction à la propriété : il faut seulement que le libre mouvement de l'administration publique ne trouve pas un obstacle dans la propriété d'autrui. Dès lors, le propriétaire ne doit pas, pour la protection de sa propriété, se livrer à des actions et prendre des mesures qui auraient cet effet. Les obstacles qu'il préparerait ainsi seront écartés, au moyen de la contrainte directe, par le personnel du service public intéressé ; les voies de fait dont le propriétaire se rendrait coupable à cette occasion contre des personnes entraîneront des pénalités ; de même, les dégâts qu'il pourrait causer aux choses qui ont été installées sur son immeuble. Par contre, lui sont per-

mises toutes les mesures par lesquelles il pourra mettre son immeuble à l'abri de l'atteinte, sans apporter par là une entrave à l'administration : qu'il construise, par exemple, un mur pour arrêter les balles qui s'égarent ; qu'il creuse un fossé pour dériver les eaux filtrantes du canal. Il n'y a pas pour l'administration un droit d'agir sur l'immeuble d'une manière déterminée ; comme partout, il y a seulement ceci : il ne doit pas résulter, du droit du propriétaire sur son immeuble et de la défense qu'il en fera, des empêchements pour l'activité de l'administration. Or ces empêchements n'existeraient pas dans les cas que nous examinons.

III. — Le *propriétaire de l'immeuble attaqué* jouera essentiellement, vis-à-vis de cette puissance développée par l'administration publique, le rôle de partie supportante. Il n'y aura, de son côté, des droits et compétences, que d'une façon accessoire. Il en sera ainsi dans une double direction.

1) Le propriétaire pourra essayer de *combattre directement le trouble* qui lui est causé. Il faudra alors distinguer selon la base qu'il donnera à ses réclamations.

S'il reconnaît que ce qui lui arrive est compris dans les restrictions d'utilité publique auxquelles la propriété est soumise, il sera libre néanmoins d'y chercher un remède par des remontrances et des recours adressés aux autorités dirigeantes. Dans la mesure où il sera possible de lui donner satisfaction sans inconvénient pour la marche de l'administration et surtout sans être obligé d'imposer à d'autres des charges aussi graves ou même plus graves, on préférera faire droit à sa demande ; il y aura, pour cela, un motif très sérieux dans les conséquences qui résulteront du préjudice qui lui est causé et dont nous parlerons tout à l'heure (n. 2). Très souvent, il suffira d'appeler l'attention de l'autorité sur la possibilité d'arranger les choses autrement. Il n'y a pas là une question de droit, bien entendu ; on ne donnera pas, pour cela, au propriétaire des moyens de droit proprement dits.

Plus sérieux est le cas où le propriétaire prétend qu'il n'existe, pour justifier l'atteinte qu'il éprouve, aucune restriction à la propriété correspondante, qui la couvre juridiquement. Alors le moyen qui semble s'offrir tout naturellement et qu'il aimera toujours essayer en première ligne, sera de s'adresser au *tribunal civil* avec une demande en reconnaissance de sa propriété, cessation du trouble, et en dommages-intérêts pour le préjudice causé.

Mais, comme il est facile de le voir, il ne s'agit pas ici d'une *rei vindicatio* ni d'une *actio negatoria*, pour laquelle la question de la légitimité de l'atteinte ne serait qu'une question préjudicielle, comprise, selon les principes de notre procédure civile, dans la compétence pour le fond (comp. t. Ier, § 16, p. 282). La propriété n'est pas contestée ; aucun droit civil n'est invoqué sur la chose du demandeur ; la demande est simplement dirigée contre la prétention que l'on émet d'agir ainsi en vertu des règles particulières du droit public.

Dès lors, pour apprécier les chances d'une demande judiciaire de cette nature, il faudra encore distiguer. Si le trouble émane du *Fisc*, c'est donc contre une entreprise d'économie privée de l'Etat que sont dirigés les griefs du demandeur ; le tribunal sera sans doute compétent (comp. t. Ier, § 16, p. 271), et, par la constatation qu'il s'agit du Fisc, il est déjà décidé que, dans ce cas, l'Etat ne pourra pas se prévaloir de la restriction à la propriété pour cause d'utilité publique, attendu que cette restriction n'existe que pour l'administration publique. Le demandeur pourra donc s'attendre à obtenir gain de cause.

Si la demande est dirigée *personnellement* contre le *fonctionnaire ou employé* qui, agissant au nom de l'Etat, a porté l'atteinte à l'immeuble du demandeur, c'est alors une question de responsabilité civile qui, en règle, appartient à la compétence civile, y compris la question préjudicielle de savoir si, d'après le droit public, on pouvait agir de cette manière au nom de l'Etat (comp. t. Ier, § 17, II, n. 1, p. 301).

Il en sera tout autrement si c'est de l'Etat, dans son administration publique, qu'émane l'atteinte, et si c'est contre lui que la demande judiciaire est dirigée. A la différence du Fisc, l'Etat peut être justifié dans ce procédé par la restriction à la propriété basée sur le droit public; quant à savoir s'il est justifié ou non, c'est là une question qui n'est pas de la compétence de la justice civile. Il ne s'agit pas là d'une contestation du droit civil (*bürgerliche Rechtsstreitigkeit*); il s'agit de contrôler l'administration publique. Un contrôle de cette nature ne pourrait être attribué aux tribunaux civils que par une loi expresse. Ici une pareille loi n'existe pas (17).

Dans ce cas, — qui est le plus important, — il ne

(17) *Eger*, Ges. über die Enteignung, I, p. 84 : « il ne peut pas appartenir au tribunal de décider s'il y a excès; sinon, ce serait attribuer aux tribunaux une sorte de pouvoir d'organes d'interprétation et de contrôle sur les mesures administratives en question, ce qui n'est ni dans la qualification des tribunaux, ni — d'après l'intention du législateur — dans leur compétence ». *Eger* vise le cas des travaux préparatoires à autoriser d'après le § 5 de la loi d'expropr. Pruss.; nous avons déjà exposé à la note 9 ci-dessus, p. 308, qu'il ne s'agit pas ici d'un acte administratif proprement dit. Les règles de compétence, du reste, ne dépendent pas ici de la question de savoir si un acte administratif est intervenu ou non.

Les tribunaux aiment à donner à l'Etat le nom de Fisc toutes les fois que, à tort ou à raison, il a été forcé de comparaître devant eux. Comme ils doivent être désireux de prêter autant que possible leur protection aux droits et intérêts lésés, ils seront souvent tentés de statuer sur ce prétendu Fisc, sans distinguer les deux cas si différents. Contre cette confusion, seule une juridiction de conflit peut donner des garanties suffisantes.

reste donc que la voie administrative. Il se pourrait encore que l'organisation de la protection du droit admette un recours formel ou une demande devant la justice administrative. En fait, les lois n'ont rien prévu à cet égard. Il en résulte que l'intéressé sera réduit à des remontrances et à de simples recours, comme dans le cas où il n'ose même pas contester la légitimité de l'atteinte.

2) Le droit le plus important du propriétaire qui souffre des conséquences de la restriction à la propriété pour cause d'utilité publique, et qui, en même temps, est un véritable droit subjectif public, c'est le droit d'obtenir une *indemnité*. Cette indemnité pourra avoir été réglementée spécialement par la loi pour les différentes sortes de restrictions à la propriété qu'elle prévoit. En tant qu'il n'y a aucune prescription spéciale, ce droit à indemnité suit les règles de la grande institution dont nous aurons à parler au tome IV, §§ 53 et 54 ci-dessous, et dont il présente l'une des applications les plus intéressantes (18).

(18) Nous ne relèverons ici qu'un seul point. L'indemnité due au propriétaire a été très souvent expliquée par les principes du droit civil sur l'obligation de payer des dommages intérêts pour le dommage qu'on a causé par sa faute, ou que d'autres personnes ont causé et dont l'Etat serait responsable. Mais jamais on n'expliquera ainsi pourquoi la personne qui, agissant pour l'Etat et qui a causé elle-même le dommage, ne peut pas être poursuivie : les soldats, ouvriers des différents services, agents de police judiciaire, etc., sont toujours hors de cause, quand il s'agit d'indemnité pour manœuvres militaires, etc. De même, quand la route est devenue impraticable et que les passants se servent de l'immeuble riverain (comp. la note 7 ci-dessus, p. 306), ils ne sont pas non plus responsables vis-à-vis du propriétaire ; c'est exclusivement le sujet d'administration publique auquel la route appartient qui devra payer l'indemnité. La responsabilité des passants n'est pas écartée parce qu'ils auraient eux-mêmes un droit à exercer, droit de nécessité comme on l'a prétendu (*R. Merkel*, Kollis. rechtm. Interessen, p. 52) ; la raison en est que, dans l'intérêt du service public, les propriétés riveraines doivent souffrir ce passage ; les passants sont couverts par ce droit de l'administration publique. C'est donc l'administration qui doit indemniser pour le sacrifice spécial qu'elle a imposé aux riverains à raison du mauvais état de sa route.

TABLE DES MATIÈRES DU TOME III

PARTIE SPÉCIALE

LIVRE II

SECTION I

Le droit public des choses.

Pages

LAVAL. — IMPRIMERIE L. BARNÉOUD & Cie

www.ingramcontent.com/pod-product-compliance
Ingram Content Group UK Ltd.
Pitfield, Milton Keynes, MK11 3LW, UK
UKHW012012240726
13965UKWH00002B/321